CONTRARREFORMAS ou REVOLUÇÃO

respostas ao capitalismo em crise

Dados Internacionais de Catalogação na Publicação (CIP)
(Câmara Brasileira do Livro, SP, Brasil)

Contrarreformas ou revolução : respostas ao capitalismo em crise / Maria Lúcia T. Garcia, Franciani Bernardes, (Orgs.). — São Paulo : Cortez, 2020.

Vários autores.
Bibliografia
ISBN 978-85-249-2764-5

1. Capitalismo 2. Capitalismo - Aspectos sociais 3. Crise econômica 4. Movimentos sociais 5. Políticas sociais 6. Política - Brasil 7. Serviço social I. Garcia, Maria Lúcia T. II. Bernardes, Franciani.

20-33332 CDD-414

Índices para catálogo sistemático:

1. Capitalismo : Sociologia 306.342

Maria Alice Ferreira - Bibliotecária - CRB-8/7964

Maria Lúcia Teixeira Garcia
Franciani Bernardes (Orgs.)

CONTRARREFORMAS ou REVOLUÇÃO
respostas ao capitalismo em crise

São Paulo — SP

2020

CORTEZ EDITORA

CONTRARREFORMAS OU REVOLUÇÃO: respostas ao capitalismo em crise
Maria Lúcia T. Garcia | Franciani Bernardes (Orgs.)

Capa: deSign Arte Visual
Preparação de originais: Ana Paula Luccisano
Revisão: Maria de Lourdes de Almeida
Diagramação: Linea Editora
Coordenação editorial: Danilo A. Q. Morales
Assessora Editorial: Maria Liduína de Oliveira e Silva
Editora-assistente: Priscila Flório Augusto

Direitos para esta edição
CORTEZ EDITORA
R. Monte Alegre, 1074 — Perdizes
05014-001 — São Paulo-SP
Tel.: +55 11 3864 0111 / 3611 9616
cortez@cortezeditora.com.br
www.cortezeditora.com.br

Impresso no Brasil — julho de 2020

Sumário

Unidade II
Os rebatimentos da contrarreforma nas políticas sociais

Unidade III

Movimentos sociais e a práxis midiática: entre violações e resistências

Prefácio

Esta coletânea trata de questões candentes, seja por sua atualidade, seja pelos desafios que contemplam. Em geral, tais questões versam sobre as repercussões da mais recente crise capitalista que se revelou estrutural, desde meados dos anos 1970, e que, no dizer de Moreno,[1] mostra-se *interminável*. Ou seja, uma crise que, por ser sistêmica (total), global (planetária) e permanente (sem ciclos), induz a ordem do capital a buscar compensações lucrativas por meio de gigantescas corporações transnacionais que, ao fim e ao cabo, solapam sua capacidade produtiva e ameaçam a sobrevivência da própria humanidade.

Não por acaso, Mészáros[2] reiterava que o grande desafio da civilização contemporânea, sob a égide selvagem do capital global transnacional, de corte neoliberal, não mais consistia na escolha entre as alternativas "socialismo ou barbárie", anunciadas, nas pegadas de Marx, por Rosa Luxemburgo, em 1916. Mas incidia em outra escolha, a meu ver sem alternativas, visto que a não opção pela superação do domínio implacável do capital sobre o trabalho significaria extinção da vida humana.

Tem-se assim, nesta dramática, mas factível formulação de Mészáros, uma tese que denota, por absoluta falta de opção racional,

---

1. MORENO, Luis. *La Europa asocial*: ¿caminamos hacia un individualismo posesivo? Barcelona: Península, 2012.

2. MÉSZÁROS, István. *O desafio e o fardo do tempo histórico*. São Paulo: Boitempo, 2007. p. 131.

a imprescindibilidade do socialismo para que a vida na Terra permaneça. Isso porque se, na época de Marx, sua versão situava-se "no último horizonte histórico das contradições em evolução", e na de Luxemburgo sua versão coincidia com "a segunda fase histórica do imperialismo" — cujo poder de destruição era "inimaginável num estágio anterior de desenvolvimento" —, na de Mészáros "não [mais] existem rotas conciliatórias de fuga[3]". Somente uma alternativa radical e sem delongas poderá evitar o extermínio da humanidade graças à *produção destrutiva* preconizada pelo empreendedorismo de Joseph Schumpeter, que se transformou em *destruição produtiva.*

Todavia, em nome da esperança, resgato neste passo o que Löwy[4] detectou na palavra *"ou"* empregada por Rosa Luxemburgo: a presença, nessa conjunção gramatical, de possibilidades que preservam o princípio de uma história aberta, na qual a sua extinção ainda não foi decidida pelas leis da dialética, eivadas de contradições, que não se regem por fatalismos e determinismos. Ao contrário, a concretização dessas leis também depende da ação de sujeitos portadores de consciência crítica e vontade coletiva que movimentam a *práxis* revolucionária alicerçada em outras bases. Em vista disso, e do quadro de decadências do atual estágio capitalista, acredito que a transição anticapitalista poderá acontecer antes que o mundo acabe.

É à luz dessa expectativa que, neste prefácio, o conteúdo implícito no título desta coletânea — *Contrarreformas ou revolução* —, visivelmente inspirado em outra formulação de Rosa Luxemburgo — *Reforma ou revolução* —, se faz entender. Aqui também a palavra *"ou"* invoca o confronto de alternativas que, embora — diferentemente de Luxemburgo — contraponha a revolução à destruição de reformas, igualmente requer uma sociabilidade oposta à da ordem burguesa.

Esse é o cerne do debate em torno do qual os textos que compõem este compêndio se estruturam e se expressam. Todos demonstram, direta ou indiretamente, preocupação com os efeitos deletérios da relação

---

3. MÉSZÁROS, István. Idem, ibidem.

4. LÖWY, Michael. A centelha se acende na ação: a filosofia da práxis no pensamento de Rosa Luxemburgo. *Margem Esquerda*, São Paulo: Boitempo, n. 15. nov. 2010.

contraditória entre capitalismo ultraliberal e democracia, cidadania, políticas públicas, trabalho protegido, paz social, respeito à diferença e à humanidade de mulheres e homens. Essa relação também coloca, de um lado, o Estado na berlinda, desvelando seu caráter de classe e suas ambiguidades como coadjuvante extraeconômico do processo de produção e reprodução do capital em expansão global. Por outro lado, todos os textos não negligenciam a importância da sociedade — como espaço das classes sociais — em sua relação antagônica e recíproca ao mesmo tempo com o sistema dominante que inclui o Estado. Afinal, é sabido que as seculares resistências e lutas por conquistas sociais e trabalhistas realizaram-se por essa via, tendo como perspectiva igualdades e liberdades substantivas; assim como há ciência de que é por meio dessa dinâmica que a velha luta de classes se atualiza e alimenta a utopia da possibilidade socialista.

Dado o perfil analítico desta coletânea, tão afim às abordagens críticas sobre a hegemonia neoliberal em escala planetária, desde os anos 1980 — aliado ao fato de essa hegemonia vir sempre associada ao conservadorismo —, considero oportuno fazer eco a essas abordagens. E o farei a título de reforço argumentativo, começando por esclarecer que comungo da concepção de que o neoliberalismo é mais que uma ideologia. Ou melhor, é mais que um ideário racionalmente articulado para desregulamentar a economia, flexibilizar as relações de trabalho e privatizar tudo o que é público. Neoliberalismo, por essa concepção, é o estágio atual do capitalismo e, como tal, um *sistema de acumulação* que substituiu o sistema acumulativo anterior, keynesiano-fordista, vigente no chamado período de ouro do capitalismo regulado, compreendido entre os anos 1945 e 1975. Assim, o neoliberalismo rege-se pela mesma lógica de rentabilidade econômica privada que preside o funcionamento do capitalismo e persegue os mesmos objetivos desse modo de produção, que visam criar condições de autoexpansão lucrativa do capital, nem que para tanto as taxas de exploração do trabalho elevem-se a níveis inéditos.

Como consequência das políticas neoliberais, que priorizam os interesses do capital privado transnacional, particularmente o financeiro, vários custos sociais e políticos vêm se acirrando. Um deles é a destruição do sistema produtivo preexistente, tendo como efeitos diretos a desindustrialização e o desemprego estrutural. Outros custos consequentes são: repressão dos trabalhadores, desmonte dos sindicatos e da legislação social, desorganização das esquerdas, obsolescência da mão de obra empregada e a prevalência de políticas sociais focalizadas para gerenciarem as privações impostas às classes populares.

Paralelamente a esses custos, a retórica empregada pelo sistema de acumulação neoliberal ganhou ressonância e funciona como dogma. A principal retórica e, talvez a mais mistificadora, é a que insiste na necessidade de reduzir o tamanho do Estado e a ingerência deste nos assuntos econômicos que, por princípio, deveriam estar a cargo do livre mercado. No entanto, evidências empíricas indicam, sistematicamente, o contrário. O Estado capitalista sempre se constituiu na ajuda extraeconômica por excelência para evitar que o capital se autoarruíne em meio às suas crises e ao seu afã por lucros. A idealizada sociedade de mercado nunca existiu de forma pura. Na impossibilidade de se autogovernar, o capital sempre se valeu do Estado para se reproduzir e se completar como um sistema global, além de contar com condições sociais e políticas nacionais à realização da produção e da extração da mais-valia. As reformas neoliberais dependem da ajuda do Estado para desmontar e desqualificar o sistema de acumulação anterior e para regular os salários, controlar o exército de reserva e os efeitos disruptivos da desigualdade social. Essas intervenções, por sua vez, esvaziam o compromisso do Estado com a democracia e a cidadania que, em tese, têm como fim último o bem-estar dos cidadãos. Portanto, o discurso em voga de que, atualmente, há ausência de Estado, constitui, segundo Wood,[5] uma "mitologia das teorias convencionais da globalização". O poder econômico do capital, dizem Wood, Jessop,[6] dentre outros, não pode existir sem o apoio de forças extraeconômicas, dentre as quais a primacial provém, como sempre, de um Estado forte, quando não autoritário.

5. WOOD, Ellen Meiksins. *O império do capital*. São Paulo: Boitempo, 2014. p. 18.

6. JESSOP, Bob. *The future of the capitalist State*. Cambridge: Polity Press LTD, 2003.

Outra retórica, secularmente difundida, é a de que o liberalismo é antitético ao conservadorismo. Porém, a história revela, novamente, o contrário. À guisa de ilustração, basta lembrar que nem mesmo o liberalismo clássico, defensor da prevalência da mão invisível do mercado sobre qualquer tipo de regulação econômica, não dispensou o controle da pobreza por meio de normas rígidas estatais. Isso, para não falar da orgânica interação entre o liberalismo clássico e o utilitarismo benthamiano (de Jeremy Bentham), conhecido por ser altamente regulador e propenso a sacrificar a soberania dos indivíduos no altar da utilidade econômica. No que concerne ao neoliberalismo e ao seu triunfo sobre o sistema de acumulação keynesiano-fordista, sua ascensão vitoriosa, nos fins dos anos 1970, não teria sido exitosa sem o seguinte fato: o avanço do neoconservadorismo, desde a década de 1980, sob a liderança da ex-primeira-ministra inglesa, Margaret Thatcher, e do ex-presidente dos Estados Unidos, Ronald Reagan, cujos *slogans* propagandísticos, ao se mesclarem às ortodoxias econômicas neoliberais, constituíram palavras de ordem que calaram fundo no subconsciente do senso comum. Eis por que o discurso conservador do fortalecimento da lei e da ordem; do nacionalismo; da hierarquização de classes; da família tradicional; dos dogmas religiosos; do desprezo às diferenças, que elegeram como inimigos o socialismo e o comunismo casaram-se, perfeitamente, com as seguintes prédicas neoliberais: do individualismo possessivo; da satanização do Estado; do endeusamento do mercado; da defesa da competitividade, da meritocracia, da privatização, da flexibilidade das leis trabalhistas, da desregulação da economia e da desigualdade social como incentivo ao trabalho — todas também avessas ao socialismo e ao comunismo, que se transformaram no denominador comum da consequente fusão do neoliberalismo com o neoconservadorismo, conformadora da "nova direita". Contudo, outras determinações estão na base dessa direita híbrida, radical e politicamente estridente. As mais notórias, além da crise estrutural do capital, são: o fim da Guerra Fria e da bipolaridade entre Estados Unidos (EUA) e União Soviética (URSS), com a queda do muro de Berlim, em 1989, e a autodissolução da URSS, em 1991; e, por consequência, a transformação dos Estados Unidos, a partir da década de 1980, no *novo império* do capital. Novo, em dois sentidos: i) por ser o mais recente; e ii) por ser o primeiro a desenvolver uma forma diferente de imperialismo, compatível com a proverbial opacidade das relações entre capital e trabalho que, nas condições atuais do processo de globalização pelo alto, torna a coerção imperial menos nítida. O novo imperialismo estadunidense exerce o seu poder sem coerção direta e clara do ponto de vista político e militar; e sem extorsões escancaradas de excedentes do trabalho humano e de riquezas nacionais. Tudo se dá de maneira turva, sem que trabalhadores e nações submetidos ao tacão do novo império percebam que quem os oprime não é a figura impessoal e imprevisível do deus mercado, mas corporações dirigidas por frações das classes dominantes, restritas e opulentas, que assumem a forma de castas imperativas, incontroláveis e etéreas, movidas pela concorrência, competição e produtividade crescente do trabalho cada vez mais explorado e vilipendiado.

Esse é o cenário capitalista do presente, sobre o qual esta coletânea desenvolve tematizações críticas e instigantes, além de ajudar a desnaturalizá-lo e a mantê-lo em pauta. A absurda desigualdade de renda e riqueza mundial, que lhe subjaz, é uma realidade impressionante. Trata-se do que Navarro[7] identifica não só como efeito, mas também como causa do atual conflito entre capital e trabalho, que se expressa em uma verdadeira *guerra de classe* decretada pela burguesia egocêntrica contra o trabalhador desprotegido; uma desigualdade, diga-se de passagem, que precisa ser desvendada não apenas na sua magnitude e impactos sociais destrutivos, produtores do que vem sendo chamado de *necropolítica*, mas também nas suas determinações profundas e complexas; pois só assim os que estão na resistência podem aclarar os caminhos que devem ser percorridos com conhecimento de causa rumo à conquista da imprescindível alternativa socialista. Boa leitura.

Brasília, 14 de outubro de 2019.

Potyara Amazoneida P. Pereira

---

7. NAVARRO, Vicenç. *Ataque a la democracia y al bienestar*: crítica al pensamiento económico dominante. Barcelona: Anagrama, 2015.

Apresentação

Esta coletânea foi pensada como espaço de reflexão sobre as recentes "reformas" neoliberais no Brasil e em várias outras partes do mundo que têm atingido, sobretudo, os mais pobres e a classe trabalhadora. Os novos arranjos produtivos e a intensificação das transformações do mundo do trabalho a partir da década de 1970, nos países centrais, e a partir da década de 1990, no Brasil, têm impactado trabalhadores e trabalhadoras. Desde então, atravessamos uma profunda reforma regressiva e antidemocrática do Estado, assim como um consequente e acelerado processo de degradação das condições de vida de uma parcela mais empobrecida da população. Esses rebatimentos, resultantes das sucessivas crises do capitalismo, têm ganhado dramaticidade e amplitude, como se evidenciou na chamada "crise do *subprime*" de 2007/2008, e têm conduzido os governos a implementarem políticas econômicas de cunho neoliberal (NAKATANI, 2019[1]). No caso do Brasil, nos encontramos frente a profundos cortes no financiamento das políticas sociais que têm afetado com particular intensidade as políticas sociais de saúde, assistência e educação.

1. Informação fornecida pelo professor titular do Departamento de Economia (Ufes) e do Programa de Pós-Graduação em Política Social (Ufes), Paulo Nakatani, durante a mesa de abertura do 7º Encontro Internacional de Política Social e do 14º Encontro Nacional de Política Social, em Vitória, na Ufes, em junho de 2019.

Diante dos desafios centrais que se apresentam na coletânea *Contrarreformas ou revolução: respostas ao capitalismo em crise*,[2] esta obra pretende discutir e avançar no debate de questões críticas e na elaboração de propostas alternativas ao retrocesso decorrente de tais políticas.

O tema não poderia ser mais relevante. Os trabalhos aqui reunidos e a profundidade dos debates demonstram a preocupação dos estudiosos, no Brasil e na América Latina, em entender o momento atual e fornecer elementos fortalecedores aos movimentos de resistência.

A coletânea estrutura-se em três unidades:

Sob variadas reflexões, os textos da **Unidade 1 — Capitalismo contemporâneo e austeridade** — irão tratar acerca da crise estrutural do capital, procedida de um debate sobre a complexidade das relações de trabalho nas sociedades modernas; sobre as transformações nos processos de reestruturação produtiva, suas consequências e desafios para a classe trabalhadora; irão evidenciar ainda as contrarreformas no Brasil a partir do ajuste neoliberal, com destaque para os elementos contextuais desse ajuste, especialmente nos governos de Michel Temer e de Jair Bolsonaro.

A **Unidade 2**, intitulada **Os rebatimentos da contrarreforma nas políticas sociais**, tem como objetivo discutir as principais tendências da fase atual da contrarreforma nas políticas sociais, desde o governo Temer — quando ganha configurações mais explícitas que põem em questão a viabilidade da Reforma Sanitária Brasileira e do próprio Sistema Único de Saúde (SUS) — até os dias atuais. Debate, ademais, os impactos e os desafios à prática do assistente social na saúde e chama a atenção para um estratégico direcionamento do Estado brasileiro em favor dos interesses do capital, em descompasso com os interesses da classe trabalhadora, colocando em xeque o caráter público e universal da saúde e das políticas públicas de forma geral.

---

2. Tema do 7º Encontro Internacional e 14º Encontro Nacional de Política Social, realizado em 2019 pelo Programa de Pós-graduação em Política Social da Universidade Federal do Espírito Santo (Ufes). Os textos aqui foram revisados e atualizados pelos autores.

A **Unidade 3 — Movimentos sociais e a práxis midiática: entre violações e resistências** — apresenta um debate inicial sobre a questão "movimentos sociais e comunicação" a partir de pesquisas empíricas. Os autores dessa unidade pretendem mostrar que as lutas sociais contemporâneas devem ser analisadas a partir da compreensão de uma sociabilidade moderna resultante de um processo histórico, não somente a partir de suas expressões. Destacam, além disso, que as substâncias da agitação política das ruas não estão centradas nos mecanismos de comunicação apoiados na internet, como muitos estudos tendem a demarcar. Apresentam ainda uma reflexão sobre como a juventude tem contribuído para a transformação do cenário das organizações juvenis políticas, e revelam como tais ações têm interferido nas políticas públicas e no cotidiano dos demais coletivos.

Ao fim, em meio aos ataques à ciência no Brasil, esta coletânea é uma forma de resistir, lutar e de sistematizar importantes reflexões e achados de pesquisas que hoje se encontram ameaçados.

Organizar esta obra é também uma forma de vocalizar Rosa Luxemburgo: "Mas não estamos perdidos e venceremos, contanto que não tenhamos desaprendido de aprender".[3]

Maria Lúcia T. Garcia
Franciani Bernardes
As organizadoras

3. LUXEMBURGO, Rosa. A crise da social-democracia. *In*: VARES, Luiz Pilla. *Rosa, a vermelha. Textos escolhidos*. São Paulo: Busca Vida, 1988.

Unidade I

Capitalismo contemporâneo e austeridade

O capitalismo em crise: reforma ou revolução?

Paulo Nakatani

Reforma ou Revolução?[1] Célebre título de um dos mais conhecidos livros de Rosa Luxemburgo, economista e filósofa polonesa, assassinada em janeiro de 1919, em Berlim, pelos paramilitares de extrema-direita *Freikorps*, juntamente a Karl Liebknecht e Wilhelm Pieck. Essa divergência que se coloca há mais de um século, não só no campo político da esquerda, nunca deixou de ser atual.

Nessa disjuntiva se colocam, por um lado, os reformistas dos mais diversos matizes que consideram desde a possibilidade de manutenção eterna do capitalismo, que deveria chegar a um estágio civilizado e humanizado,[2] até aqueles que esperam reformá-lo para atingir o estágio

1. No livro, Rosa Luxemburgo analisa e critica as teses revisionistas de Eduard Bernstein, membro do Partido Social-Democrata Alemão no final do século XIX e início do século XX. "Toda sua teoria visa uma única coisa: conduzir-nos ao abandono do objetivo último da social-democracia, a revolução social e, inversamente, fazer da reforma social, simples meio da luta de classes, o seu fim último" (LUXEMBURG, 1970, p. 9-10).

2. Keynes, um defensor radical do capitalismo, acreditava que: "Se tenho razão em supor que é relativamente fácil tornar os bens de capital tão abundantes que sua eficiência marginal seja zero, este pode ser o caminho mais razoável para eliminar gradualmente a maioria das características repreensíveis do capitalismo" (KEYNES, 1985, p. 155). Ele esperava que: "Ainda

do socialismo e avançar para o comunismo. Por outro, se colocam os defensores da revolução socialista ou comunista e da superação do modo de produção capitalista como o caminho para a realização da própria humanidade, que leve a sociedade para além do capital, para um futuro socialista e comunista. Nenhuma dessas correntes constitui grupos homogêneos, são organizações integradas por teóricos e militantes políticos com as mais diversas teorias, propostas e concepções ideológicas, portanto, muito heterogêneas, que estão em disputa há longo tempo e que podemos encontrar até os dias de hoje na realidade histórica e contemporânea. As condições concretas do desenvolvimento das formações sociais capitalistas no atual estágio colocam não só o debate, mas também a busca de alternativas e opções como questões inadiáveis. Queremos destacar que, além disso, uma parte importante de todo o debate acaba situando-se a um nível teórico como o faz, por exemplo, Rosa Luxemburgo no seu livro.[3] Assim, devemos ter clara a distinção entre os níveis teórico e abstrato e os níveis concreto e histórico, este ponto está mais desenvolvido em outros textos nossos.[4]

Historicamente, temos mais de um século de experiências revolucionárias efetuadas pelo proletariado em diversas sociedades, desde a Comuna de Paris em 1870, passando, entre outras, pela Revolução Russa em 1917, pela Chinesa em 1949 e pela Cubana em 1959. Nelas, os caminhos encontrados foram e continuam sendo escarpados, tortuosos e cheios de espinhos, plenos de dificuldades, de lutas, de oposições e confrontações, além dos gigantescos enfrentamentos decorrentes das lutas de classes internas e das disputas internacionais resultantes da

---

por muito tempo o velho Adão estará tão forte em nós que todos precisarão fazer algum trabalho para ter satisfação. [...]. Mas, além desse ponto, esforçar-nos-emos em espalhar pouca manteiga no pão a fim de tornar o trabalho que ainda restar tão partilhado quanto possível. Turnos de três horas ou semanas de quinze horas poderão adiar o problema por algum tempo. Isto porque, três horas por dia é o suficiente para satisfazer o velho Adão na maioria de nós!" (KEYNES, 1978, p. 156).

3. A crítica de Luxemburgo a Bernstein parte do pressuposto teórico da derrocada inevitável do capitalismo, tese que gerou um grande debate no século passado.

4. Essa distinção aparece em nossos textos que tratam do dinheiro como abstração e das moedas como formas históricas de existência — ver Nakatani e Mello (2018) —, e do capital em geral e dos capitais particulares — ver Nakatani, Teixeira e Gomes (no prelo).

mediação e das determinações emanadas do desenvolvimento dos Estados nacionais.[5]

Os processos históricos não cabem em modelos teóricos, eles são resultados de longos processos de lutas e disputas entre as classes sociais, e as transições não percorrem sempre os mesmos caminhos. Eles são determinados pelos mais diversos aspectos de cada sociedade particular em cada momento de sua evolução. Mesmo que as revoluções possam ocorrer em um período histórico muito curto, o processo de transição não ocorre no mesmo momento. Ele exige um longo período de transformação histórica de cada sociedade particular, o próprio desenvolvimento do modo de produção capitalista nas diferentes formações sociais é um bom exemplo.

Não existem modelos nem receitas para os processos históricos, cada processo revolucionário é particular e segue seu caminho. Em cada encruzilhada histórica, as sociedades vão sendo colocadas frente às alternativas cada vez mais difíceis e complexas que elas terão que escolher sem poder voltar ao mesmo ponto em que se encontravam.

Como escreveu o poeta espanhol Antonio Machado:

> Caminhante, são teus rastros
> o caminho, e nada mais;
> caminhante, não há caminho,
> faz-se caminho ao andar.
> Ao andar faz-se caminho,
> e ao olhar-se para trás
> vê-se a vereda que nunca
> se há de voltar a pisar (*apud* CATALÃO, 2002, p. 208).

---

5. Apesar de sua importância, não trataremos das questões dos nacionalismos que constituem outras determinações nos processos históricos. Após a Segunda Guerra Mundial, com o desenrolar da Guerra Fria, os Estados Unidos (EUA) combateram sistematicamente todos os Estado nacionais que tentaram e ainda estão tentando construir uma alternativa socialista, não só com intervenções militares diretas, como no Vietnã e na Coreia, mas também através de todas as formas imagináveis de apoio aos contrarrevolucionários, com sanções, retaliações e bloqueios econômicos e financeiros, como aqueles contra Cuba, Nicarágua e Venezuela.

Este texto está dividido em três seções, além desta introdução e das conclusões. Na primeira, apresentamos rapidamente as principais características e possibilidades do capitalismo contemporâneo em crise. Na segunda, o desenvolvimento histórico da luta de classes e o período histórico pelo qual o capitalismo passou, que podemos chamar de reformista. Por um lado, aquelas medidas de cunho intervencionista nas quais o Estado capitalista é considerado um instrumento que permite promover o bem-estar social de toda a sociedade; por outro, pretendemos mostrar as tendências mais recentes, que estão avançando as reformas no sentido ultraliberal, nas quais o Estado capitalista é considerado inimigo do capital e da sociedade. Na terceira seção, discutiremos a questão revolucionária e as alternativas que deveriam se colocar para as sociedades contemporâneas e, na quarta, as experiências revolucionárias de China e Cuba.

O desenvolvimento do capitalismo e a crise do capital. Tendências e perspectivas

Ao contrário do que defendem os economistas ortodoxos, o movimento econômico não tende ao equilíbrio nem se coaduna com seus modelos, sejam os de equilíbrio estático ou de equilíbrio dinâmico.[6] As crises não são o resultado de interferências externas à esfera econômica, nem ocasionadas somente por erros e equívocos da política econômica e, muito menos, pela ação do Estado,[7] mesmo que ela sofra efeitos negativos de sua atuação.

---

6. A literatura econômica a respeito é extremamente vasta e abundante. Qualquer consulta aos principais manuais utilizados nos cursos de Economia mostra que o equilíbrio é um postulado básico de todos os modelos, micro ou macroeconômicos.

7. Para os ultraliberais da escola austríaca, por exemplo, "A teoria [dos ciclos econômicos] de Mises é, de fato, a análise das consequências inevitáveis da intervenção no livre mercado feita pela expansão creditícia bancária" (ROTHBARD, 2008). Esse modelo teórico, que traz implícita a antiga e superada teoria quantitativa da moeda, é utilizado até hoje para explicar as crises, como a chamada crise financeira iniciada nos Estados Unidos em 2007 (ROQUE, 2018).

Nosso ponto de vista é de que o movimento concreto das formações sociais capitalistas ocorre através dos seus períodos de expansão e contração como expressão de suas contradições internas, aparecendo periodicamente como crises nos momentos de profunda contração da atividade econômica. Ou seja, as formações sociais capitalistas não apresentam nenhuma tendência ao equilíbrio e suas crises não são resultados de fatores ou interferências externos ao seu movimento. As crises são decorrentes da própria dinâmica contraditória do movimento do capital, que se manifestam como crises de superprodução e aparecem através da queda nas taxas ou massas de lucro, queda na taxa de crescimento da produção, redução do consumo, aumento do desemprego, aumento das desigualdades, da miséria e da pobreza. A intervenção pública[8] no movimento histórico e concreto do capital implica a existência de condições materiais específicas que são sobredeterminadas por interesses de grupos, de frações de classe e até individuais que se manifestam concretamente no desenrolar dessas intervenções.

Mais ainda, consideramos que, neste século XXI, o desenvolvimento do modo de produção capitalista em escala mundial atingiu um ponto que poderíamos considerar de crise permanente de superprodução.[9] Ou, como defendiam Samir Amin (2002) e Jorge Beinstein (2001), o capitalismo atingiu um estágio de senilidade em que as forças destrutivas do capital já superaram as forças produtivas e, portanto, o modo de produção capitalista deve ser superado.

As tendências mais recentes que encontramos é o contínuo declínio do capitalismo, como está explicitado em Piqueras e Dierckxsens (2018), em uma crise contínua desde antes de 2008, disfarçada pela

8. Utilizamos esta expressão como a forma concreta de materialização da intervenção estatal no ciclo do capital através das medidas de políticas econômicas, jurídicas e sociais.

9. As crises anteriores de superprodução, como no final do século XIX ou na grande depressão de 1929, foram superadas através da destruição ou desvalorização de capitais particulares mais frágeis ou ultrapassados. Mas, as duas grandes guerras no século XX foram momentos de destruição maciça de capital e de força de trabalho, principalmente na Europa, em suas formas materiais como toda infraestrutura, fábricas, fazendas, residências e milhões de soldados e civis mortos.

recuperação de formas fictícias de acumulação.[10] Um dos resultados desse desenvolvimento do capital é a extrema desigualdade social: a consumação da *lei geral da acumulação* descrita por Marx (2013) n'*O capital*.

Segundo o relatório da OXFAM: *Public good or private wealth?*, "Wealth is becoming even more concentrated — last year, 26 people owned the same as the 3.8 billion people who make up the poorest half of humanity, down from 43 people the year before"[11] (OXFAM, 2019, p. 29). Além disso, "The wealth of the world's billionaires increased by $900bn in the last year alone, or $2.5bn a day. Meanwhile the wealth of the poorest half of humanity, 3.8 billion people, fell by 11%"[12] (OXFAM, 2019, p. 12).

> No Brasil, a desigualdade de riqueza — bens materiais como imóveis ou propriedades, e bens financeiros como aplicações e ações — é ainda maior que a desigualdade de renda. O 1% mais rico concentra 48% de toda a riqueza nacional e os 10% mais ricos ficam com 74%. Por outro lado, 50% da população brasileira possui cerca de 3% da riqueza total do País. Hoje, seis brasileiros possuem a mesma riqueza que a soma do que possui a metade mais pobre da população, mais de 100 milhões de pessoas (OXFAM, 2017, p. 30).

Essas são algumas das condições que o desenvolvimento do modo de produção capitalista atingiu, que colocaram suas populações em

---

10. Esse longo desenrolar da crise mais recente já está levando muitos economistas a se aliarem à tese da estagnação secular do capitalismo. Mesmo sendo um tema muito antigo, Laurence Summers levantou a questão na conferência anual do FMI de 2013 e foi seguido por muitos outros, dentre os quais Paul Krugman e Barry Eichengreen. Parte do debate foi reunido no livro *Secular stagnation: facts, causes and cures*, organizado por Teulings e Baldwin (2014).

11. "A riqueza está se tornando ainda mais concentrada — no ano passado, 26 pessoas possuíam o mesmo que as 3,8 bilhões de pessoas que compõem a metade mais pobre da humanidade, menos do que as 43 do ano anterior" (tradução nossa).

12. "A riqueza dos bilionários do mundo aumentou em US$ 900 bilhões somente no último ano, ou US$ 2,5 bilhões por dia. Enquanto isso, a riqueza da metade mais pobre da humanidade, 3,8 bilhões de pessoas, caiu 11%" (tradução nossa).

um avançado estágio de pauperismo. Entretanto, é um fato que o desenvolvimento do capitalismo elevou o padrão de vida médio da pequena burguesia, chamada de classes médias, que constituem uma parcela importante nas sociedades contemporâneas e que dão sustentação às classes dominantes em todos os países. Mas os privilégios do capitalismo contemporâneo ainda estão muito longe de chegar a um mínimo de um estágio civilizatório decente e desejável para a maior parte da população mundial.

O desenvolvimento capitalista em crise aguçou ainda mais outras contradições no interior do sistema. A forma de produção, distribuição e consumo está exaurindo os recursos naturais, além do que, segundo alguns cientistas (Aengenheyster, *et al.*, 2018), o aquecimento global está atingindo um *ponto de não retorno*, ou seja, a capacidade de regeneração da natureza está cada vez mais próxima de não conseguir mais nenhuma recuperação. Dessa maneira, a crise do capital está se manifestando como múltiplas crises, crise ambiental, aquecimento global, fome e miséria; e o retorno de doenças e epidemias que quase estavam erradicadas em várias partes do mundo: *uma crise civilizatória*. Crise da civilização ocidental branca fundada no modo de produção capitalista.

Entretanto, as alianças de frações de classes dirigentes e dominantes, com o apoio da pequena burguesia ou classes médias, estão procurando manter esse sistema a qualquer custo, o grau de alienação social[13] está atingindo níveis inauditos. Keynes (1978, p. 158-9) era menos hipócrita, quando alertava em 1930:

> Mas cuidado! Ainda não chegou a hora. Pois, pelo menos por mais cem anos precisamos fingir para nós mesmos e para os outros que o justo é mau e o mau é justo; pois o mau é útil e o justo não. Ainda por

13. Uma parcela cada vez maior da riqueza social fictícia, em moedas, títulos e ativos dos mais diferentes tipos, se assemelha, cada vez mais, à história dos nativos da Ilha de Yap. Nela, a riqueza das famílias era determinada pela posse de uma pedra circular, considerada uma forma de moeda, quanto maior, mais rica. Mesmo se essa pedra só existisse nas histórias, lembranças ou lendas da comunidade (FRIEDMAN, 1994, p. 17-20).

> algum tempo, nossos deuses continuarão sendo a avareza, a usura e a precaução. Pois, somente elas poderão conduzir-nos de dentro do túnel da necessidade econômica para a luz.

Hoje, não se finge mais! Os justos tornaram-se efetivamente os maus e os maus justos!

Assim, as contradições fundamentais do sistema explodem em violência generalizada, os valores morais e os avanços civilizatórios obtidos pela classe trabalhadora, em particular após a Segunda Grande Guerra, estão sendo atacados e destruídos. Neste início de século XXI, a ideologia e o projeto neoliberal e até o ultraliberal, em vários casos, estão avançando cada vez mais no mundo capitalista. Em muitos países a proteção social, conhecida como *Welfare State,* foi desmontada não só em nome da austeridade, mas através da crença de que cada indivíduo é responsável por ele mesmo.[14] As condições econômicas e sociais em que cada um se encontra são o resultado das próprias escolhas pessoais.

Há décadas, a ideologia neoliberal vem atacando o Estado capitalista. "[...] a partir dos anos 1960 e 1970, tomou a dupla forma de uma luta ideológica contra o Estado e as políticas públicas, de um lado, e de uma apologia despudorada do capitalismo mais desbridado, de outro" (DARDOT; LAVAL, 2016, p. 209). Mais recentemente, a luta ideológica assumiu um novo patamar com os ultraliberais da escola de Von Mises. A crítica foi levada ao ponto mais extremo dos defensores do *anarcocapitalismo* que negam os próprios avanços civilizatórios da democracia capitalista.

> E se eu lhe disser que você só pode votar porque seu voto não faz diferença? E se eu lhe disser que, não importa em quem você vote, a mesma elite política, os mesmos lobistas e os mesmos grupos de interesse

---

14. "O 'Estado de bem-estar', querendo promover o bem-estar da população por meio de mecanismos de solidariedade, eximiu os indivíduos de suas responsabilidades e dissuadiu-os de procurar trabalho, estudar, cuidar de seus filhos, prevenir-se contra doenças causadas por práticas nocivas" (DARDOT; LAVAL, 2016, p. 211).

> sempre estarão no comando? E se eu lhe disser que o conceito de uma pessoa/um voto era apenas uma ficção criada pelo governo e por esses grupos de interesse para induzir a sua complacência?
>
> E se você descobrir que a democracia, em seu formato atual, é extremamente perigosa para as liberdades individuais? E se você descobrir que a democracia desvirtua totalmente o conceito que as pessoas têm de direitos naturais, fazendo com que elas passem a acreditar que tomar a propriedade alheia é um "direito adquirido"? E se você descobrir que a democracia não passa de um verniz capaz de transformar as campanhas políticas em meros concursos de beleza? (NAPOLITANO, 2014, sem paginação).

A crise do capitalismo contemporâneo abriu, então, espaço para uma postura ainda mais radical contra o próprio Estado capitalista e suas instituições, como a democracia.[15] Os *anarcocapitalistas* defendem um capitalismo sem Estado, por exemplo, sem o Banco Central para a emissão e o controle da moeda, como Hayek (1986) ou como muitos outros comentados por Lepage (1978 e 1980).

Entretanto, na execução concreta das políticas de intervenção pública, quando os liberais e os ultraliberais estão conduzindo a política dos governos, esta passa a ser condicionada pelos interesses de unidades particulares do capital contra a maioria da classe trabalhadora.

Reformas ou...
A luta de classes no processo histórico

O desenvolvimento das formações sociais capitalistas, ao longo dos séculos, se expressou através das lutas de classes em cada sociedade

15. Em muitos países, em particular nos Estados Unidos e no Brasil de hoje, as frações dirigentes no poder compostas por grupos de extrema-direita que defendem uma mescla da ideologia e da política neoliberal com as ultraliberais.

em particular. Neste item, destacamos alguns aspectos históricos da luta de classes em vários países ou regiões. Com isso, queremos somente indicar que, ao contrário do que se imagina, o mundo do pós-guerra continuou sendo contraditório com lutas e movimentos por toda a parte. Isso não quer dizer que eram coordenados nem que se autodeterminavam, só queremos mostrar que o desenvolvimento do modo de produção capitalista sempre foi questionado e a luta revolucionária contra a exploração do trabalho continuou durante todo o século XX.

No caso da Inglaterra, Marx (2013) descreveu no capítulo 24 do primeiro livro de *O capital* — "A assim chamada acumulação primitiva" — as condições em que a monarquia absolutista inglesa, no final do século XV, iniciou a transformação dos pequenos camponeses livres em trabalhadores livres. Isso foi realizado longo de séculos através de roubos, expropriações e violências de todos os tipos contra a população trabalhadora. Ao mesmo tempo, editaram-se as leis contra a pobreza, a vagabundagem e sobre as remunerações. Marx relatou isso longamente no item *3*. Legislação sanguinária contra os expropriados desde o final do século XV. Leis para o rebaixamento dos salários (MARX, 2013, grifos meus). Mas, no capítulo 4 do mesmo livro — "Transformação do dinheiro em capital" —, ele já havia tratado teoricamente da necessidade do capital de encontrar trabalhadores livres no mercado. Assim, o capital industrial, desde a sua gênese, teve necessidade do Estado, introduzindo as suas determinações no regime político da época, no caso a nova gestão da força de trabalho para o capital.

A luta de classes na Inglaterra tornou-se mais aguda com o desenvolvimento da maquinaria e, posteriormente, da grande indústria. A Revolução Industrial conduziu ao novo desenvolvimento tecnológico e à introdução de novas máquinas, causando um aumento agudo no desemprego; acirrou o conflito que se expressou no caso particular do movimento *ludita*.[16] Esse movimento se caracterizou pela *luta contra as*

---

16. Esse movimento foi descrito por Sale (1999). Sobre o mesmo tema, Marx mostra que, "Durante o século XVII, quase toda a Europa presenciou revoltas de trabalhadores contra a assim chamada *Bandmühle* (também chamada de *Schnurmühle* ou *Mühlenstuhl*), uma máquina

máquinas, no qual trabalhadores organizados procuravam destruir as máquinas, segundo eles causadoras do desemprego. Para Marx (2013, p. 508), o inimigo não era a máquina, mas o capital:

> Mas a maquinaria não atua apenas como concorrente poderoso, sempre pronto a tornar "supérfluo" o trabalhador assalariado. O capital, de maneira aberta e tendencial, proclama e maneja a maquinaria como potência hostil ao trabalhador. Ela se converte na arma mais poderosa para a repressão das periódicas revoltas operárias, greves etc. contra a autocracia do capital.

Nos EUA, a classe trabalhadora foi contida, desde os inícios de sua organização no século XIX, através de associações[17] como "A Nobre Ordem dos Cavaleiros do Trabalho" que reuniu mais de 700 mil trabalhadores, em 1886; a "Federação Americana do Trabalho" que chegou a 550 mil membros em 1900; e os "Trabalhadores Industriais Mundiais", com 75 mil membros, foram duramente reprimidos (HUBERMAN, 1987, p. 206-12). Huberman conta que: "Os tribunais faziam as coisas mais espantosas — tão surpreendentes que fariam inveja a um mágico" —, e a lei Sherman, antitruste, aprovada pelo Congresso em 1890, foi utilizada contra os trabalhadores: "Os tribunais puxaram de dentro uma lei antitrabalhista!" (HUBERMAN, 1987, p. 214).

A classe trabalhadora nos EUA continuou sendo duramente reprimida durante toda a primeira metade do século XX. O historiador Howard Zinn (2005) descreveu as lutas dos trabalhadores e a repressão durante todo aquele período em vários capítulos de seu livro. Mas,

---

de tecer fitas e galões" (MARX, 2013, p. 500). É importante destacar que essa ilusão sofrida pela classe trabalhadora também não foi desfeita com o desenvolvimento do capital.

17. A primeira delas não tinha ainda um caráter de classe muito nítido, aceitando trabalhadores independentes, trabalhadores assalariados, fazendeiros e até alguns empregadores. Ela buscava muito mais melhorar as condições de vida e de trabalho de todos os filiados. A segunda era mais voltada para trabalhadores especializados e buscava mais os interesses específicos. Enfim, a última se colocava mais claramente à luta contra o capitalismo: "É missão histórica das classes trabalhadoras acabar com o capitalismo" (HUBERMAN, 1987, p. 212).

durante os anos dourados, a luta de classes nos EUA explodiu sob outra forma.

> The black revolt of the 1950s and 1960s — North and South — came as a surprise. But perhaps it should not have. The memory of oppressed people is one thing that cannot be taken away, and for such people, with such memories, revolt is always an inch below the surface. For blacks in the United States, there was the memory of slavery, and after that of segregation, lynching, humiliation[18] (ZINN, 2005, p. 443).

Na mesma época, o macarthismo fazia uma razia com a feroz campanha anticomunista, em particular contra intelectuais, escritores, atores e diretores de Hollywood, com perseguições, prisões e até condenações à morte,[19] que levou muitos intelectuais, jornalistas, escritores, diretores e roteiristas de cinema a se exilarem. A paranoia anticomunista tomou conta de todo os EUA, foi uma enxurrada de livros, textos e filmes contra os comunistas, nesse caso, normalmente disfarçados de russos ou extraterrestres, demônios ou tudo que se possa imaginar, invadindo os EUA. Uma das consequências mais duras e graves no desenvolvimento da luta de classes nos EUA, nesse período, e dos impactos da campanha macarthista foi que:

> Seguramente dizimou o legal Partido Comunista dos Estados Unidos cujas filiações caíram de oitenta mil membros em 1944 para menos de 10 mil membros em meados da década de 1950, dos quais 1,5 mil eram informantes do FBI, provavelmente. Mais importante, a Ameaça Vermelha desentranhou a esquerda norte-americana, os sindicatos dos trabalhadores e as organizações políticas e culturais que estimularam as

18. "A revolta negra dos anos 1950 e 1960 — Norte e Sul — foi uma surpresa. Mas não deveria ter sido. A memória do povo oprimido é uma coisa que não pode ser removida, e para tais pessoas, com tais lembranças, a revolta está sempre um pouco abaixo da superfície. Para os negros nos Estados Unidos, havia a memória da escravidão e depois da segregação, do linchamento e da humilhação" (tradução nossa).

19. Foi o caso dos Rosemberg, um casal de judeus que foi denunciado e acusado de espionagem para a URSS, sendo condenado à morte e executado.

> reformas do New Deal na década de 1930. Com exceção dos movimentos dos direitos civis e antinucleares, a reforma dissidente e progressista da esquerda desapareceria na década de 1950 e o movimento dos trabalhadores jamais se recuperaria (STONE; KUZNICK, 2015, p. 184).

Entretanto, a luta de classes nos EUA não desapareceu, o Partido Comunista (CPUSA) continuou existindo e se expressando de outras formas, assim como outros partidos menores que pregam o comunismo, o trotskismo ou o socialismo.[20] No início dos anos 1970, a luta de classes se expressou através dos movimentos e manifestações contra a Guerra do Vietnã e uma enorme insatisfação contra o governo. Esse é o período em que a crise econômica se aprofundou nos EUA, o governo de Richard Nixon deu um golpe e acabou com a conversibilidade do dólar em ouro, em 1971, como havia sido combinado e aceito em *Bretton Woods*. Em 1974, após iniciado um processo de *impeachment* na Suprema Corte, pelo escândalo do caso *Watergate* (ZINN, 2005, p. 543 e segs.), Nixon renunciou ao seu segundo mandato sendo substituído pelo vice, Gerald Ford. Com o fim da conversibilidade do dólar, o sistema de taxas fixas administradas de câmbio foi sendo substituído pelo regime de livre flutuação e conduziu todo o sistema mundial a uma maior instabilidade e volatilidade que se acelerou nos anos 1990.

Todo esse período foi marcado por profundas crises políticas e intervenções militares em várias partes do mundo, a classe trabalhadora foi duramente reprimida em sua luta pelo socialismo, seja internamente pelos Estados nacionais, seja através das intervenções militares dos EUA. Nesse período, dos *anos dourados*, o mundo continuou em guerra: a Guerra da Coreia (1950-1953), a Guerra do Vietnã (1955-1975), os antigos conflitos árabe-israelenses que foram retomados após 1948

---

20. Os partidos que se reivindicam como comunistas são: Communist Party USA (1919), Socialist Workers Party (1938), Workers World Party (1959), Party for Socialism and Liberation (2004). Os que reinvidicam o trotskismo são: Socialist Equality Party (1966), Freedom Socialist Party (1966), Socialist Action (1983), Socialist Alternative (1986). E os que se consideram socialistas são: Peace and Freedom Party (1967), Socialist Party USA (1973). As datas são os anos de fundação (WIKIPEDIA, 20—).

com a criação do Estado de Israel, até os dias de hoje. As guerras de independência na África, como na Argélia (1954-1962), em Angola (1961-1974) e em Moçambique (1964-1974). As revoluções vitoriosas na China (1949) e em Cuba (1959). Na América Latina, foi iniciado um período de ditaduras militares: no Brasil em 1964, na Bolívia (1964), na Argentina (1966), no Chile e no Uruguai (1973).

Nos países europeus, tivemos dois momentos com importantes eventos no decorrer da luta de classes após a Segunda Guerra Mundial: o primeiro foi o XX Congresso do Partido Comunista e o segundo a ascensão de Stalin ao poder na Rússia. Entretanto, as denúncias contra as violências cometidas durante o governo de Stalin, realizadas por Nikita Kruschev durante o XX Congresso do Partido Comunista, em 1956, começaram a afetar fortemente os partidos revolucionários europeus. "Entre 1956 e 1968, o marxismo na Europa viveu — e, digamos, floresceu — num estado de suspensão. O comunismo stalinista caíra em desgraça, devido às revelações e aos eventos de 1956" (JUDT, 2008, p. 407). Além disso, as divergências internas na Rússia, após a ascensão de Stalin, continuaram com as divisões da esquerda por todo o mundo, principalmente após a fundação da IV Internacional, em 1939. Assim, "[...] era possível encontrar partidos trotskistas em todos os países que não os proibissem. Eram, tipicamente, pequenos e liderados por um chefe carismático e autoritário, que ditava doutrinas e táticas, à imagem do fundador" (JUDT, 2008, p. 407).

A década de 1960 foi marcada por agitações na Europa, principalmente pela primavera de 1968, na França, que repercutiu por todo o mundo.

> A ocupação estudantil da Sorbonne, as barricadas nas ruas e a luta contra a polícia, especialmente nas noites e madrugadas de 10 e 25 de maio, foram comandadas por representantes da *Jeunesse Communiste Révolutionnaire* (trotskista), por membros de diretórios estudantis e de sindicatos de jovens docentes. [...] Os distúrbios e as invasões estudantis tinham deflagrado uma série de greves e ocupações de locais de trabalho que, em fins de maio, quase paralisaram a França. [...] As greves, invasões, ocupações, demonstrações e passeatas foram o maior

> movimento de protesto social na França moderna, bem mais extensos do que os registrados em junho de 1936. [...] Os milhões de homens e mulheres que haviam cruzado os braços tinham ao menos um ponto em comum com os estudantes. A despeito de queixas localizadas, os trabalhadores sentiam-se, acima de tudo, frustrados com a sua condição social. Não buscavam tanto uma melhor situação profissional, mas uma transformação de estilo de vida; os panfletos, manifestos e discursos explicitavam exatamente isso (JUDT, 2008, p. 415-416).

Na América Latina, o pós-guerra teve também um avanço das lutas revolucionárias, principalmente após a vitoriosa revolução cubana, em 1959. Esta passou por alguns momentos críticos, como a invasão na Baía dos Porcos, em 1961, realizada por uma milícia de cubanos contrarrevolucionários que foram treinados, financiados e apoiados pelas forças armadas dos EUA,[21] cujo objetivo era destituir o governo revolucionário e assassinar Fidel Castro. Todo o processo de planejamento foi efetuado pela CIA (Center Intelligence Agency ou Agência Central de Inteligência), com o acompanhamento das operações que foram discutidas na Casa Branca com a presença do presidente Kennedy (JFK). Os registros das reuniões foram publicados por White (2001). O resultado da invasão na Baía dos Porcos foi a vitória dos revolucionários cubanos que derrotaram os invasores em cerca de três dias. Após a derrota, "JFK instructs Pentagon to prepare a plan for the possible use of force against Cuba. This sort

---

21. "The United States has undertaken a number of covert measures against Castro, including propaganda, sabotage, political action, and direct assistance to anti-Castro Cubans in military training. A particularly urgent question is the use to be made of a group of such Cubans now in training in Guatemala, who cannot remain indefinitely where they are" (Os Estados Unidos adotaram uma série de medidas secretas contra Castro, incluindo propaganda, sabotagem, ação política e assistência direta aos cubanos anti-Castro em treinamento militar. Uma questão particularmente urgente é o uso que deve ser dado a um grupo de cubanos atualmente em treinamento na Guatemala, os quais não podem permanecer indefinidamente onde eles estão. Tradução nossa) (WHITE, 2001, p. 16). Notas da reunião de discussão sobre Cuba, em 28 de janeiro de 1961, em que estiveram presentes o presidente Kennedy, o vice, Lyndon Johnson, o secretário de Estado, Dean Rusk, da Defesa, Robert McNamara, o diretor da CIA, Allen Dulles, entre outros.

of contingency planning would be intensified in coming months"[22] (WHITE, 2001, p. 38).

Os ataques dos EUA contra Cuba continuaram com a *Operação Mangusto*, longamente documentada nos memorandos publicados por White (2001), até a crise dos mísseis, em 1962. Esse foi um dos momentos mais tensos da Guerra Fria, em que a possibilidade de uma guerra nuclear entre EUA e a URSS nunca esteve tão próxima. Em resposta à instalação de mísseis nucleares americanos nas bases da Turquia, da Itália e da Inglaterra e aos contínuos ataques, pressões e ameaças de invasão contra Cuba, os soviéticos construíram plataformas de lançamento e instalaram mísseis nucleares na Ilha. Após tensas negociações, com mensagens trocadas quase diariamente entre Kennedy e Kruschev, nas quais se podem notar as reclamações, as exigências de parte a parte e algumas acusações mútuas, a crise chegou ao final. Entretanto, nos momentos finais da crise, na mensagem de 28 de outubro de 1962 para Kennedy, Kruschev ainda destaca que:

> Although I trust your statement, Mr. President, there are irresponsible people who would like to invade Cuba now and thus touch off a war. If we do take practical steps and proclaim the dismantling and evacuation of the means in question from Cuba, in so doing we, at the same time, want the Cuban people to be certain that we are with them and are not absolving ourselves of responsibility for rendering assistance to the Cuban people[23] (WHITE, 2001, p. 242).

Desde 1961 até os dias de hoje, os EUA mantêm uma política feroz contra a revolução cubana e em nenhum momento deixou de impor e

---

22. "JFK instruiu o Pentágono para preparar um plano para um possível uso da força contra Cuba. Esse tipo de planejamento de contingencial seria intensificado nos próximos meses" (tradução nossa).

23. "Embora eu confie em sua declaração, Senhor Presidente, há pessoas irresponsáveis que gostariam de invadir Cuba agora e, assim, desencadear uma guerra. Se dermos passos concretos e anunciarmos o desmonte e a retirada de Cuba dos meios em questão, ao fazê-lo, nós, ao mesmo tempo, queremos que o povo cubano tenha certeza de que estamos com eles e não nos absolvemos da responsabilidade de prestar assistência ao povo cubano" (tradução nossa).

de manter os embargos, bloqueios e sanções, até contra países e empresas que mantêm relações econômicas com Cuba.[24] Essa política foi intensificada após a derrocada da União Soviética, com a aprovação da *Lei Torricelli*, em 1992, e da *Lei Helms-Burton*, em 1996. A dureza e a intensidade das leis que configuram o bloqueio contra Cuba foram relativamente atenuadas durante o governo de Barack Obama, mas voltou a se intensificar com o atual presidente dos EUA, Donald Trump.

No período após a Segunda Guerra Mundial, a partir do exemplo e da experiência soviética, ocorreu uma ascensão da luta de classes, além do avanço das lutas revolucionárias. Esses movimentos foram duramente reprimidos, com seus militantes sendo aprisionados e muitos foram assassinados. Por toda parte o Estado capitalista, nos diferentes países e com o apoio dos EUA, foi tomado por ditaduras militares, como já nos referimos.

Para o caso do Brasil, "Em Washington, trabalhava-se havia dez dias na armação de uma força-tarefa naval que, em caso de necessidade, zarparia para a costa brasileira" (GASPARI, 2002, p. 59). Esse autor apresenta um diálogo entre o embaixador dos EUA, Lincoln Gordon, e o presidente Kennedy:

> [GORDON] — Creio que uma de nossas tarefas mais importantes consiste em fortalecer a espinha militar. É preciso deixar claro, porém com discrição, que não somos necessariamente hostis a qualquer tipo de ação militar, contanto que fique claro o motivo.
> — Contra a esquerda — cortou Kennedy.
> — Ele está entregando o país aos...
> — Comunistas — completou o presidente.
> — Exatamente. Há vários indícios de que Goulart, contra a sua vontade ou não [...] (GASPARI, 2002, p. 60)

Assim, o desenvolvimento do modo de produção capitalista não só se desenvolveu através das lutas de classes, mas igualmente

24. Sintetizamos esse bloqueio em Carcanholo e Nakatani (2002, p. 147-150).

constituindo nacionalidades e nacionalismos que geraram contínuos conflitos, bélicos ou não, demonstrando a impossibilidade da existência de um mundo pacífico sob esse modo de produção.

As reformas no pós-guerra

O período após a Segunda Guerra Mundial, conhecido como *os anos dourados* ou os *trinta gloriosos* (1945-1975),[25] foi um período em que as formações sociais capitalistas mais avançadas conseguiram passar por uma fase de crescimento mais ou menos contínuo, as crises não foram tão graves e os países mais desenvolvidos implementaram o que é conhecido como o *Welfare State* ou Estado do Bem-estar. Entretanto, como vimos, esses anos dourados não foram tão dourados assim. Logo após a guerra, foi iniciado um período de caça às bruxas nos EUA, o macarthismo e a Guerra Fria[26] dos EUA contra a União Soviética. O mundo foi, então, dividido em dois campos ideológicos inimigos, o capitalismo e o socialismo.[27]

A criação do *Welfare State* ocorreu sob condições particulares do capitalismo mundial. Em primeiro lugar, a destruição maciça de cidades, de infraestrutura, de indústrias, durante a guerra, abriu um enorme espaço para a retomada da acumulação de capital, que ainda foi beneficiado pelo desenvolvimento científico e tecnológico ocorrido durante a guerra. Em segundo, a eliminação física de uma gigantesca massa de trabalhadores, os milhões de mortos e desaparecidos na

25. A rigor, o capitalismo entrou em crise no final dos anos 1960, com o fim do Acordo de Bretton Woods, quando o presidente Richard Nixon suspendeu a conversibilidade do dólar em ouro. Segundo Hobsbawm (1996, p. 253) "[...] 'os trinta gloriosos' dos franceses (*les trente glorieuses*), a Era de Ouro de um quarto de século dos anglo-americanos [...]".

26. Sobre os impactos da Guerra Fria na Europa, ver o capítulo V de Judt (2008).

27. Mesmo assim, os países que passaram a ser chamados de terceiro mundo reuniram-se em uma conferência em Bandung, na Indonésia, em 1955, e constituíram o grupo dos não alinhados, em uma tentativa para escapar das influências e das pressões dos dois campos ideológicos, além da defesa da descolonização.

guerra, exigiu uma nova forma de gestão da força de trabalho necessária para esse período de reconstrução. Nesse período, o sistema monetário e financeiro internacional foi apoiado, regulado e controlado pelos países mais poderosos, em particular os EUA, nos termos do acordo de *Bretton Woods*.

No campo específico da economia, foram desenvolvidas novas teorias, políticas, instituições e instrumentos de intervenção do Estado tornando-a mais regulada. Assim, também foi considerado um período keynesiano, devido à enorme influência da teoria de Keynes[28] sobre a condução da política econômica. A intervenção estatal, em termos quantitativos, cresceu rapidamente a um nível que jamais havia ocorrido anteriormente em termos de tributação e gastos públicos. Nos países desenvolvidos, parte importante desses recursos obtidos via tributação foi direcionada para a gestão da força de trabalho, em termos de qualificação, melhores condições de vida com a ampliação da proteção social. Nos países subdesenvolvidos, os recursos foram utilizados no planejamento e em programas voltados à industrialização, com a esperança de alcançar rapidamente o mesmo estágio dos países desenvolvidos. Ademais, com a ascensão da ideologia keynesiana e sua integração às políticas econômicas, ocorreu um financiamento adicional através dos déficits orçamentários e do crescimento da dívida pública.[29] Assim, esse período foi:

> [...] une époque qualifiée par le président des États-Unis, en personne, d´époque du 'plus extraordinaire essor de la prospérité que l´histoire ait

28. Keynes publicou seu livro principal, *Teoria geral do emprego, do juro e da moeda*, em 1936, mas suas ideias foram quase imediatamente incorporadas à corrente teórica dominante, a teoria neoclássica, no que foi chamado de segunda síntese neoclássica.

29. "L´État doit pour rembourser ses dettes et les intérêts y afférents utiliser l´argent des contribuables ou contracter de nouveaux emprunts" (MATTICK, 1972, p. 186) [Para pagar suas dívidas e os juros correspondentes, o Estado deverá utilizar o dinheiro dos contribuintes ou contratar novos empréstimos (tradução nossa.)]

O crescimento da dívida, não somente a pública, mas também de famílias e empresas, significa trazer o futuro para o presente, que implica um compromisso futuro em um sistema anárquico e imprevisível, no qual ninguém pode afirmar nada sobre esse futuro.

> connu'. Dans d'autres pays, on parlait alors de 'miracle économique', ou l'on affirmait que 'jamais, au grand jamais, ça n'a si bien marché' Les économistes ne se tenait plus de joie à l'idée que leur 'science' se révélait enfin être l'espoir du monde[30] (MATTICK, 1972, p. 7).

Esse período de reformas do capitalismo para uma economia regulada e com forte intervenção econômica do Estado, também conhecido como economia mista, terminou no início dos anos 1970 com a crise mundial e o início de um processo de mudanças para um sistema cada vez mais desregulado. Abriu-se, então, uma era de instabilidade e volatilidade dos principais indicadores econômicos e, também, pelas diversas manifestações da crise do capital. As forças do processo de acumulação estavam exigindo um capitalismo cada vez mais desregulado e as guerras localizadas produziram impactos globais, como as chamadas *crises do petróleo*, em 1973 e 1979, acelerando ainda mais o endividamento das economias dependentes, que haviam acumulado dívidas crescentes, seja para o financiamento da industrialização, seja para o pagamento das importações de petróleo. A mudança da política monetária dos EUA, no final de 1979, conduziu a uma elevação da taxa internacional de juros, agravando extraordinariamente a crise nos países endividados. Nestes, os governos locais, atendendo aos interesses do capital, promoveram uma conversão de dívidas dos capitais nacionais privados em dívidas públicas, assumindo os encargos dessas dívidas que explodiram em profundas crises da dívida[31] durante toda a década de 1980. Esse foi o período em que, nos EUA e na Inglaterra, com Ronald Reagan e Margaret Thatcher,

---

30. "[...] uma época em que o presidente dos Estados Unidos, pessoalmente, qualificou como a época do 'mais extraordinário progresso da prosperidade que a história já tenha conhecido'. Em outros países, era então chamado de 'milagre econômico', ou dizia-se que 'nunca, nunca, funcionou tão bem'. Os economistas não continham sua alegria com a ideia de que a 'ciência' deles enfim se revelava como a esperança do mundo" (tradução nossa).

31. O endividamento dos países, pelos governos e empresas, foi decorrente do capital superacumulado na forma dinheiro, como capital a juros, no mercado financeiro de Londres, principalmente. Foi o período da expansão do que foi conhecido como mercado de *eurodólares* e, posteriormente, de *petrodólares*.

respectivamente, adotaram as medidas de política econômica neoliberal, pressionando o resto do mundo a acompanhá-los.

Dessa maneira, durante as décadas de 1980 e 1990, foram enterradas as alternativas de reformas nas diferentes formações sociais capitalistas e o papel do Estado, na função de gestão estatal da força de trabalho, foi sendo restrito aos seus limites mínimos. Nos países centrais do capitalismo, toda a estrutura e o funcionamento do *Welfare State* foram sendo desmontados; naqueles países subdesenvolvidos e periféricos, que tentaram construir algo parecido com o *Welfare State*, as sucessivas reformas ou contrarreformas ou já destruíram ou estão em vias de destruir o pouco que se conseguiu em termos de política social voltada ao bem-estar da classe trabalhadora. Disseminou-se assim, por toda parte, a política chamada de *austeridade fiscal*.

Esse processo de destruição dos avanços civilizatórios, que está em vias de extinção por toda parte, devido ao avanço das políticas de austeridade neoliberais, está levando a um enorme retrocesso social. Isso está sendo realizado pelas políticas neoliberais cada vez mais associadas às políticas ultraliberais de destruição das políticas de proteção social e de redução das desigualdades. Esse processo é decorrente dos interesses das unidades particulares mais internacionalizadas e financeirizadas do capitalismo mundial. Tudo isso em nome da liberdade e das ideologias libertárias de extrema-direita, contra a opressão estatal, além do excesso de tributação que as massas populares estão sentindo sem a devida contrapartida, pois os recursos arrecadados através da tributação estão sendo canalizados para a manutenção e a reprodução da forma dinheiro do capital em suas formas fictícias. Ademais, essas políticas regressivas passaram a contar com o apoio cada vez maior da pequena burguesia que está sentindo, também, os impactos negativos sobre seus *privilégios* econômicos e sociais.

A crise do capital, em suas mais diversas manifestações, já atingiu um estágio de regressão social, de destruição das condições de reprodução dos recursos naturais e de impossibilidade de um avanço civilizatório. A humanidade está chegando a um ponto em que deve suprimir os fundamentos do modo de produção capitalista e a classe trabalhadora, em vez de lutar por mais empregos, mais salários, direitos sociais, educação, saúde e assistência, deve voltar a colocar no centro de sua estratégia a luta pelo fim da exploração do trabalho. O que tudo indica é que o tempo das reformas já passou e novas escolhas terão de ser feitas.

Revolução?

As lutas revolucionárias do proletariado dirigidas pelos partidos comunistas foram sendo, em sua maior parte, derrotadas pelas burguesias ao longo do século XX, desde seu início, com o assassinato de Rosa Luxemburgo e, posteriormente, com o *incêndio do Reichstag*, em 1933, o que acelerou a ascensão de Hitler e do nazismo, conduzindo à Segunda Guerra Mundial. Entretanto, as lutas continuaram por todas as partes e os revolucionários também obtiveram vitórias, como a Revolução Russa, a Revolução Chinesa e a Revolução Cubana, entre muitas outras. A divisão do mundo em duas partes opostas a partir da Guerra Fria ainda conduziu à organização dos países não alinhados do terceiro mundo e às lutas revolucionárias e à descolonização, principalmente na África.

Da mesma forma, ao longo dos séculos, a utopia socialista tem-se mantido no imaginário de escritores, poetas, militantes políticos e de parcelas consideráveis das populações exploradas e submetidas às mais degradantes condições de vida e de reprodução social. É essa utopia que é combatida duramente pelos interesses particulares dos capitalistas e de frações da pequena burguesia, que foram *privilegiadas* em suas condições de vida, e também por aquelas frações que estão perdendo seus *status* e condições de vida em decorrência do próprio processo de pauperização inerente ao modo de produção capitalista.

Após o final da Segunda Guerra, as frações dirigentes e os órgãos de inteligência, segurança e as forças armadas do Estado norte-americano assumiram o papel de combater e destruir todos os projetos revolucionários. Todos aqueles que visaram à construção de sociedades anticapitalistas, mais solidárias e mais justas, que tinham como objetivo a supressão da propriedade privada dos meios de produção e a socialização dos excedentes econômicos produzidos foram duramente combatidos. Esse combate foi e continua sendo efetuado de todas as formas e com todos os meios que a maior potência mundial possui, tanto *diplomáticos*, quanto econômicos, políticos, militares e ideológicos, tanto pelas intervenções diretas quanto pelo apoio direto ou indireto às forças conservadoras e antirrevolucionárias nos diferentes países ao longo do século.

Assim, as derrotas que as esquerdas revolucionárias e mesmo as reformistas têm sofrido, ao longo do século XX e no século XXI, não foram resultados somente dos confrontos das forças internas nos diferentes Estados nacionais. Foram resultados de ações, às vezes coordenadas e dirigidas pelo Estado americano, como nos casos de Chile, Nicarágua e Venezuela. A primeira foi a experiência inaugural em que a esquerda revolucionária assumiu o poder através da democracia liberal capitalista e foi destruída militarmente, com um gigantesco custo social e implantação de feroz e sanguinária ditatura militar. A segunda, através do apoio da Central de Inteligência dos EUA, que desviou recursos das vendas de armas para o Irã para financiar os contrarrevolucionários e ficou amplamente conhecida como o *caso Irã-contras*, durante o segundo governo de Reagan. A Venezuela ainda resiste aos boicotes, aos bloqueios, às medidas dos EUA contra qualquer país ou empresa que esteja negociando com ela, mas, mesmo com algum apoio internacional que ainda recebe, está sofrendo um gigantesco custo em termos de destruição do seu tecido econômico e social.

Em termos políticos e ideológicos, a maior derrota da esquerda revolucionária não deixa de ser o colapso da União Soviética (URRS), no início dos anos 1990, após a derrubada do muro de Berlim.[32]

32. Aqui cabe relembrar que, no mesmo ano de 1989, ocorreu um movimento contra o governo do partido comunista na China, conhecido aqui como o massacre da Praça da Paz Celestial (ANDERSON, 2010, p. 21).

A derrota da URSS e do seu projeto socialista é objeto de debates, divergências de opiniões e de controvérsias que não temos como desenvolver. Entretanto, ela conduziu ao fim do Pacto de Varsóvia, do COMECOM (Conselho para Assistência Econômica Mútua) e do apoio que dava, com todos os problemas e restrições que se possa ter à política externa da URRS, aos projetos revolucionários.

Nestas duas primeiras décadas do século XXI, temos ainda a continuidade das experiências revolucionárias da China e de Cuba que completam, no ano de 2019, 70 e 60 anos, respectivamente, da tomada do poder pelas forças revolucionárias. Ambas são, juntamente à Venezuela, neste momento, objeto da mais feroz política de embargo e restrições do governo dos EUA. Ambas ainda se propõem a construir uma sociedade socialista: a China com a construção do socialismo, ao modo chinês, e Cuba que se coloca como uma sociedade em transição ao socialismo. A primeira tornou-se a maior economia do mundo[33] e Cuba tornou-se um país com os melhores indicadores sociais da América Latina, que superam muitos dos países capitalistas considerados desenvolvidos.

Cuba é uma pequena ilha com 10.988,4 hectares ou 109.988 km2, localizada a cerca de 90 milhas ou 144 quilômetros dos EUA e tem uma população de pouco mais de 11 milhões de habitantes (COUTO *et al.*, 2018, p. 349). A economia cubana representava apenas 0,49% da economia dos EUA, em 2017, segundo dados do Banco Mundial. Um país minúsculo frente à potência econômica dos EUA. Assim, não representaria nenhuma ameaça nem haveria nenhuma razão de estar sofrendo mais de meio século de um feroz bloqueio econômico, que continua produzindo imensos prejuízos para toda a sociedade cubana. A principal razão é a escolha soberana feita pela Ilha na construção de uma sociedade socialista, mais justa e igualitária, cujo objetivo fundamental é o bem-estar de toda a população. Por isso,

---

33. Segundo os dados do FMI (2018), a China é a primeira economia do mundo desde 2014, quando utilizamos as estimativas feitas em *paridade de poder de compra*, que procura reduzir as distorções decorrentes das taxas de câmbio.

tem-se mantido, desde a revolução, como um exemplo para todas as classes exploradas do planeta e, ao mesmo tempo, como inimigo a ser combatido a qualquer custo pelas burguesias do resto do mundo.

Do outro lado do planeta encontramos a China, um país até hoje misterioso para muita gente. Se, durante a Guerra Fria entre a União Soviética e os EUA, estes aceitaram reconhecer a revolucionária e anticapitalista República Popular da China como uma nação independente, atualmente não é mais o caso. A China é hoje considerada a principal inimiga dos EUA em termos econômicos.

Ao contrário de Cuba, a China tem um território de mais de 9 milhões de km^2, perde somente para a Rússia e para o Canadá em termos de território; uma população de 1,415 bilhão de habitantes, quatro vezes maior do que a dos EUA, e um PIB, estimado pelo FMI em paridade de poder de compra, que supera o dos EUA em 28,4%, em 2019. Segundo as mesmas estimativas, a diferença deverá atingir 44,4%, em 2022. Mas ainda é um país relativamente pobre, com um PIB por habitante de apenas 9,8 mil dólares frente a US$ 64,2 mil dos EUA. Até o Brasil ainda está à frente da China nesse indicador, 11,1 mil dólares (FMI, 2018).

O desempenho econômico obtido pela China, através da planificação central, tanto no período governado por Mao quanto após a abertura efetuada por Deng Xiaoping, é impressionante se comparado com as principais economias capitalistas. Contudo, os resultados não são somente econômicos, mas também políticos e sociais, com a redução da miséria e da pobreza ao longo das décadas, melhoria das condições de vida e de bem-estar de toda a população.[34] Por isso, a construção do socialismo pela via chinesa atualmente é um dos maiores óbices ao capitalismo ocidental.

Além disso, isso se reflete na própria natureza de seu modo de produção, que é objeto de grandes debates e de profundas divergências. Para muitos estudiosos, o país abandonou o caminho para o socialismo

34. O desenvolvimento chinês está muito bem detalhado e com excelentes estimativas e dados elaborados por Rémy Herrera e Zhiming Long (2019).

e já regressou ao capitalismo. Para outros, a China encontra-se em um processo de transição cuja natureza ainda não pode ser plena e definitivamente especificada.

> [...] a RPC do século 21 é um *novum* histórico-mundial: a combinação daquilo que, segundo qualquer critério convencional, é no momento uma economia predominantemente capitalista, com aquilo que, segundo qualquer critério convencional, ainda é incontestavelmente um Estado comunista — ambos, em seus respectivos gêneros, os mais dinâmicos jamais vistos (ANDERSON, 2010, sem paginação).

O modo de produção capitalista, em suas principais formações sociais, encontra-se em crise, uma crise de superacumulação que vem se arrastando há décadas, cujas perspectivas só estão encontrando respostas no aprofundamento da alienação, do misticismo e de propostas cada vez mais autoritárias e regressivas, política, social, ideológica e moralmente ultrapassadas.

A crise do capital e do capitalismo vem se expressando ao longo de décadas nos ciclos de expansão e depressão, localizadas ou gerais, e ela vem gerando uma aguda desigualdade na propriedade da riqueza e da apropriação da renda, não só entre as classes sociais fundamentais, como também entre as classes intermediárias. As consequências desse processo aparecem através do desemprego, da precarização do trabalho e das relações de trabalho, da pobreza, da miséria e da fome por todo o lado. Aparecem, também, através das agudas tentativas de fuga das piores condições de vida vivenciadas nas regiões mais pobres do mundo, em uma busca de melhores condições nas regiões mais prósperas, às vezes infrutíferas, muitas vezes recompensadas com prisões e até com as mortes. Isso tudo é uma parte do retrato que atingiu o processo civilizatório comandado pelo desenvolvimento do modo de produção capitalista. Isso tudo em um contexto em que as frações dirigentes, em quase todos os países, não têm mais nenhuma proposta de medidas de políticas econômicas, sociais ou qualquer outra para solucionarem todos esses problemas em escala mundial.

Ao lado disso, o modo de vida e de consumo desenvolvido pelo capitalismo exigiu e continua exigindo o consumo ou a destruição maciça dos recursos naturais necessários à produção dos meios de vida, não só aqueles de consumo necessários, mas também aqueles que são inúteis, suntuários, supérfluos e desnecessários à vida humana. O mundo encontra-se atualmente no limiar da exploração dos recursos naturais, vários já em fase de esgotamento, e foi conduzido a um ponto em que a natureza, já profundamente modificada pela ação humana, está cobrando sua própria existência e reprodução.

Assim, defrontamo-nos novamente, como há muito tempo, frente à questão: reforma ou revolução. Neste momento, para a própria sobrevivência dos povos e da humanidade, parece que o único caminho será a busca do socialismo. Vimos que as reformas sociais democratas e os avanços obtidos, principalmente com os *Welfare States*, já foram superados e suprimidos em sua maior parte. As tentativas de melhorar as condições e vida e de trabalho da classe trabalhadora por todo o mundo foram sendo gradativamente suprimidas pelas políticas de austeridade. O período de um capitalismo relativamente regulado e organizado, após a Segunda Guerra Mundial, acabou na década de 1970. As tentativas de superação do subdesenvolvimento, através do planejamento capitalista, mesmo com relativos sucessos, também foram descartadas e implementaram-se, por toda a parte, as medidas de política econômica decorrentes da ideologia neoliberal a partir da década de 1990. Tudo isso conduziu e continua levando o mundo todo a condições cada vez mais graves.

As experiências de construção de sociedades em transição ao socialismo de Cuba e da China podem ser consideradas exceções a essas mudanças que estamos vivenciando. Mas, não podem ser *modelos*, pois os processos históricos são particulares. Sem considerar que elas ainda carregam os profundos e graves problemas herdados do próprio modo de produção capitalista, integrados às condições socioculturais e históricas de suas próprias heranças. Assim, cabe a cada sociedade ou Estado-nação, em particular, buscar suas próprias vias, na busca de suas próprias sobrevivências, para a construção futura de um modo de vida mais condizente com o que se poderia chamar de natureza humana.

Referências

AENGENHEYSTER, M. *et al.* The point of no return for climate action: effects of. *Earth System Dinamics*, Göttingen, v. 9, n. 1, p. 1085-1095, 30 ago. 2018. ISSN 2190-4987. Disponível em: https://www.earth-syst-dynam.net/9/1085/2018/esd-9-1085-2018.pdf. Acesso em: 20 jul. 2019.

AMIN, S. O capitalismo senil. *Revista da Sociedade Brasileira de Economia Política*, Rio de Janeiro, n. 1, p. 79-102, 1º dez. 2002.

ANDERSON, P. Duas revoluções: anotações. Ensaio comparativo sobre o desenlace atual das duas maiores revoluções do século XX: a russa e a chinesa. *Serrote*, São Paulo, jul. 2010. Disponível em: https://www.revistaserrote.com.br/2011/06/serrote-5/. Acesso: 21 fev. 2018.

BEINSTEIN, J. *Capitalismo senil*: a grande crise da economia global. São Paulo: Record, 2001. v. 1.

CARCANHOLO, M. D.; NAKATANI, P. Crise e reformas de mercado: a experiência de Cuba nos anos 90. *Problemas del Desarrollo*, México, v. 33, n. 128, p. 139-64, jan./mar. 2002.

CARVALHO, D. F. *Macroeconomia keynesiana da IS-LM revisitada (da macroeconomia de Keynes à macroeconomia de Hicks)*. Belém: UFPA, 1999. p. 1-25.

CATALÃO, M. A. P. *Antologia e tradução comentada da obra poética de Antonio Machado*. 2002. Tese (Doutorado) — Universidade Estadual de Campinas, Campinas, 2002. p. 344.

COUTO, B. R. *et al. Análise dos sistemas de proteção social na América Latina*: Brasil, Chile e Cuba. Porto Alegre: EdiPUCRS, 2018.

DARDOT, P.; LAVAL, C. *A nova razão do mundo*. São Paulo: Boitempo, 2016. v. 1.

FMI. *Economic outlook database*. Washington: FMI, 2018. Disponível em: https://www.imf.org/external/pubs/ft/weo/2018/01/weodata/index.aspx. Acesso em: 20 ago. 2019.

FRIEDMAN, M. *Episódios da história monetária*. Rio de Janeiro: Record, 1994.

GASPARI, E. *A ditadura envergonhada*. São Paulo: Companhia das Letras, 2002. v. 1.

HAYEK, F. A. *Desestatização do dinheiro*. Rio de Janeiro: Instituto Liberal, 1986.

HERRERA, R.; LONG, Z. *La Chine. Est-elle capitaliste?* Paris: Éditions Critiques, 2019.

HOBSBAWM, E. *Era dos extremos*: o breve século XX: 1914-1991. 2. ed. São Paulo: Companhia das Letras, 1996. v. 1.

HOBSON, J. A. *Estudio del imperialismo*. 8. ed. Madrid: Alianza Editorial, 1981. v. 1.

HOPPE, H.-H. A democracia não é a solução; é o problema. *Mises Brasil*, 10 jun. 2010. Disponível em: https://www.mises.org.br/Article.aspx?id=398. Acesso em: 9 abr. 2019.

HUBERMAN, L. *História da riqueza dos EUA. (Nós, o povo)*. 4. ed. São Paulo: Brasiliense, 1987. v. 1.

JUDT, T. *Pós-guerra*: uma história da Europa desde 1945. Rio de Janeiro: Objetiva, 2008. v. 1.

KEYNES, J. M. As possibilidades econômicas de nossos netos. *In*: SZMERECSÁNYI, T. *Keynes*. São Paulo: Ática, 1978. v. 1, cap. 9, p. 150-59.

KEYNES, J. M. *Teoria geral do emprego, do juro e da moeda*. 2. ed. São Paulo: Nova Cultural, 1985. v. 1.

LÊNIN, V. I. *O imperialismo*: etapa superior do capitalismo. Campinas: FEE: Unicamp, 2011. v. 1.

LEPAGE, H. *Demain le capitalisme*. Paris: Pluriel, 1978.

LEPAGE, H. *Demain le liberalisme*. Paris: Pluriel, 1980.

LUXEMBURG, R. *Reforma ou revolução?* Lisboa: Editorial Estampa, 1970. v. 1.

MARX, K. *O capital*: crítica da economia política. São Paulo: Boitempo, 2013. Livro I: O processo de produção do capital.

MARX, K. *O capital*: crítica da economia política. São Paulo: Boitempo, 2014. Livro II: O processo de circulação do capital.

MARX, K.; ENGELS, F. *Manifesto comunista*. 4. ed. São Paulo: Boitempo, 2005. v. 1.

MATTICK, P. *Marx et Keynes. Les limites de l´économie mixte.* Paris: Gallimard, 1972. v. 1.

NAKATANI, P.; MELLO, G. M. D. C. Criptomoedas: do fetichismo do ouro ao hayekgold. *Crítica Marxista*, Campinas, v. 1, n. 1, p. 9-45, dez. 2018.

NAKATANI, P.; TEIXEIRA, A. L. A.; GOMES, H. Financialization and the contradictory unity between the real and financial dimensions of capital accumulation. *In*: MELLO, G. M. D. C.; SABADINI, M. *Financial speculation and fictitious profits. A marxist analysis.* [*S. l.*]: Palgrave Macmillan, no prelo.

NAPOLITANO, A. E se eu lhe disser que a democracia é uma fraude? *Mises Brasil*, 28 jul. 2014. Disponível em: https://www.mises.org.br/Article.aspx?id=1908. Acesso em: 9 abr. 2019.

OXFAM. *A distância que nos une. Um retrato das desigualdades brasileiras.* [*S. l.*]: Oxfam Brasil, 2017. p. 94.

OXFAM. *Public good or private wealth?* Oxford: Oxfam, 2019. p. 106.

PIQUERAS, A.; DIERCKXSENS, W. (org.). *O capital frente ao seu declínio.* São Paulo: Expressão Popular, 2018.

ROQUE, L. Como ocorreu a crise financeira americana. Dez anos este ano. *Mises Brasil*, 17 ago. 2018. Disponível em: https://www.mises.org.br/Article.aspx?id=1696. Acesso em: 18 jul. 2019.

ROTHBARD, M. N. Como ocorrem os ciclos econômicos. *Mises Brasil*, 17 mar. 2008. Disponível em: https://www.mises.org.br/Article.aspx?id=53. Acesso em: 18 jul. 2019.

SALE, K. *Inimigos do futuro*: a guerra dos luditas contra a revolução industrial e o desemprego: lições para o presente. Rio de Janeiro: Record, 1999. v. 1.

STONE, O.; KUZNICK, P. *A história não contada dos Estados Unidos*. São Paulo: Faro Editorial, 2015.

TEULINGS, C.; BALDWIN, R. *Secular stagnation*: facts, causes and cures. London: CEPR Press, 2014. v. 1.

WHITE, M. J. *The Kennedys and Cuba. The declassified documentary history*. 2. ed. Chicago: Ivan R. Dee, 2001. v. 1.

WIKIPEDIA. Political parties in the United States. 20—. Disponível em: https://en.m.wikipedia.org/wiki/Political_parties_in_the_United_States. Acesso em: 30 jul. 2019.

ZINN, H. *A people's history of the United States*: 1492 to present. 6. ed. New York: Harper Perennial Modern Classics, 2005.

Financeirização e capital fictício na América Latina e Brasil

Rodrigo Emmanuel Santana Borges
Camilla dos Santos Nogueira

Cada vez mais estudos procuram demonstrar como se deu o crescente domínio do capital fictício, além de seus desdobramentos, desde a crise capitalista de 1970. As contribuições deste trabalho no debate junto à "Escola de Vitória" centram-se em, ao menos, quatro dimensões. Primeiro, ao oferecer estimativas mais recentes quanto ao capital fictício e sua recomposição internacional após a Grande Depressão do século XXI (CARCANHOLO, 2012). Segundo, ao abordar o avanço do capital fictício na América Latina e no Brasil, empírica e historicamente. Terceiro, na tentativa de precisões teóricas, como sobre a relação entre capital fictício e financeirização. Por fim, no diálogo com a categoria de padrão de reprodução do capital, na atual "restauração conservadora" que avança com sinos de guerra sobre a América Latina.

Para tal, seguem-se cinco seções à introdução. A primeira procede a uma breve síntese das categorias e debate em que se insere a presente análise. Depois, bosquejamos, nas duas seções seguintes, o movimento de agigantamento do capital fictício nas últimas décadas nos planos, respectivamente, internacional e latino-americano (com destaque ao Brasil), a partir de dados publicamente disponíveis. A intenção é oferecer uma visão geral e chaves interpretativas relativas ao plano mais concreto do mercado mundial e dos países imperialistas e dependentes. Na quarta seção, refletimos sobre a noção de padrão de reprodução do capital, tendo como pano de fundo o crescente domínio das formas de capital fictício, em diálogo com trabalhos recentes que versam sobre padrão de reprodução de capital e financeirização. Por fim, fechamos o escrito com considerações finais vinculadas à atual conjuntura pela qual passam Brasil e América Latina.

Financeirização e capital fictício

As teorias que buscam caracterizar a etapa atual do capitalismo como globalização, mundialização, mundialização financeira, financeirização ou etapa do capital especulativo parasitário reconhecem, em maior ou menor medida, o domínio do capital fictício na dinâmica da reprodução social.

Desde fins da década de 1990, particularmente, a "Escola de Vitória"[1] avançou firmemente nessa linha explicativa da nova etapa capitalista (GOMES *et al.*, 2015), cunhando inclusive novas categorias (como capital especulativo parasitário e lucros fictícios). O debate se adensou com a utilização crescente, por diversos autores, no Brasil (MARQUES; NAKATANI, 2013; PALLUDETO; ROSSI, 2018; PAULANI, 2016; ROSSI, 2014) e no exterior (DURAND, 2017; MILIOS, 2015;

1. Referimo-nos, com este termo, ao núcleo de pesquisadores reunidos em torno do tema desde os trabalhos pioneiros dos professores Reinaldo Carcanholo, Paulo Nakatani e Maurício Sabadini, e que atualmente se organizam através do "Grupo de Estudos Dinheiro Mundial e Financeirização", na Universidade Federal do Espírito Santo.

TRENKLE, 2015), da própria categoria 'capital fictício' como chave explicativa.[2]

Do ponto de vista mais geral, e a partir da própria gestação do conceito por Marx, o capital fictício é fruto da inversão lógica do ciclo do capital portador de juros. O ciclo D-D', fetichizado, aparentemente mostra que o capital monetário 'gera' renda (D' = D + d), sendo a magnitude dessa renda derivada da taxa de juros. A inversão lógica, em um avanço da fetichização do capital, é a consideração de que qualquer rendimento futuro contínuo (seja assegurado em maior ou menor grau) represente um capital presente, ou seja, teríamos d-D. A magnitude desse capital se alcança também por intermédio da taxa de juros — trata-se de trazer os fluxos ao valor presente por ela.

Formas 'básicas' de capital fictício, ou remarcadas por Marx, seriam: títulos de dívida pública (assegurados pelos rendimentos futuros do Estado), ações de companhias (ao menos a capitalização do lucro de empresário — excedente à taxa de juros — como em Hilferding) e o próprio capital bancário, em sua prática totalidade.

Acompanhando Gomes *et al.* (2015), no contexto histórico mundial gestado a partir da década de 1970, essas formas foram complementadas por formas cada vez mais complexas, fruto da crescente instabilidade que essa 'fuga às finanças' representaria para a acumulação de capital. A procura de proteção ou *hedge* se materializaria em um mercado de derivativos — principalmente de câmbio e juros — que

---

2. Economistas formados na Escola de Campinas, em posição similar à adotada em relação à dependência nas décadas de 1970 e 1980 (Tonin, 2011), desferem contra a perspectiva da dominação do capital fictício, em uma implícita falsa oposição entre parasita e constituinte: "Portanto, a mediação do controle capitalista dos recursos produtivos tem nas formas concretas de capital fictício — dentre essas, ações, debêntures e derivativos — um indicador do processo de alocação do trabalho social [...]. O processo de geração de valor, enfim, torna-se subordinado à movimentação da riqueza sob forma financeira. Nesse sentido, portanto, é que se pode argumentar pela dominância das finanças sobre a produção [...] não enquanto parasita, mas como parte constitutiva, necessária do próprio desenvolvimento da forma-valor [...]. Assim, parece injustificável considerar o capital fictício como uma forma de capital especulativa e parasitária, tal como sugerem Carcanholo e Sabadini (2009). Se se pretende criar uma expressão inteligível nos nossos dias de uma classe cuja sustentação econômica deriva da exploração de outra, seria suficiente denominá-la capitalista, simplesmente" (PALLUDETO; ROSSI, 2018, p. 6).

explodiu a partir de então até o presente. Durand (2017) apresenta intepretação similar, remarcando, mais detidamente, como se trataria de distintas formas de capital fictício.

A nosso ver, a dominação do capital fictício, em elevado nível de abstração, trata-se de um processo com duas dimensões nem sempre suficientemente diferenciadas, ainda que estreitamente relacionadas. Por um lado, temos a denominação da riqueza com possibilidades de cada vez maior descolamento imediato de seu 'preço como mercadoria' para um 'preço como capital' ou 'preço como capital fictício', estabelecido com base no rendimento futuro esperado e em diferenciais da taxa de lucros e juros. Por outro, temos um fluxo de novo valor adentrando os distintos ciclos do capital e, particularmente, volume crescente que atravessa o que poderíamos tentativamente denominar como 'circuito de capital fictício'.

Conforme destacam Gomes *et al.* (2015) e, posteriormente, também Durand (2017), o fato de que o Estado atue crescentemente nos momentos de crise de modo a impedir a desvalorização dessas formas de capital, ou para restaurá-lo rapidamente, provê um suporte adicional à força em que, para além de flutuações cíclicas, o destino de fluxos de capital monetário se dirija cada vez mais aos circuitos do capital fictício.

Abordagens como a de financeirização a partir de uma ótica marxiana (Lapavitsas, 2014) ou mundialização financeira (CHESNAIS, 1999; 2010) centram-se em aspectos mais históricos e concretos — sejam geopolíticos, no terreno do sistema mundial, sejam nos aspectos da concorrência capitalista — do mesmo processo e seriam, em larga medida, abordagens complementares.

Assim, em análises centradas nessas dimensões, remarca-se:

> Parece-nos que alguns elementos podem ser considerados irrefutáveis na atual fase de desenvolvimento capitalista [...]: i) o imperialismo é hoje muito mais vigoroso do que era no passado, especialmente por se apresentar com a camuflagem do discurso globalizante; [...] iv) a financeirização como transformação mais proeminente na esfera econômica (AMARAL, 2017, p. 173, tradução própria).

Explosão, crise e reconstituição do capital fictício no mercado mundial

Segundo Chesnais (1999), pode-se definir a mundialização financeira em três momentos. A primeira etapa — de internacionalização financeira direta — teve lugar no período de 1960 a 1979, e foi marcada pelo desenvolvimento do mercado de eurodólares e pelo fim do sistema de Bretton Woods em 1971, quando os Estados Unidos abandonaram unilateralmente o padrão ouro-dólar, inviabilizando-se o sistema de taxas de câmbio fixas até então vigente. A segunda etapa compreendeu o período de 1980 a 1985, e ficou definida pela desregulamentação e liberalização financeiras. Além do aumento do fluxo de capitais, essa etapa se caracterizou pelo processo de securitização das dívidas públicas. O aumento da internacionalização financeira que se verificou no período foi acompanhado pelo crescimento dos fundos de pensão e de fundos mútuos no mercado financeiro. Dessa forma, verificou-se maior participação, no mercado, de instituições não bancárias em relação aos bancos. Finalmente, a terceira etapa da mundialização financeira, que se deu entre 1986 e 1995, foi caracterizada pela generalização da arbitragem e a incorporação dos mercados de economias dependentes. Nesse período, repetiram-se crises financeiras e cambiais, como a observada no México, em 1994, além do surgimento de inovações financeiras, como os derivativos.

Durand (2017) recupera a categoria de capital fictício e o complementa com uma síntese das ideias minskyanas, em particular do superciclo. Sugere que, nas últimas décadas, o aperfeiçoamento da atuação do Estado, no sentido de evitar depressões derivadas do fim de ciclo, teria gerado um superciclo com distorções[3] cada vez mais

---

3. Exemplos desses momentos: quebra de LTCM (Long Term Capital Management) 1996-97, 2006-11, manipulação da LIBOR (descoberta na operação Abacus) e manipulação do mercado de divisas (operações coordenadas entre os grandes bancos por menos de 60 segundos para obter ganhos nesse mercado), citadas em Durand (2017), ao que poderíamos adicionar a manipulação da PTAX no Brasil, investigada pelo Conselho Administrativo de Defesa Econômica (CADE).

fortes, cujo fim ainda não teria ocorrido, após vários momentos de início de colapso.

Gomes *et al.* (2015) mostraram como os estoques de capital fictício já praticamente recuperaram os níveis pré-crise de 2008 tão cedo como em 2012/2013. Durand (2017) reconstruiu séries mais extensas no tempo, a partir do que sugere, desde a década de 1980, que a atuação estatal veio resguardando principalmente o capital fictício da desvalorização. Após as bruscas reduções do volume de capital fictício causadas em cada crise financeira (por exemplo, em 2001 ou 2008), este rapidamente se reconstitui e supera os máximos anteriores (DURAND, 2017).

Apesar do uso de metodologias distintas,[4] ambos os trabalhos mostram panorama similar para a crise de 2007-2008: em 2012, restaura-se quase plenamente o volume anterior — mesmo em termos relativos ao conjunto da produção. Nossas estimativas (ver gráficos a seguir) reforçam essa tendência e mostram que, se em 2007 indicadores do volume dessas formas de capital fictício, na média de 11 países centrais do sistema,[5] representaram cerca de 60% do PIB em termos de dívida pública, 113% do PIB de capitalização de mercado das empresas domésticas listadas em bolsa e 160% do PIB de crédito ao setor privado não financeiro, em 2012 os mesmos indicadores chegariam a 93%, 81% e 160%, respectivamente, e, em 2017, as mesmas relações alcançaram 99%, 115% e 161% do PIB, na média dos países selecionados, respectivamente.[6]

---

4. Gomes *et al.* (2015) utilizam dados dos Ativos Bancários totais, enquanto Durand usa séries de volume de crédito ao setor privado não financeiro como representativos da forma de capital fictício gerada pela atuação bancária.

5. Seguimos estritamente a metodologia de Durand para permitir replicabilidade e comparações, logo, o conjunto de países selecionado foi: Alemanha, Austrália, Canadá, Coreia do Sul, Espanha, Estados Unidos, França, Holanda, Itália, Japão e Reino Unido, referidos como P-11 nos gráficos.

6. Concordamos com Nakatani e Gomes (2015) de que a agregação das diferentes formas estimadas deve ser evitada.

Com relação ao movimento cíclico, no momento de crise recorrentemente há um apoio maior na forma de capital fictício da dívida pública. No caso da última crise, o suporte estatal às frações vinculadas às finanças redundou em um duplo reforço do circuito fictício, uma vez que foi gerada dívida para comprar ativos do sistema financeiro, ações de empresas e títulos podres, de forma a evitar sua queda de valor e quebra generalizada.

Do ponto de vista das formas de capital fictício que se avolumam, podemos perceber que (ver Gráficos de 1 a 3): os fluxos de empréstimo bancário ao setor privado não financeiro não conseguiram retomar trajetória ascendente e superar os níveis prévios à crise, mesmo no período recente de 2017 — o que mostra uma dificuldade de canalizar fluxos para o circuito do capital industrial 'clássico' ou mesmo para endividamento não produtivo das famílias; há uma alta volatilidade da riqueza fictícia na forma de ações, mas, na mesma média, desde 2017, caminha-se para superação dos recordes anteriores no total de capitalização de mercado de empresas domésticas no conjunto de países indicado.[7]

O movimento do capital fictício na América Latina e no Brasil

O domínio do capital fictício na América Latina, frente ao desdobramento internacional das três etapas citadas, alçadas a novos patamares a partir dos anos 2000, alcançou-se sobre a base de fortes convulsões sociais[8] e moldando-se à sua posição dependente na hierarquia

---

7. A presente pesquisa, ainda em andamento, cobriu também estimativas do mercado de derivativos e de divisas. Dadas as restrições formais e de escopo do presente texto, optamos por manter apenas estimativas de formas 'básicas' do capital fictício.

8. Desde a forte repressão no Chile após o golpe de 1973, para viabilizar os primeiros experimentos neoliberais com privilégio às finanças, passando pelas crises da dívida, desdobradas

do sistema monetário e creditício mundiais (CARCANHOLO; NAKATANI, 2007).

Durante a segunda etapa de desenvolvimento da mundialização financeira, o excesso de capitais em busca de rentabilidade pelo mundo foi direcionado para empréstimos às economias dependentes. Estados como o brasileiro, que se endividaram e estatizaram dívida de capitais privados contraídas por meio de empréstimos internacionais, tiveram de gerar enormes superávits na balança comercial para pagar as quantias de juros dos empréstimos adquiridos. Em suma, aprofundaram-se formas de transferência de mais-valor (LUCE, 2018), uma vez que esses países exportavam as mercadorias, recebiam dólares como pagamento e os enviavam sem contrapartida (NAKATANI, 2000). O desequilíbrio externo se traduziu em crise social interna por meio dos diversos processos inflacionários (NAKATANI, 2006, p. 6) e preparou o terreno, em conjunto com a crise dos países socialistas, para a hegemonia de políticas neoliberais. Nas palavras de Nakatani (2006, p. 5-6):

> Os países que estatizaram a dívida externa privada e assumiram os encargos com o pagamento dos respectivos juros acrescentaram à dívida interna existente, seja ela decorrente de déficits ou de conversão de dívida externa em interna, uma nova dívida. Em muitos países o impacto desse "golpe" gerou como consequência um elevado processo inflacionário levando vários deles à hiperinflação.

A terceira etapa de mundialização financeira encontrou então, na América Latina, a atuação de diversos governos em prol da integração

---

em crise fiscal e inflacionária, para cuja resposta ajustes neoliberais sem controle efetivo do processo inflacionário redundavam em altíssimos custos para a classe trabalhadora — culminando por vezes em episódios de revolta popular e repressão estatal como o Caracazo, em 1989, na Venezuela. Ou a crise argentina de 2001, fruto de experiência fracassada quanto ao controle da inflação, mas ótima para proprietários de capital fictício. Além desses exemplos extremos, a crise social recorrentemente gerada pela combinação de desemprego aberto, deterioração dos salários reais e ocupações, e redução do salário social ou indireto prevista pelo Estado por meio da política social poderiam ser apontados desde o México até o Brasil e o Uruguai.

subordinada e plena ao sistema financeiro internacional (CHESNAIS, 2010).

Vejamos como se refletiu esse movimento a partir dos dados disponíveis a seguir sintetizados. Foi possível recuperar a evolução e o crescimento de formas básicas do capital fictício para cinco países da região (Argentina, Brasil, Chile, Colômbia e México) para o período de mais de 20 anos desde a década de 1990 até o presente. Esse conjunto representou, no período, em torno de 85% do PIB da região. Oferece, assim, um panorama da parcela mais vinculada aos circuitos financeiros internacionais.

De maneira geral, o que podemos ver nos Gráficos 1, 2 e 3, ao comparar a média de países da América Latina (P5-AL no gráfico, composto por Argentina, Brasil, Colômbia, Chile e México) e a média de países de renda elevada (P11 no gráfico, ver nota de rodapé acima), é um movimento, ainda que *grosso modo* na mesma direção, restrito tanto do ponto de vista do nível como da força no sentido da elevação. Há uma evidente posição estrutural hierárquica inferior da região latino-americana em relação às potências imperialistas.

Em particular, o recurso à dívida pública nos momentos de crise parece muito mais restringido. Nesses momentos, poderíamos interpretar, quanto às formações dependentes, que a pressão por transferências de valor sobrepõe-se à autonomia relativa dos respectivos Estados. A subordinação da burguesia interna às frações externas fica mais evidente nesses momentos. Em outras palavras, o endividamento público nessa região necessita de aval do capital estrangeiro, o que depende das perspectivas da reprodução ampliada de remessas e transferências de valor, bem como dos fluxos de exportação de capital fictício[9] dos países imperialistas para as formações dependentes.

---

9. Veduta e Gulyaev argumentam que os países imperialistas têm produzido cada vez em maior excesso capital fictício (na forma de moedas de reserva e empréstimos denominados em tais moedas) e procedido a sua 'exportação'. O mecanismo serviria como forma de exportação da inflação para países dependentes, como modo de aquisição a custo irrisório do capital real de tais países. Em suas palavras: "Esse processo permite a aquisição de capital real de países e regiões pela oligarquia financeira mundial" (VEDUTA; GULYAEV, 2015, p. 60).

Gráfico 1 – Crédito bancário ao setor privado não financeiro – América Latina e camundo (países selecionados) – 1980 a 2017 (%PIB)

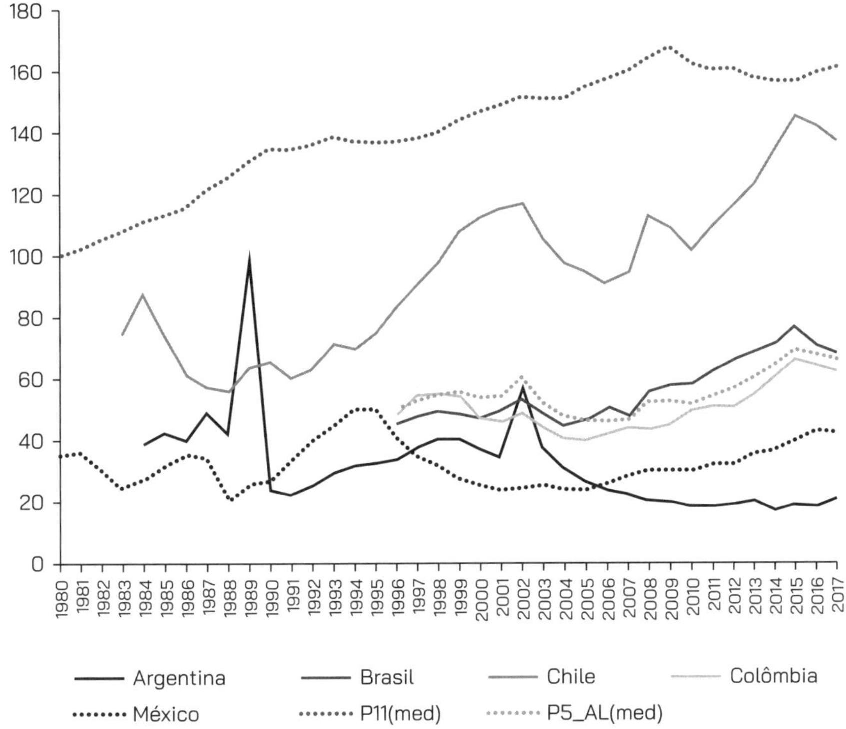

Fonte: elaboração própria a partir de BIS (2019) e Durand (2017). O item P11 significa a média simples para Alemanha, Austrália, Canadá, Coreia do Sul, Espanha, Estados Unidos, França, Itália, Japão, Holanda, Reino Unido. O item P5_AL representa média simples de Argentina, Brasil, Chile, Colômbia e México. Para metodologia e replicação, ver Barcellos e Borges (2019).

Essa restrição, poderíamos supor, contribui para uma volatilidade menos favorável para o conjunto do capital fictício na forma de ações — uma vez que não há sustento direto dos preços das ações por políticas com a mesma força de políticas como as de 'quantitative easings' de Europa, Estados Unidos e Japão, tampouco do nível de atividade e acumulação do capital em geral.

A atividade do capital bancário junto ao capital industrial, pela criação de moeda e crédito, também se mostra mais volátil e muito mais restrita na América Latina.

Gráfico 2 – Dívida pública – América Latina e mundo (países selecionados) – 1990 a 2017 (%PIB)

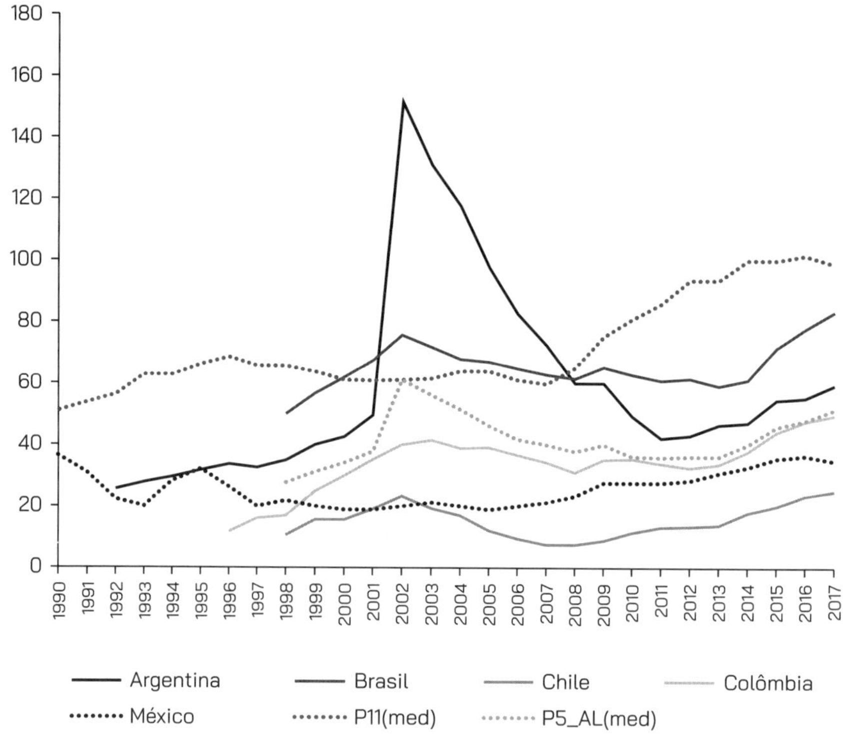

Fonte: elaboração própria a partir de BIS (2019b) e Durand (2017).

Para além da comparação em termos gerais, não obstante, a evidência para cada país mostra trajetórias dissonantes. Em particular, deveríamos destacar Chile e Brasil, por um lado, e Argentina, por outro.

No caso chileno, nota-se uma proximidade muito maior da evolução geral e do volume total dessas formas básicas de capital fictício em relação ao indicador representativo dos países centrais, com a particularidade de que envolvem um grau muito menor de emissão de dívida pública.

O fato de que Chile já houvera cortado enormemente o salário social, indireto e diferido, e rebaixado salários mínimo e médio durante o período ditatorial, agudizando a superexploração de sua força

Gráfico 3 – Capitalização de mercado de empresas domésticas listadas – América Latina e mundo (países selecionados) – 1990 a 2018 (% PIB)

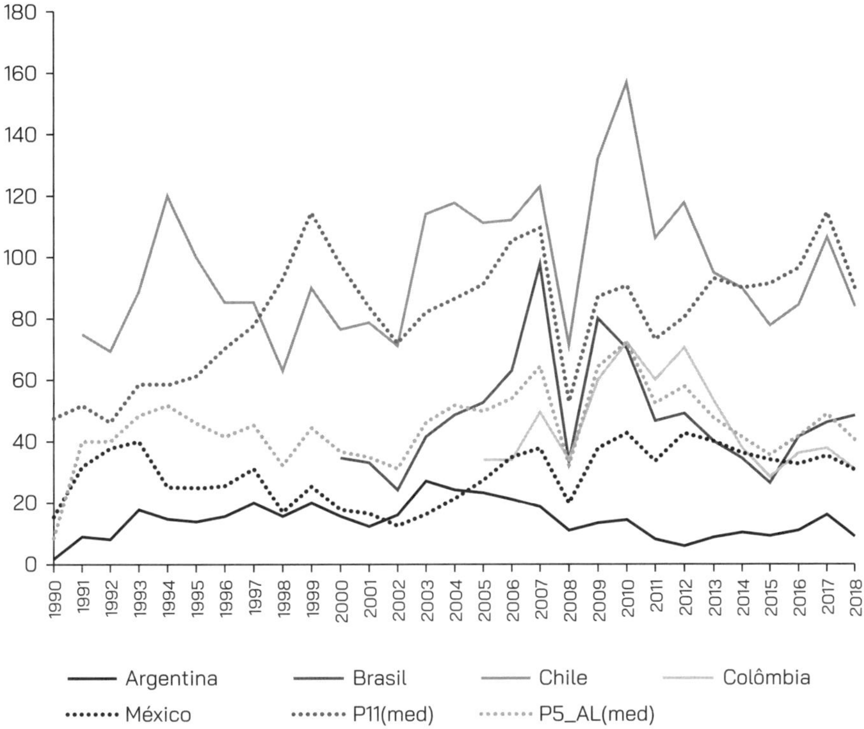

Fonte: elaboração própria a partir de Banco Mundial (2019) e Durand (2017).

de trabalho, pode ajudar a explicar essa evolução (MAITO, 2013). O impacto do ciclo de *commodities* também foi singularmente forte no país, dada a histórica importância de produtos mineiros na cesta de exportação, como o cobre. Por outro lado, a evolução do crédito bancário mais do que compensou, nas últimas décadas, a restrição ao capital fictício por dívida pública. A entrada de fluxos de capital não foi necessário, nesse caso, canalizar única ou dominantemente pela via do endividamento público, em termos relativos.

Também é destacado o alto volume de capital fictício na forma de ações. Uma das maneiras de repressão do salário social e indireto, que foi a privatização da previdência do Chile, cumpriu certamente papel importante para forçar a canalização de recursos, via administradoras de fundos de pensão (AFP), para esse circuito do capital fictício. Como visto desde meados da década de 2000, nas iniciativas estatais de reforçar as aposentadorias recebidas por parte importante da população, as AFP redundaram em piora das condições de vida dos trabalhadores chilenos, com menor e mais desigual remuneração em termos de salário diferido.

A entrada de capital estrangeiro sob condições muito vantajosas, estabelecidas na ditadura chilena, e vigentes até 2014, mesmo no setor de cobre, também ajudam a explicar a transnacionalização e o impulso ao mercado acionário local. Como exemplo dos altos custos dessa opção, basta recordar que em apenas um ano, em 2006, as empresas estrangeiras atuantes no setor de cobre transferiram lucros equivalentes a mais do que o montante total de investimento estrangeiro acumulado desde a reversão da nacionalização após o golpe militar, ou mais do que o dobro do capital real, descontada a depreciação (CAPUTO; GALARCE, 2008).

O Brasil, por outro lado, também supera significativamente a média de países analisados, porém o faz marcadamente pela evolução do aumento do capital fictício por dívida pública.

Qual o motivo e o significado dessa aparente trajetória brasileira? Há que se remarcar, antes de prosseguir, que os dados levantados referem-se, fundamentalmente, à evolução da dívida bruta. O volume de divisas mantido pelo Banco Central do país reduz sobremaneira a evolução líquida do financiamento e reforça a análise de uma restrição, em termos gerais, à utilização do recurso do endividamento público, salvo quando não entra em conflito com os interesses do capital estrangeiro (vide década de 1980 e década de 2000, quando o país acumula um 'colchão de divisas' de forma a demonstrar que estaria assegurado o fluxo de transferências de valor e mais-valia mesmo em casos de crise). A opção estratégica por uma moeda inconversível, ou seja, pela restrição parcial do sistema bancário local em operar em reais, assim como a política monetária fortemente ortodoxa no período, com elevadíssimas taxas reais, ajudam a explicar a evolução brasileira nesse ponto. Ademais:

> [...] mostram que, após a estabilização monetária obtida com o Plano Real, do governo de Fernando Henrique Cardoso, o principal componente do crescimento da dívida pública interna deve-se à política de juros decorrente da política monetária do Plano Real. Isso representa a subordinação da política macroeconômica aos interesses da aliança entre as frações de classes dominantes no Brasil sob a hegemonia da fração financeira, mais precisamente do capital especulativo e parasitário (NAKATANI, 2006, p. 10).

A política monetária funcionou como um cavalo de Troia, blindada acima da lei e da Constituição, imenso volume de gastos com juros e rolagem de dívida, garantindo transferências crescentes para a fração financeira hegemônica.

A Argentina, a seu turno, após a grave crise de 2001, fonte de forte instabilidade social e política, viu-se cortada do acesso livre aos fluxos de capital fictício internacionais, com consequente impacto em um menor aprofundamento dos circuitos do capital fictício e portador de juros até recentemente. A acumulação de capital teve de se dar por circuitos que envolvessem menos aqueles ligados ao setor bancário privado e o mercado acionário. Durante o período kirchnerista, há diversas análises sobre o neodesenvolvimentismo impulsionado pela política governamental (FÉLIZ, 2013).

Feitas essas breves reflexões, ensejamos, conforme proposto, debruçarmo-nos sobre a dominação do capital fictício a partir de outros níveis de abstração e categorias.

Capital fictício e padrão de reprodução do capital

Há pelo menos uma década, pensadores sociais da América Latina começaram a enriquecer a noção de padrão de reprodução do capital a partir da nova configuração mundial de domínio do capital fictício. Em particular, vários autores remarcam a centralidade que adquire essa dominação no Brasil[10] (caso de autores não necessariamente dependentistas).

Pioneiros nesse tema foram, por exemplo, Marisa Amaral e Pedro Duarte (2010), ao sugerirem um novo 'padrão de dependência', tendo em vista uma nova espiral da dependência, constituída a partir da inserção no contexto de financeirização. Bruna Raposo (2018) procurou avançar na integração de elementos do capital fictício e da financeirização à categoria de padrão de reprodução do capital. Dos Santos (2019) também toca em parte dessas dimensões, em particular em manifestações da superexploração e transferências de valor na formação brasileira dependente.

Corroboramos a tese de que a financeirização, entendida como processo de dominação progressiva do capital fictício no conjunto da acumulação de capital, gera um 'novo anel na espiral' da dependência,[11] pelo menos para parte importante da região latino-americana. Referimo-nos ao crescente papel das remessas de juros e dividendos em um contexto de desnacionalização produtiva (BORGES, 2015) e, quando importante (como no caso brasileiro), de propriedade estrangeira da dívida pública interna — processo referido na literatura como de 'internalização da dívida externa'. Marisa Amaral (2017) relaciona diretamente a dominação do capital fictício ao crescimento de importância relativa das formas de extração de excedentes concentradas na Balança de Rendas. É importante complementar que isso reflete uma perda de *visibilidade* relativa da importância das relações comerciais entre formações imperialistas e dependentes, por conta dos diversos mecanismos de preços de transferência e novas formas nas cadeias globais de valor-trabalho (BAPTISTA; BORGES; MOREIRA, no prelo). Além disso, Marisa enfatiza como a maior expropriação financeira

---

10. Como vimos, a partir da exposição da evolução do capital fictício na região, em parte essa ênfase pode ser explicada pela própria inserção específica do Brasil na teia do capital fictício mundial.

11. Essa análise e a correlata análise das formas históricas da dependência se localizam no nível de abstração do sistema mundial, mesmo nível do conjunto de formações sociais dependentes, para utilizar os termos de Osorio (FERREIRA; OSORIO; LUCE, 2012).

dos rendimentos dos trabalhadores poderia conduzir a nova forma de superexploração da força de trabalho,[12] direta ou indiretamente.

Já a evolução com particularidades de países como Chile e Brasil, em relação ao conjunto da América Latina, novamente, reforça a necessidade de pensar em padrões de reprodução do capital específicos, para além dos "padrões-**eixos** de reprodução do capital que a região percorreu" indicados por Osorio (FERREIRA; OSORIO; LUCE, 2012, p. 79, grifo nosso). Trata-se de combinar os esforços de autores como Jaime Osorio aos estudos pioneiros de Bambirra (2013). Não apenas grupos de países devem ser identificados segundo valores de uso produzidos ou grau de industrialização, mas também de acordo com o ciclo do capital abordado de maneira ampla, levando em conta os circuitos financeiros e fictícios de acumulação.[13]

Assim, do ponto de vista mais geral, se a noção de padrão de reprodução do capital foi gestada quando havia dominação pelo capital industrial, parece que agora haveria que considerar o 'circuito do capital fictício' para analisar o conjunto do ciclo do capital na economia dependente em regiões mais limitadas no espaço e no tempo.

Pensar o capital fictício traz à frente, também, a necessidade de considerar de forma mais integrada o Estado nessas formações. A atuação do Estado modifica as condições de exploração — na medida em que ofereça ou recorte, por exemplo, as formas de salário social, indireto ou diferido.

A privatização da previdência, nesse sentido, apresenta-se como o que é: um corte nessas formas de salário e aumento na exploração para abrir espaço ao direcionamento de fluxos de valor para os circuitos

---

12. Talvez, neste caso, pudesse ser pensada como uma superexploração 'secundária' da força de trabalho, já que a expropriação ocorre após a recepção primária da renda, em uma redistribuição rentista do valor prejudicial aos trabalhadores.

13. Compreende-se a dificuldade de captar um nível de análise intermediário sem cair no perigo de analisar cada formação social de maneira isolada, algo que se aproximaria da insuficiência de análises como boa parte das regulacionistas (BORGES, 2018), caso não se complementem com as devidas mediações.

do capital fictício. Na medida em que redundem em provimentos de pensões insuficientes, e assunção crescente de perdas pela volatilidade e crises no mercado financeiro, poderíamos, talvez, incluir essa entre as formas secundárias de exploração denominadas em geral formas de "secundárias de exploração denominadas em geral formas de acumulação por expoliação (Harvey, 2004); no caso, tratar-se-ia de uma 'acumulação por espoliação financeira'."

Nessa mesma linha, avançam as finanças quando, para além do efeito direto da privatização de serviços e mercantilização de direitos, estendem serviços de crédito e seguro para as famílias nessas áreas. Nessa linha,

> [...] com o avanço do capitalismo financeirizado e a prevalência do capital de juros na reprodução da vida e na exploração da natureza de forma insustentável e predatória, fortalecendo a lógica dos stakeholders e da transformação de tudo em ativos. O setor financeiro tem buscado sistematicamente conquistar novos espaços de revalorização e encontrou nos serviços tradicionalmente providos pelo Estado, como saúde, educação e previdência social, um nicho para se expandir (LAVINAS; GENTIL, 2018, p. 195).

Voltando à reflexão sobre a reprodução do capital, algumas das lacunas que permanecem são a consideração de mais países da região, além de reflexões mais coladas à evolução fenomênica ou empírica, evitando, não obstante, conflação entre níveis de análise.

Considerações finais

Os levantamentos e as reflexões destas páginas mostram um recorte parcial e avanços ainda modestos, no sentido de desvelar a dependência financeirizada e as formas como se manifesta na América Latina. Neste espaço foi possível apenas tratar de uma dimensão do capital fictício, qual seja, o crescimento no volume de suas formas básicas, fruto da acumulação puramente fictícia e da absorção crescente de mais-valor capital de outros setores e da crescente captura de rendas estatais.

Fruto de um esforço conjunto, apresentamos brevemente, em outro trabalho (NOGUEIRA; BORGES; STOCCO, 2019), a dimensão das transferências de valor na região, nesse caso com destaque proeminente apenas do Brasil. A conjuntura atual de crise aguda no país, com a recomposição em andamento das frações de capital à frente do comando estatal brasileiro, tem, na figura da equipe presidencial com matizes fascistoides, mostrado decisivo apoio à manutenção e ao aprofundamento do privilégio ao capital fictício no Brasil. Os limites dessa maior subordinação de todas as frações, após o virtual aniquilamento dos ensejos industrializantes no país, ainda estão por ficar evidentes, mas, se a força das massas trabalhadoras impedir a ruptura democrática definitiva, certamente não se afiguram distantes alguns deles.

Referências

AMARAL, Marisa Silva; DUARTE, Pedro Henrique Evangelista. *Neoliberalismo e dialética do capital fictício*: a constituição de um novo padrão de dependência. Leituras de Economia Política (UNICAMP), v. 13, p. 111-138, 2010.

AMARAL, M. S. Lenin, el imperialismo como fase y reflexiones sobre el imperialismo hoy. *Cuadernos de Economía Crítica*, v. 6, p. 153-76, 2017a.

AMARAL, M. S. *A dominância mundial do capital fictício e suas especificidades no capitalismo dependente latino-americano.* Colóquio Internacional Marx e o Marxismo, 2017, Niterói. *Anais* [...]. Niterói: NIEP/UFF, 2017b. Acesso em: 12 dez. 2018.

BAMBIRRA, V. *O capitalismo dependente latino-americano.* Florianópolis: Insular, 2013. 224 p.

BANCO MUNDIAL (2019). *Global Financial Development Database*. Disponível em: https://www.worldbank.org/en/publication/gfdr/data/global-financial-development-database. Acesso em: 24 fev. 2019.

BANK OF INTERNATIONAL SETTLEMENTS (2019). Total credit to the private non-financial sector (core debt), As a percentage of GDP. *BIS Statistics Explorer*. Disponível em: https://stats.bis.org/statx/srs/table/f2.1. Acesso em: 16 jul. 2019.

BANK OF INTERNATIONAL SETTLEMENTS (2019b). Total credit to the government sector at nominal value (core debt), As a percentage of GDP. *BIS Statistics Explorer*. Disponível em: https://stats.bis.org/statx/srs/table/f5.4. Acesso em: 16 jul. 2019.

BAPTISTA, M.; BORGES, R.; MOREIRA, R. C. A construção do socialismo do século XXI e a revolução bolivariana da Venezuela. *In*: MOREIRA, R. C. (org.). *Crise, dependência e lutas sociais na América Latina*. São Paulo: Expressão Popular, no prelo.

BARCELLOS, T.; BORGES, R. Conjuntura: painel de dados críticos. 2019. Disponível em: https://github.com/rodrigoesborges/conjuntuRa. Acesso em: 13 fev. 2019.

BORGES, R. *Financiarización, cadenas globales de valor e inversión extranjera en la producción de etanol en Brasil a partir de la liberalización de la agroindustria*: una interpretación marxista del período de 1990 a 2010. 2015. 566 f. Tese (Doutorado) — Universidad Complutense de Madrid, Madrid, 2015. Disponível em: http://eprints.ucm.es/40710/1/T38199.pdf. Acesso em: 5 jan. 2019.

BORGES, R. E. S. Padrão de reprodução do capital: potenciais e contribuições à categoria. *In*: Seminário estado, trabalho, educação e desenvolvimento: "200 ANOS DE KARL MARX E PENSAMENTO LATINO-AMERICANO", 2. 2018, Niterói. *Anais* [...]. Niterói: UFF, 2018. Disponível em: http://gpeted.sites.uff.br/wp-content/uploads/sites/233/2018/12/ANAIS-do-II-Seminário-Estad-Trabalho-Educação-e-Desenvolvimento_-200-anos-de-Karl-Marx-e-pensamento-latino-americano.pdf. Acesso em: 18 dez. 2018.

BORGES, R., NOGUEIRA, C. S.; STOCCO, A. Mundialização financeira e as transferências de mais-valor: o caso brasileiro no contexto da América Latina. ENCONTRO INTERNACIONAL E ENCONTRO NACIONAL DE POLÍTICA SOCIAL, 7. e 14., 2019, Vitória. *Anais* [...]. Vitória: UFES, 2019.

CAPUTO, Orlando; GALARCE, Graciela. *La nacionalización del cobre realizada por Salvador Allende y la desnacionalización del cobre en dictadura y en los gobiernos de la concertación*. Santiago: Cetes, 2008.

CARCANHOLO, Reinaldo A. A grande depressão do século XXI e a riqueza fictícia (sobre as categorias teóricas de capital fictício e lucros fictícios). SEMINÁRIO DE CRÍTICA DA ECONOMIA POLÍTICA: QUESTÕES CONTEMPORÂNEAS, 1. 2012, Teófilo Otoni, *Anais* [...]. Teófilo Otoni: [*s. n.*], 2012.

CHESNAIS, François. (org.). *A mundialização financeira*: gênese, custos e riscos. São Paulo: Ed. Xamã, 1999.

CHESNAIS, François. A proeminência da finança no seio do "capital em geral", o capital fictício e o movimento contemporâneo de mundialização do capital. *1*. São Paulo: Alameda, p. 95-182, 2010.

CRÍTICA DA ECONOMIA POLÍTICA: Questões Contemporâneas, 1., 2012, Teófilo Otoni, *Anais* [...]. Teófilo Otoni: [*s. n.*], 2012.

CARCANHOLO, R. A.; NAKATANI, Paulo. Capitalismo especulativo y alternativas para América Latina. *Herramienta,* 2007. Disponível em: https://herramienta.com.ar/articulo.php?id=479. Acesso em: 10 jan. 2019.

DURAND, C. *Fictitious capital*: how finance is appropriating our future. New York: Verso, 2017.

FÉLIZ, M. El neodesarrollismo en Argentina frente a sus límites: ¿de la consolidación a su intensificación? *Anuario EDI,* Memoria Académica, 2013. Disponível em: http://www.memoria.fahce.unlp.edu.ar/art_revistas/pr.8391/pr.8391.pdf. Acesso em: 15 jan. 2019.

FERREIRA, Carla; OSORIO, Jaime; LUCE, Mathias. *Padrão de reprodução do capital*: contribuições da teoria marxista da dependência. São Paulo: Boitempo, 2012.

GOMES, H. *et al. Especulação e lucros fictícios*: formas parasitárias da acumulação contemporânea. São Paulo: Outras Expressões, 2015.

HARVEY, David. O "novo" imperialismo: acumulação por espoliação. Socialist register, v. 40, n. 1, p. 95-126, 2004. Disponível em: http://biblioteca.clacso.edu.ar/ar/libros/social/2004pt/05_harvey.pdf. Acesso em: 5 abr. 2018.

LAPAVITSAS, Costas. *Profiting without producing*: how finance exploits us all. Verso Books, 2014.

LAVINAS, L.; GENTIL, D. L. Brasil anos 2000: a política social sob regência da financeirização. *Novos Estudos*, n. 111, p. 190-211, 2018.

LUCE, M. S. *Teoria marxista da dependência*: problemas e categorias. Uma visão histórica. São Paulo: Expressão Popular, 2018.

MAITO, Esteban Ezequiel. La tasa de ganancia en Chile, 1986-2009. *Razón y Revolución*, n. 24, 2013. Disponível em: http://www.revistaryr.org.ar/index.php/RyR/article/download/4/4. Acesso em: 10 dez. 2018.

MARQUES, R. M.; NAKATANI, P. Crise, capital fictício e afluxo de capitais estrangeiros no Brasil. *Caderno CRH*, v. 26, n. 67, p. 65-78, 2013. Disponível em: http://www.scielo.br/scielo.php?script=sci_arttext&pid=S0103-49792013000100005. Acesso em: 7 dez. 2018.

MILIOS, J. Marx's monetary theory of value, fictitious capital and finance. SEMINARIO INTERNACIONAL *EL CAPITAL* 150 ANIVERSARIO (1867-2017). EL PENSAMIENTO DE MARX EN EL SIGLO XXI Y *EL CAPITAL* — RELACIONES DE TRABAJO EN *EL CAPITAL*, 2. 2015, Bogotá. *Anais* [...]. Bogotá: Universidad Distrital Francisco José de Caldas, 2015. Disponível em: http://users.ntua.gr/jmilios/Milios_El%20Capital_150_aniversario_Fin.pdf. Acesso em: 22 jan. 2019.

NAKATANI, Paulo. Capital especulativo parasitário, capital fictício e crise no Brasil. *Revista Venezolana de Análisis de Coyuntura*. Caracas, Universidad Central de Venezuela, v. VI, n. 2, p. 209-235, jul./dic. 2000.

NAKATANI, P. O papel e o significado da dívida pública na reprodução do capital. Simpósio Internacional sobre Deuda Pública do OID — OBSERVATÓRIO INTERNACIONAL DA DÍVIDA, 2006, Caracas. *Anais* [...]. Caracas: [s. n.], 2006.

NOGUEIRA, C. S.; STOCCO, A. F.; BORGES, R. E. S. *Da Economia Política do Capital Fictício:* Notas sobre seu movimento na América Latina e Brasil. In: 7º Encontro Internacional de Política Social e 14º Encontro Nacional de Política Social, 2019, Vitória. Anais do Encontro Internacional e Nacional de Política Social, 2019. v. 1.

NOGUEIRA, Camilla Santos. *Desvelamento de contradições da categoria superexploração da força de trabalho em Ruy Mauro Marini*: elementos a partir da economia brasileira. Tese de Doutorado. Vitória: UFES, 2019. Acesso em: 25 maio 2019.

PALLUDETO, A. W. A.; ROSSI, P. O capital fictício: revisitando uma categoria controversa. ENCONTRO NACIONAL DE ECONOMIA, 43., [*s. l.*], 2018. *Anais* [...]. [*S. l.*], 2018.

PAULANI, L. M. Acumulação e rentismo: resgatando a teoria da renda de Marx para pensar o capitalismo contemporâneo. *Revista de Economia Política*, v. 36, n. 3, p. 514-35, 2016.

RAPOSO, B. F. Padrão de reprodução do capital no capitalismo dependente e financeirizado. 2018. Uberlândia: Universidade Federal de Uberlândia, 2018. Disponível em: https://repositorio.ufu.br/handle/123456789/21317. Acesso em: 18 fev. 2019.

R CORE TEAM. R: a language and environment for statistical computing. 2019. Disponível em: https://www.r-project.org/. Acesso em: 15 jan. 2019.

ROSSI, P. O capital fictício no século XXI. *Jornal do Brasil*, Rio de Janeiro, 2014, p. 9-12.

TONIN, Vitor Hugo. *A ideologia tardia da burguesia brasileira*: Crítica a "O Capitalismo Tardio". Florianópolis: UFSC, 2011. Monografia. Disponível em: <tcc.bu.ufsc.br/Economia299004>. Acesso em: 15 fev. 2019.

TRENKLE, N. Labour in the era of fictitious capital. 2015, p. 1-11. Disponível em: http://www.krisis.org/2015/labour-in-the-era-of-fictitious-capital/. Acesso em: 2 fev. 2019.

VEDUTA, E. N.; GULYAEV, R. A. The essence of fictitious capital and its role in the development of modern economic crisis. *Математичне моделювання в економіці*, n. 3, 2015. Disponível em: http://dspace.nbuv.gov.ua/handle/123456789/131786. Acesso em: 16 dez. 2019.

Golpe e (contra) reforma no Brasil:
os limites do capitalismo dependente

Aline Faé Stocco
Aline Fardin Pandolfi

O período que se iniciou com o *impeachment* da presidenta Dilma Rousseff, em agosto de 2016, tem sido marcado por mudanças importantes na gestão estatal da força de trabalho no país. Alterações em dispositivos legais como as promovidas pelas Leis n. 13.429 e n. 13.467, de 2017, esta última conhecida como Reforma Trabalhista, e pela Emenda Constitucional n. 95 (EC 95/2016), que congelou os gastos públicos, se somam à proposta de reforma da previdência enviada ao Congresso Nacional, ainda em 2016, e conformam um período que pode ser caracterizado pelo recrudescimento das reformas neoliberais no Brasil e de retirada de direitos da classe trabalhadora.

Diante disso, o objetivo deste capítulo é relacionar essas medidas, que caracterizam o processo de contrarreforma no Brasil, à piora das condições de reprodução da força de trabalho no país, em um movimento determinado pela necessidade de garantir, desde um país dependente, o processo de acumulação do capital, sob a égide do capital fictício. Para tanto, o texto partirá de uma análise do contexto da contrarreforma em curso no Brasil, situando-a em um processo mais amplo de implantação do neoliberalismo no país. Em seguida, serão analisadas as principais medidas que conformam o recrudescimento das políticas neoliberais, concentrando-se principalmente no período do governo de Michel Temer e nos primeiros meses do governo Bolsonaro.

O ajuste neoliberal no Brasil

O chamado *ajuste neoliberal*[1] se iniciou na América Latina a partir da década de 1970, tendo o Chile como país precursor. No entanto, ainda nessa década, Argentina (1976), México (1977) e Venezuela (1979) experimentaram medidas de liberalização econômica que foram aprofundadas durante a década de 1980 como parte das obrigações a serem cumpridas pelos países nos acordos de renegociação de suas dívidas soberanas junto aos credores e aos organismos multilaterais (MARQUES; REGO, 2018). O denominado Consenso de Washington, ocorrido em 1989, formalizou esse processo com a sistematização de um conjunto de dez medidas[2] que deveriam ser adotadas pelos países periféricos no intuito de superar as dificuldades macroeconômicas. Tais medidas não se limitavam a mudanças econômicas, mas estavam inseridas na concretização de um projeto global para a sociedade — com políticas articuladas em todos os âmbitos, dentre eles o social.

Nesse sentido, o processo de contrarreforma em curso no Brasil é parte de um movimento mais amplo de implantação de reformas de caráter neoliberal, que tiveram início no mesmo período de promulgação

1. Termo cunhado por Laura Tavares Soares (ver SOARES, 2002).

2. Referem-se à disciplina fiscal, redução dos gastos públicos, reforma fiscal, juros de mercado, câmbio de mercado, abertura comercial, investimento estrangeiro com eliminação de restrições, privatização de estatais, desregulamentação das leis econômicas e trabalhistas, direito à propriedade intelectual.

da Constituição de 1988. Portanto, ao mesmo tempo que se previu a implantação de algumas políticas sociais como direito pela primeira vez na história do país, como o SUS (Sistema Único de Saúde) e o SUAS (Sistema Único de Assistência Social), durante os governos de Fernando Collor de Mello (1990-1992), Itamar Franco (1993-1994) e Fernando Henrique Cardoso (FHC) (1995-2002) avançou-se com um amplo programa de abertura econômica e financeira, estabilização monetária, privatização de estatais através do Programa Nacional de Desestatização (PND) e uma agenda robusta de reformas no aparelho de Estado (SOARES, 2002).

Tais medidas culminaram em um déficit na balança comercial brasileira, em sucessivas crises cambiais, na ampliação da vulnerabilidade externa do país e em um aumento abrupto da dívida externa e da dívida pública. Em quatro anos do governo FHC, o Brasil sofreu três crises cambiais e suas consequências foram muito maiores junto aos trabalhadores. Nesse período, foi registrado o aumento das taxas de desemprego, queda do rendimento médio real, precarização dos postos de trabalho e insegurança generalizada (FILGUEIRAS, 2007). E a partir de 1998, no bojo das negociações de empréstimos junto ao Fundo Monetário Internacional e demais instituições financeiras, a política econômica passou a ter como fundamento o chamado tripé macroeconômico: sistema de metas de inflação, taxa de câmbio flutuante e superávit primário.

Os 14 anos do Partido dos Trabalhadores (PT) no poder não modificaram substancialmente a perspectiva neoliberal em curso no país. Ainda no primeiro mandato (2003-2006), foram aprovadas duas reformas que FHC não havia concluído — a reforma da previdência[3] e a reforma tributária. Além disso, foram aprovadas a lei de falências, que garantiu prioridade aos interesses dos credores, e a lei de parcerias

---

3. A Emenda Constitucional n. 41 alterou os valores dos salários dos servidores públicos aposentados, que passaram a ser calculados a partir da média dos anos de contribuição, bem como criou um teto para o benefício destinado aos servidores estaduais e federais. Além disso, o governo passou a cobrar 11% de contribuição previdenciária dos servidores já aposentados.

público-privadas (PPP). Ainda no governo Lula, foi promulgada a Lei Complementar n. 128, de 2008, que criou o Microempreendedor Individual (MEI), figura jurídica que acabou por colaborar no avanço da precarização das relações de trabalho no país com o fenômeno da *pejotização*, em que pese a contribuição desses trabalhadores à previdência (CAPELAS *et al.*, 2010).

Nesse período, o país viveu uma aceleração do crescimento econômico que foi determinada pelo crescimento das exportações, impulsionadas pela forte demanda externa por *commodities*, e pela ampliação do consumo interno sustentado por uma política de expansão do crédito e de valorização do salário mínimo. No campo das políticas sociais, foram priorizados os programas que focalizaram a extrema pobreza, seguindo os preceitos dos organismos internacionais.[4] Esses programas buscaram atender à massa mais miserável da população, aquela classificada abaixo da linha da pobreza,[5] possuindo um caráter assistencialista na medida em que são seletivos e restritivos. A prioridade por esses programas se deu em detrimento das políticas públicas universais, que fortalecem a perspectiva de direito. Em 2015, último ano sob gestão dos governos petistas, os gastos com a saúde no país totalizaram 1,91% do PIB (Produto Interno Bruto); no mesmo ano, os gastos com a educação não ultrapassaram 2,44% do PIB (SECRETARIA DO TESOURO NACIONAL, [2019b?]). Do total dos gastos sociais no país, cerca de 58% deles são destinados à previdência, 15% à educação, 10% à saúde, 8% à assistência social (incluindo o Programa Bolsa Família), o restante está distribuído para outras políticas e programas (OXFAM BRASIL, 2017).

Por outro lado, houve empenho ainda maior em realizar superávit primário (Gráfico 1). Durante os primeiros anos do governo Lula, a economia realizada pelo governo federal para pagamento das chamadas despesas financeiras chegou a 2,7% e 2,6% do PIB, nos anos

4. Principalmente os Relatórios do Banco Mundial.

5. Que, segundo o Banco Mundial, refere-se aos sujeitos que vivem com menos de US$ 1,00 dólar por dia.

de 2004 e 2005, respectivamente. No governo Dilma, a política de superávit fiscal seguiu até 2013, quando os efeitos da crise econômica mundial, somados ao esgotamento das políticas anticíclicas adotadas no país, começaram a se tornar cada vez mais evidentes.

Gráfico 1 – Resultado primário do governo central – 1998 a 2018

Fonte: STN (2019a?). Séries históricas, resultado fiscal do governo central. Elaboração própria.

Cabe destacar que, diante dos efeitos iminentes da crise econômica mundial, durante os governos do PT e, em especial, a partir do *Plano Brasil Maior*, de 2011 (no governo Dilma), foram adotadas diversas medidas de redução de tributos e juros com a intenção de incentivar o consumo interno e garantir o crescimento econômico do país. Uma das medidas mais conhecidas foi em relação à redução do Imposto sobre Produtos Industrializados (IPI), que estimulou o consumo de automóveis e eletrodomésticos da chamada *linha branca*. Outra medida importante foi o *Programa Minha Casa, Minha Vida* que, através do financiamento bancário de apartamentos populares, prenunciou atender à demanda imediata de moradia dos trabalhadores, ao mesmo tempo que garantiu o interesse do setor bancário através da arrecadação de juros. Estas medidas não apenas foram insuficientes para manter o crescimento econômico, como deterioraram a capacidade de intervenção do Estado, que perdeu arrecadação[6] e aumentou o endividamento.

Assim, mesmo com a obtenção de superávits primários pelo governo central, a dívida pública não parou de crescer. Em 1996, segundo ano do governo FHC, a dívida líquida do setor público[7] era, de aproximadamente, R$ 269,2 bilhões (33% do PIB). Em 2002, quando FHC passou a faixa presidencial para Luiz Inácio Lula da Silva, a dívida do setor público havia alcançado, em valores correntes, o patamar de R$ 881,1 bilhões (55,5% do PIB). Em maio de 2016, ao final dos 14 anos dos governos petistas, o endividamento líquido do setor público brasileiro havia superado os R$ 2,3 trilhões, sendo correspondente a 39,6% do PIB. A dívida pública encerrou o ano de 2018 em, aproximadamente, R$ 3,7 trilhões (53,8% do PIB) (BANCO CENTRAL DO BRASIL, 201-?).

Em contrapartida, os encargos financeiros decorrentes desse endividamento têm representado uma elevada fatia da riqueza produzida anualmente no país (Gráfico 2). Como a receita derivada da arrecadação de tributos não é suficiente para fazer frente ao total das despesas, parte desses juros se transforma em nova dívida, comprometendo ainda mais as receitas públicas futuras. Por outro lado, tais encargos terminam por ampliar os ganhos do capital especulativo parasitário em poder de uma elite financeira nacional e internacional.

---

6. Os impactos das desonerações fiscais instituídas entre 2010 e 2016 na arrecadação tributária do governo federal foram estimados por Nakatani e Stocco (2018, p. 55) em R$ 452,6 bilhões.

7. Trata-se do resultado entre as dívidas e os créditos do chamado setor público não financeiro, sendo este último a administração direta e indireta do governo federal (inclusive Previdência Social), a administração direta e indireta dos governos regionais (estados e municípios), o Banco Central do Brasil e as empresas estatais não financeiras das três esferas de governo, exceto as empresas do grupo Petrobras e do grupo Eletrobras (BANCO CENTRAL DO BRASIL, 201-).

Gráfico 2 – Juros nominais da dívida líquida do setor público – 1998 a 2018

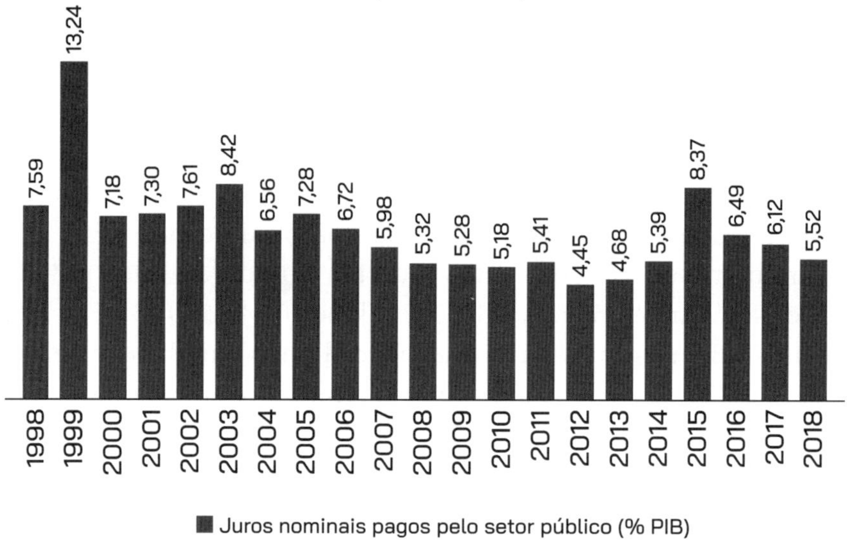

Fonte: BCB (201-?)., Estatísticas fiscais, vários anos. Elaboração própria.

Assim, a política macroeconômica adotada pelos governos brasileiros desde final dos anos 1990, ao priorizar o pagamento dos juros da dívida pública, sob o argumento de construir um ambiente favorável aos investimentos privados, na realidade ajuda a minimizar os efeitos da *crise estrutural do capital*,[8] assegurando o processo de valorização do capital. Em contrapartida, a sustentação do processo de acumulação do capital em contexto de crise tem culminado em uma deterioração das condições de reprodução da força de trabalho que, para além do crescente desemprego, tem vivenciado os efeitos da desregulamentação das relações trabalhistas, redução de direitos e benefícios sociais e da precarização dos serviços públicos.

Em síntese, o ajuste neoliberal no Brasil aprofundou a precarização do trabalho, ampliou a exploração e reduziu a capacidade do

8. A continuidade, o aprofundamento e a disseminação dos efeitos da crise deflagrada em 1970 aos diversos países do mundo indicam sua característica de estrutural do capital (GOMES; NAKATANI, 2015).

Estado para avançar na concretização dos direitos sociais reconhecidos na Constituição de 1988. Esse processo tem ganhado intensidade extraordinária no país após o denominado *Golpe Parlamentar*, em 2016.

O golpe de 2016 e o recrudescimento das políticas neoliberais

A política de conciliação de classes do governo PT encontrou seu limite no esgotamento das estratégias internas de enfrentamento aos efeitos da crise econômica mundial de 2008, no Brasil, o que culminou no *impeachment* ilegal da presidenta Dilma Rousseff. Em decorrência disso, Michel Temer assumiu ilegitimamente a presidência em 31 de agosto de 2016, com o compromisso de implantar no país as reformas indicadas no documento *Uma ponte para o futuro*. Desde então, as reformas neoliberais vêm se aprofundando no país em ritmo frenético.

Cabe destacar o papel que cumpriu a "Operação Lava Jato" nesse contexto, pois ela terminou evidenciando o fim da política de conciliação de classes do PT. Segundo Marques e Andrade (2016), as classes dominantes do país acabaram perdendo confiabilidade em sua representação política e, com o apoio da mídia e frente ao cenário de crise do capital, instaurou-se uma instabilidade política que culminou no *impeachment* da então presidente.

Na gestão de Michel Temer foi aprovada a Emenda Constitucional (EC) n. 95/2016,[9] que instituiu um *Novo Regime Fiscal* (estabelecendo o que se convencionou chamar de *teto de gastos*). O novo texto constitucional estabeleceu um limite individualizado das despesas primárias (todas as despesas públicas, excluídas as despesas com encargos financeiros da dívida pública) para os diferentes poderes da

9. O diagnóstico econômico que sustentou a aprovação dessa EC é de que há uma crise fiscal causada pela expansão exagerada das despesas primárias e um excesso de subsídios que comprometem a arrecadação de receitas pelo governo federal. Essa EC teve por base a denominada *PEC do fim do mundo*, Proposta de Emenda à Constituição n. 241 (PEC 241).

república. O limite fixado pelo período de 20 anos foi o total dos gastos públicos realizados no ano de 2016, corrigido a cada novo exercício pela variação do Índice Nacional de Preços ao Consumidor Amplo (IPCA), ou seja, um congelamento de todos os gastos federais por 20 anos. No que se refere à saúde e à educação, o limite fixado foi a aplicação mínima estabelecida no texto constitucional (na saúde, 15% da Receita Corrente Líquida; e na educação, 18% da arrecadação de impostos) calculada para o exercício imediatamente anterior, também reajustados apenas pela variação do índice de preços.

Há que se considerar que desde 2014 o país já vinha realizando cortes orçamentários e reduzindo os investimentos em algumas áreas (Tabela 1). Em 2017, como resultado do congelamento, todos os gastos por funções de governo[10] analisadas apresentaram redução quando vistos em proporção do PIB, com exceção da função proteção social. Porém, cabe destacar que dentro da função proteção social estão contabilizados os benefícios da previdência social e do seguro-desemprego, gastos obrigatórios que, segundo dados do Tesouro Nacional (2019), representaram, em 2017, 9,3% do PIB.

Tabela 1 — Despesas do governo central por função de governo de 2010 a 2017 — em % do PIB

Função	2010	2011	2012	2013	2014	2015	2016	2017
Proteção Ambiental	0,21	0,14	0,13	0,11	0,10	0,08	0,09	0,08
Habitação e Serviços Comunitários	0,12	0,08	0,12	0,11	0,10	0,08	0,08	0,06
Saúde	1,80	1,79	1,84	1,78	1,85	1,91	2,02	2,00
Lazer, Cultura e Religião	0,08	0,07	0,07	0,06	0,08	0,07	0,07	0,05
Educação	2,07	2,14	2,07	2,23	2,31	2,44	2,42	2,35
Proteção Social	10,70	10,71	10,94	11,07	11,43	11,67	12,67	13,08

Fonte: STN, Estatísticas de Finanças Públicas, [201-b?]. Elaboração própria.

10. Trata-se de uma sistematização das despesas que segue a classificação por função de governo (COFOG — Classification of the Functions of Government) da OCDE/ONU.

Com o aumento populacional ao longo dos anos, a oferta dos serviços de saúde e educação, possivelmente, ficará ainda mais insuficiente.[11]

Na trajetória de aprofundamento do neoliberalismo no país, em 2017 foi aprovada e sancionada a chamada Reforma Trabalhista (Lei n. 13.467, de 2017, e a Lei n. 13.429, de 2017, que liberalizou de modo irrestrito a terceirização e ampliou a possibilidade de contrato temporário), em que foi alterada mais de uma centena de artigos da Consolidação das Leis do Trabalho (CLT) (Decreto-lei n. 5.452, de 1º de maio de 1943). Sob a justificativa da *modernização*, as mudanças realizadas no campo da justiça e da organização dos trabalhadores instituíram a prevalência do negociado sobre o legislado, flexibilizando garantias mínimas, especialmente em relação à jornada de trabalho e ao salário. Entre as alterações, destacam-se a criação do contrato de trabalho intermitente, ampliação do contrato de trabalho parcial, retirada de direitos do contrato temporário, liberação de serviços terceirizados e regulamentação dos trabalhos autônomos.

O contrato de trabalho intermitente, por vezes chamado de contrato "zero hora", aumenta o tempo de disponibilidade do trabalhador para a empresa contratante. O serviço passa a ser feito de forma descontínua, sem restrições para o tipo de serviços a serem realizados e cujo pagamento será referente ao número de horas trabalhadas, não necessariamente correspondendo ao salário mínimo, sendo calculado pela proporção em relação às horas trabalhadas.

A partir do contrato de trabalho intermitente, o trabalhador passa a estar disponível 24 horas por dia, sendo acompanhado pela falta de previsibilidade do número de horas contratadas e da remuneração a ser recebida, sem garantias de direitos trabalhistas e contribuições

---

11. Vários foram os movimentos e manifestações contrários à aprovação da PEC. Na Câmara e no Senado também foram realizados destaques na proposta, inclusive um destaque propôs a realização de referendo popular, mas todas as propostas de alteração do texto foram desconsideradas. Houve um importante movimento de estudantes secundaristas que ocuparam as escolas com o apoio de alguns grupos de professores, o qual se disseminou por várias cidades do Brasil em desfavor da PEC 241/2016, mesmo assim a PEC foi aprovada.

previdenciárias. O contrato de trabalho intermitente aumenta o desgaste da força de trabalho, à medida que, conforme destacado pelo CESIT (TEIXEIRA, 2017), intensifica o ritmo de trabalho.

A reforma ampliou o contrato em tempo parcial para 30 horas de trabalho semanais. Essa modalidade contratual foi apresentada como uma solução para os trabalhadores que possuíam limitações com horários, podendo, desse modo, ajustar sua vida familiar e social com mais facilidade. Também foi justificada como forma de aumentar a oferta de postos de trabalho. No entanto, o contrato de trabalho por tempo parcial impõe ao trabalhador condições de subemprego, com baixa remuneração e menor proteção social.

Além da ampliação dos contratos por trabalho intermitente e parcial, a Reforma Trabalhista regulamentou os contratos temporários. Essa forma contratual é feita com reduzidos direitos trabalhistas. O trabalhador em contrato temporário não tem direitos como as estabilidades temporárias — o aviso prévio, a multa do FGTS e o seguro-desemprego —, além do direito a férias e estabilidade às gestantes. Com a regulamentação e a ampliação dos contratos temporários, a reforma estimula a rotatividade do trabalho, que já é uma constante no Brasil, além de reduzir os custos de admissão e dispensa.

Embora não seja possível avaliar os impactos da reforma, os dados divulgados pelo Cadastro Geral de Empregados e Desempregados (CAGED) mostram que entre novembro de 2017 e maio de 2019, em quase todos os meses, houve aumento das admissões por trabalho intermitente, tendo resultado em um saldo líquido de aproximadamente 80 mil novos postos de trabalho nessa modalidade. Em paralelo, os contratos por tempo parcial colaboraram com a criação de 30 mil novos postos de trabalho.

Entre novembro de 2017 e maio de 2019 foram criados 406.244 novos postos de empregos formais no país, desses 109.894 foram nas modalidades de trabalho intermitente e de tempo parcial. Isso significa que essas duas modalidades de emprego precário foram responsáveis por 27,05% do total de empregos celetistas criados no país.

Tabela 2 — Evolução do trabalho intermitente e parcial — 2017 a 2019

Meses	Trabalho intermitente			Trabalho parcial			Total de novos precários
	Adm.	Des.	Saldo	Adm.	Des.	Saldo	
Nov./2017	**3.120**	**53**	**3.067**	**744**	**513**	**231**	**3.298**
Dez./2017	2.851	277	2.574	2.328	3.332	-1.004	1.570
Jan./2018	2.860	399	2.461	4.982	3.485	1.497	3.958
Fev./2018	2.660	569	2.091	6.490	3.423	231	2.322
Mar./2018	4.002	803	3.199	6.851	3.658	3.193	6.392
Abr./2018	4.523	922	3.601	5.762	3.208	2.554	6.155
Maio/2018	4.385	1.165	3.220	5.338	3.357	1.981	5.201
Jun./2018	4068	1.380	2.688	4.525	3.537	988	3.676
Jul./2018	4.951	1.552	3.399	4.643	3.830	813	4.212
Ago./2018	5.987	1.991	3.996	7.374	4.209	3.165	7.161
Set./2018	6.072	1.791	4.281	5.451	3.477	1.974	6.255
Out./2018	7.545	2.701	4.844	6.034	3.816	2.218	7.062
Nov./2018	10.446	2.597	7.849	5.498	3.764	1.734	9.583
Dez./2018	8.968	3.081	5.887	4.342	6.608	-2.266	3.621
Jan./2019	7.768	4.416	3.352	5.421	5.286	135	3.487
Fev./2019	8.299	3.953	4.346	8.518	5.114	3.404	7.750
Mar./2019	10.328	4.287	6.041	7.085	4.956	2.129	8.170
Abr./2019	9.972	4.550	5.422	7.419	4.592	2.827	8.249
Maio/2019	12.780	5.221	7.559	6.343	4.966	1.377	8.936
Total	**121.585**	**41.708**	**79.877**	**105.148**	**75.131**	**30.017**	**109.894**

Fonte: CAGED (BRASIL, 20--?). Elaboração própria.

Juntamente a todas essas formas de contrato, a Reforma Trabalhista possibilitou a liberação de terceirização para todas as atividades-fim e atividades-meio. Além disso, avançou na legalização da contratação de trabalhadores autônomos, ampliando a "pejotização", prática da empresa em contratar um trabalhador como pessoa jurídica — PJ — ou de dispensar um trabalhador com registro em carteira e recontratá-lo na forma de pessoa jurídica. Dessa maneira, o trabalhador perde parte das proteções trabalhistas, sendo levado a um vínculo precário.

Finalmente, a Reforma Trabalhista também criou instrumentos jurídicos para reduzir os custos de demissões, reduzindo vantagens na rescisão e o poder de barganha de decisões coletivas e a necessidade de autorizações prévias. As rescisões contratuais passam a ser feitas por acordo entre trabalhador e empresa contratante, desobrigando a assistência da entidade sindical, o que diminui o poder de barganha do trabalhador, aumenta a submissão ao empregador, reforçando a possibilidade de perda de direitos trabalhistas.

O conjunto de modificações nas leis trabalhistas apresenta-se como medida para resolver a crise econômica que atinge o país desde 2013 e, consequentemente, diminuir o desemprego no Brasil. Porém, as alterações no sistema de regulação social do trabalho e a revisão da CLT, promovidas pela Reforma Trabalhista, tendem a aumentar a flexibilização do trabalho e da informalidade do trabalho. Em vista disso, pode-se inferir que essas alterações intensificarão a precarização das condições de trabalho no Brasil. O aumento da jornada de trabalho será permitido por meio do contrato de trabalho intermitente e ampliação do trabalho autônomo; a baixa remuneração se reproduzirá em contratos de trabalho parciais, de baixa remuneração; e a intensificação do trabalho ocorrerá com a diminuição dos intervalos entre uma atividade e outra, em situação de contrato intermitente. Assim, a intensificação combinada à possibilidade de ampliação das jornadas de trabalho e à redução da remuneração — ou seja, o conjunto desses elementos indica uma maior exploração da força de trabalho.

Com a Reforma Trabalhista, revela-se que, no processo de reprodução da economia brasileira marcado pelas vulnerabilidades decorrentes das crises econômicas, o capital recupera a perda de mais-valor por meio da superexploração da força de trabalho. Dessa forma, ainda que não seja possível avaliar precisamente todas as consequências das alterações da legislação trabalhista, é possível identificar os elementos da Reforma Trabalhista que tendem a aprofundar a precarização das condições de trabalho e a exploração.

Além das mudanças na regulação das relações de trabalho, o governo de Michel Temer também formulou uma proposta de (contra) reforma da previdência. As principais modificações propostas foram a elevação da idade mínima para a aposentadoria, que passaria de 60 anos para 62 anos (mulheres).[12] Já quanto ao valor da aposentadoria, a proposta de reforma estabelecia que só receberia 100% da média salarial da categoria quem contribuísse por pelo menos 40 anos. Já quem cumprisse os prazos mínimos de idade e 20 anos de contribuição receberia apenas 60% da aposentadoria. Essa proposta de contrarreforma estava centrada em aumentar o tempo de trabalho e reduzir os benefícios a serem pagos aos trabalhadores, o que produziria impactos nas suas condições de sobrevivência durante o gozo da aposentadoria. A falta de legitimidade do governo, associada às diversas denúncias de corrupção que envolveram tanto o presidente, como outros membros do governo, acabou inviabilizando a aprovação da reforma.

Nesse contexto de inúmeros retrocessos e de propagandas eleitorais sustentadas nas denominadas *fake news*,[13] saiu vencedor das eleições de 2018 o candidato Jair Bolsonaro.

---

12. A recente Reforma da Previdência eliminou a aposentadoria por tempo de contribuição. Antes da Reforma, o cálculo combinava idade mínima e tempo de contribuição. Este era no mínimo de 15 anos para se aposentar pela idade, tendo a opção da aposentadoria apenas por tempo de contribuição (35 anos de contribuição para os homens e 30 anos de contribuição para as mulheres), independentemente da idade.

13. Histórias falsas que, ao manterem a aparência de notícias jornalísticas, são disseminadas pela internet (ou por outras mídias), sendo normalmente criadas para influenciar posições políticas e obter vantagens. Apesar de tal prática ser antiga, esta ganha importância ímpar

Os cem dias do governo Jair Bolsonaro: o retrocesso como perspectiva

Seguindo na mesma direção de aprofundamento do ajuste neoliberal, a eleição de Jair Bolsonaro para a Presidência da República (2019-2022) e as primeiras medidas adotadas pelo governo durante os meses iniciais consolidam o ataque frontal à classe trabalhadora.

Para além das medidas concretas desse governo, do ponto de vista ideológico, o processo eleitoral que culminou em sua vitória foi marcado por um discurso político de afeições fascistas, que primou pelo rechaço a grupos populacionais específicos (como LGBTs e mulheres), bem como explicitou o interesse em perseguir politicamente grupos e partidos políticos vinculados à esquerda no Brasil.

O primeiro decreto assinado tratou da elevação do salário mínimo, este fixado em R$ 998,00 ficou abaixo do previsto no orçamento para 2019. Ainda no rol das medidas iniciais, a reforma administrativa, levada a cabo pela Medida Provisória (MP) n. 870/2019 e transformada posteriormente na Lei n. 13.844 de 2019, retirou o *status* de ministério das áreas de Trabalho, Cultura, Esporte, Desenvolvimento Social, Segurança Pública e Cidades, sendo suas funções e órgãos incorporados a outros ministérios.

Em 21 de janeiro de 2019, foi publicada a MP n. 871/2019, convertida posteriormente na Lei n. 13.846 de 2019, que endureceu as regras para acesso aos benefícios previdenciários e determinou revisão de benefícios já concedidos. A partir desta, criou-se o *Programa Especial para Análise de Benefícios com Indícios de Irregularidade* e o *Programa de Revisão de Benefícios e Incapacidades* que visa analisar supostos indícios de irregularidades, o que poderá ocasionar a perda do direito ao benefício — a depender das conclusões da análise. Para isso, foi aprovado um

---

neste momento devido ao poder de alcance da internet e à comprovação empírica de que essas notícias podem influenciar no resultado de um pleito eleitoral. Mais informações, vide: Carvalho e Kanffer (2016).

compartilhamento de dados entre Receita Federal, Sistema Único de Saúde (SUS) e Fundo de Garantia do Tempo de Serviço (FGTS) e autorizado um adicional de remuneração para os médicos peritos do INSS.

A MP determinou a revisão de todos os benefícios por incapacidade concedidos pelo órgão e que estejam a mais de seis meses sem passar por perícia médica, e os benefícios de prestação continuada sem revisão a mais de dois anos, além de outros benefícios de natureza previdenciária, assistencial, trabalhista ou tributária. Além disso, o texto estabeleceu a exigência de prova de vida anual do beneficiário, seja por meio de comparecimento na agência bancária pela qual recebe o benefício, seja em domicílio no caso de deficiência moderada ou grave.

O acesso a alguns benefícios também foi alterado. O direito ao auxílio-reclusão só será garantido a quem contribuir com a previdência por ao menos 24 meses. Antes, com apenas uma contribuição o direito ao auxílio-reclusão era garantido. O benefício só será concedido aos familiares de quem cumpre pena em regime fechado e não mais aos familiares de detentos em regime semiaberto.

Em relação ao pequeno produtor agrícola, a comprovação do tempo de exercício na atividade agrícola deixa de ser realizada por meio de provas como bloco de notas de produtor rural, contratos de arrendamento e declaração de sindicato de trabalhador rural, e somente serão aceitas as autodeclarações certificadas pelo Programa Nacional de Assistência Técnica e Extensão Rural (PRONATER) de cada estado e por outros órgãos públicos.

Para acessar a pensão por morte passa a ser exigida uma prova documental, não sendo mais suficiente a prova testemunhal. A isenção tributária aos portadores de doenças graves será concedida apenas por perícia médica, não mais pela apresentação, apenas, de documentos.

Concomitantemente a isso[14], uma nova proposta de emenda constitucional tratando da reforma da previdência foi entregue ao

---

14. Informamos aos leitores que este artigo foi elaborado antes da aprovação da atual (contra) Reforma da Previdência Social.

Congresso, em meados de fevereiro. Chamada de *Nova Previdência*, o projeto de emenda constitucional apresentado pelo governo Jair Bolsonaro segue uma lógica quase idêntica à que foi apresentada por Michel Temer, mas com resultados ainda mais severos em relação à perda de direitos dos trabalhadores.

A *Nova Previdência* vem enfrentando polêmicas em torno da idade mínima para a aposentadoria. A equipe econômica do governo Bolsonaro, em especial o ministro da Economia, Paulo Guedes, tem defendido a idade mínima de 65 anos para homens e mulheres. Entretanto, a proposta segue com o limite de idade em 65 anos para homens e 62 anos para mulheres, com período de transição de até 12 anos. O período de transição é mais curto do que o previsto pela proposta de Michel Temer.

De maneira geral, a proposta de reforma previdenciária em debate aumenta o tempo de contribuição, limita o benefício à média dos salários, eleva as alíquotas para quem recebe mais do que o teto do INSS e estabelece uma série de regras de transição para quem já está inserido no mercado de trabalho.

Pelo projeto de emenda constitucional será extinta a possibilidade (em vigor atualmente) de aposentadoria apenas por tempo de contribuição, entrando em vigor uma base de cálculo que estende a idade mínima e concede o valor da aposentadoria correspondente a porcentagens conforme o tempo de contribuição; podem-se aposentar homens e mulheres a partir de 15 anos de contribuição, desde que recebam apenas um percentual do salário. Nesse sentido — similar à proposta anterior de Michel Temer — para se aposentar com valores correspondentes a 100% do salário, o trabalhador do sexo masculino deverá ter contribuído por pelo menos 40 anos, enquanto o tempo de contribuição da mulher deverá ser de 35 anos.

Outro ponto da proposta de reforma da previdência refere-se à aposentadoria dos servidores públicos federais. Para estes, a idade mínima ficará em 62 anos para homens e de 57 anos para mulheres, sendo o tempo de contribuição de 35 anos para os homens e de 30 anos para as mulheres. A partir daí, há uma base de cálculo que irá direcionar a aposentadoria. Para os professores, a idade mínima também se estendeu para 60 anos para os homens e 57 anos para as mulheres, sendo o tempo de contribuição de 30 anos para ambos os sexos. O chamado *pedágio* durante o período de transição será de 50% ou 100%. O *pedágio* de 50% indica que, quem poderia se aposentar em até dois anos, conforme as regras atuais, terá de cumprir mais 50% do tempo que resta para atingir o requisitado. O *pedágio* de 100% (é válido para os servidores públicos) indica que quem já poderia se aposentar por tempo de contribuição terá de cumprir 100% a mais do que falta a partir da promulgação da reforma para atingir o tempo mínimo de contribuição associado à idade mínima.

Essa proposta de reforma ataca de forma mais incisiva as trabalhadoras mulheres e a população negra do país, deixando explícito seu caráter machista e racista, bem ao encontro da perspectiva político-ideológica do atual presidente. É necessário lembrar que as mulheres já apresentam sobrecarga de trabalho e acúmulo de tarefas em relação aos homens, especialmente quanto à vida privada e doméstica. Além disso, as alterações na previdência desconsideram as diferenças na expectativa de vida dos brasileiros. Nesse sentido, destaca-se que entre os negros a expectativa de vida no Brasil é de 67 anos (PAIXÃO *et al.*, 2011). Logo, um grupo bem reduzido dessa população iria exercer o direito à aposentadoria. Também há mudanças na expectativa de vida se consideradas as disparidades regionais. Enquanto a expectativa de vida média no Brasil era de 76 anos, em 2017, em estados como Maranhão, Piauí, Rondônia, Roraima e Alagoas tal indicador está situado entre 70 e 72 anos (INSTITUTO BRASILEIRO DE GEOGRAFIA E ESTATÍSTICA, 2018).

Com a aprovação da reforma da previdência, o governo atenderá de duas formas diretas aos interesses do capital internacional no país: primeiro, irá liberar capital das contas públicas para seus investimentos em superávit primário e outras frentes do mercado financeiro; e, em segundo, irá aprofundar a superexploração da força de trabalho nacional ampliando o tempo de trabalho de trabalhadores/as ao longo da vida.

Os discursos em defesa da realização da reforma da previdência, nos moldes do projeto atual em debate no Congresso Nacional, apontam para a tendência demográfica em curso no país: a elevação da expectativa de vida e a queda na taxa de natalidade. Mas, além disso, desde a dominância do pensamento neoliberal no Brasil, tem-se um diagnóstico de que o déficit público das últimas décadas se deve principalmente ao descontrole das contas da previdência social. A defesa pela reforma da previdência vem se sustentando ao longo dos anos na tese do suposto déficit da previdência. Entretanto, diferentes estudos mostram que não há crise financeira na previdência social, bem ao contrário, esta se apresentou superavitária em vários períodos durante os anos de 1990 e 2005 (por exemplo), sendo que o governo dispôs de recursos excedentes da previdência para aplicá-los no orçamento fiscal, contribuindo para os superávits primários (GENTIL, 2006). O superávit previdenciário foi de R$ 72,7 bilhões em 2005; R$ 53,9 bilhões em 2010; R$ 76,1 bilhões em 2011; R$ 82,8 bilhões em 2012; R$ 76,4 bilhões em 2013; R$ 55,7 bilhões em 2014; e R$ 11,7 bilhões em 2015, conforme dados da ANFIP (Associação Nacional dos Auditores Fiscais da Receita Federal do Brasil).

Assim, o processo de contrarreforma, ao promover uma redução progressiva dos gastos públicos nas políticas sociais, flexibilizar as relações trabalhistas, dificultar o acesso aos benefícios previdenciais e reduzir a capacidade financeira dos sindicatos, favorece os interesses do grande capital nacional e internacional, direcionando os investimentos em capital fictício e fragilizando ainda mais a capacidade de organização dos trabalhadores brasileiros, cada vez mais extenuados pela intensificação da exploração da força de trabalho.

Esse contexto tem se desenhado no Brasil desde o ajuste neoliberal da década de 1990, mas tem sido aprofundado de maneira veloz nos governos de Michel Temer e de Jair Bolsonaro. Nestes, a aprovação da reforma trabalhista e a expectativa de se aprovar a reforma da previdência tendem a intensificar ainda mais a exploração dos trabalhadores brasileiros, garantindo mais-valor ao capital em resposta a suas perdas em tempos de crise. Atualmente, estamos em pleno momento de reorganização dos trabalhadores e suas entidades no sentido de enfrentar as ameaças postas por este governo, dependendo então da luta de classes o destino dos parcos direitos implicados a nossa classe.

Referências

ASSOCIAÇÃO NACIONAL DOS AUDITORES-FISCAIS DA RECEITA FEDERAL DO BRASIL — ANFIP. Análise da Seguridade Social 2017. 18. ed. Brasília: ANFIP, 2018. Disponível em: <https://www.anfip.org.br/wp-content/uploads/2018/12/Livros_28_11_2018_14_51_18.pdf>. Acesso em: 15 maio 2019.

BANCO CENTRAL DO BRASIL (BCB). Estatísticas: notas econômico-financeiras. Estatísticas fiscais. Vários anos. [201-?]. Disponíveis em: https://www.bcb.gov.br/estatisticas/historicoestatisticas. Acesso em: 15 maio 2019.

BRASIL. Constituição (1988). *Emenda constitucional n. 95, de 15 de dezembro de 2016*. Brasília, 2016. Disponível em: http://www.planalto.gov.br/ccivil_03/constituicao/Emendas/Emc/emc95.htm. Acesso em: 15 maio 2019.

BRASIL. *Lei n. 13.429, de 31 de março de 2017*. Altera dispositivos da Lei n. 6.019, de 3 de janeiro de 1974, que dispõe sobre o trabalho temporário nas empresas urbanas e dá outras providências. Brasília, 2017a. Disponível em: http://www.planalto.gov.br/ccivil_03/_ato2015-2018/2017/lei/L13429.htm. Acesso em: 10 out. 2018.

BRASIL. *Lei n. 13.467, de 13 de julho de 2017*. Altera a Consolidação das Leis do Trabalho (CLT). Brasília, 2017b. Disponível em: http://www.planalto.gov.br/ccivil_03/_ato2015-2018/2017/lei/L13467.htm. Acesso em: 10 out. 2018.

BRASIL. *Lei n. 13.844, de 18 de junho de 2019*. Estabelece a organização básica dos órgãos da Presidência da República e dos Ministérios. Brasília, 2019a. Disponível em: http://www.planalto.gov.br/ccivil_03/_ato2019-2022/2019/lei/L13488.htm. Acesso em: 1º jul. 2019.

BRASIL. *Lei n. 13.846, de 18 de junho de 2019*. Institui o Programa Especial para Análise de Benefícios com Indícios de Irregularidade, o Programa de Revisão de Benefícios por Incapacidade, o Bônus de Desempenho Institucional por Análise de Benefícios com Indícios de Irregularidade do Monitoramento Operacional de Benefícios e o Bônus de Desempenho Institucional por Perícia Médica em Benefícios por Incapacidade. Brasília, 2019b. Disponível em: http://www.planalto.gov.br/ccivil_03/_ato2019-2022/2019/lei/L13846.htm. Acesso em: 15 jul. 2019.

BRASIL. MINISTÉRIO DA ECONOMIA. *Base de dados CAGED*. Brasília: Ministério da Economia, [20--?]. Disponível em: http://bi.mte.gov.br/bgcaged/inicial.php. Acesso em: 15 de jul. 2019.

CAPELAS, Estela; HUERTAS NETO, Miguel; MARQUES, Rosa Maria. Relações de trabalho e flexibilização. *In*: MARQUES, R. M.; FERREIRA, M. R. J. *O Brasil sob a nova ordem*. São Paulo: Saraiva, 2010.

CARVALHO, G. C. L.; KANFFER, G. G. B. O tratamento jurídico das notícias falsas (fake news). 2016. Disponível em: https://www.conjur.com.br/dl/tratamento-juridico-noticias-falsas.pdf. Acesso em: 13 maio 2019.

DRUCK, Graça; FILGUEIRAS, Luiz. Política social focalizada e ajuste fiscal: as duas faces do governo Lula. *Revista Katálysis*, Florianópolis, v. 10, n. 1, p. 24-34, 2007.

FILGUEIRAS, Luiz. *Bloco de poder e política econômica no governo Lula*. 2007. Mimeografado.

GENTIL, Denise Lobato. *A política fiscal e a falsa crise da seguridade social brasileira*: análise financeira do período 1990-2005. 2006. 358 f. Tese (Doutorado em Economia) — Universidade Federal do Rio de Janeiro, Rio de Janeiro, 2006.

GOMES, Helder; NAKATANI, Paulo. A natureza e as contradições da crise capitalista. *In*: GOMES, Helder (org.). *Especulação e lucros fictícios*: formas parasitárias da acumulação contemporânea. São Paulo: Outras Expressões, 2015.

INSTITUTO BRASILEIRO DE GEOGRAFIA E ESTATÍSTICA (IBGE). *Tábua completa de mortalidade para o Brasil — 2017*: breve análise da evolução da mortalidade no Brasil. Rio de Janeiro: IBGE. 2018. Disponível em: https://biblioteca.ibge.gov.br/visualizacao/livros/liv101628.pdf. Acesso em: 15 jul. 2019.

MARQUES, Rosa Maria; ANDRADE, Patrick Rodrigues. Crise política e escalada do capital no Brasil. *O Olho da História*, jul. 2016. Disponível em: http://oolhodahistoria.ufba.br/wp-content/uploads/2016/07/Crise-pol%C3%ADtica-e-escalada-do-capital-no-Brasil.pdf. Acesso em: 13 maio 2019.

MARQUES, Rosa Maria; REGO, José Márcio. *Economia brasileira*. São Paulo: Saraiva, 2018.

NAKATANI, Paulo. Capital especulativo parasitário, capital fictício e crise no Brasil. *Revista Venezolana de Análisis de Coyuntura*, Caracas: Universidad Central de Venezuela, v. VI, n. 2, p. 209-235, jul./dic. 2000.

NAKATANI, P.; STOCCO, A. F. Política econômica e proteção social. *In*: COUTO, B. R. *et al.* (org.). *Análise dos sistemas de proteção social na América Latina*: Brasil, Chile e Cuba. Porto Alegre: EDIPUCRS, 2018. p. 44-63.

OXFAM BRASIL. *A distância que nos une*: um retrato das desigualdades brasileiras. São Paulo: Brief Comunicação, 2017.

PAIXÃO, M. *et al.* (org.). *Relatório anual das desigualdades raciais no Brasil 2009-2010*. Campinas: Instituto de Economia, 2011. Disponível em: http://www.palmares.gov.br/wp-content/uploads/2011/09/desigualdades_raciais_2009-2010.pdf. Acesso em: 15 jul. 2019.

SECRETARIA DO TESOURO NACIONAL. Série histórica: resultado fiscal do governo central — estrutura nova. [201-a?]. Disponível em: https://www.tesouro.fazenda.gov.br/resultado-do-tesouro-nacional. Acesso em: 20 maio 2019.

SECRETARIA DO TESOURO NACIONAL. Publicações de estatísticas de finanças públicas: COFOG. [201-b?]. Disponível em: https://www.tesouro.fazenda.gov.br/-/estatisticas-de-financas-publicas. Acesso em: 20 maio 2019.

SECRETARIA DO TESOURO NACIONAL. Publicações de Estatísticas de Finanças Públicas: COFOG. [2019b?]. Disponível em: <https://www.tesouro.fazenda.gov.br/-/estatisticas-de-financas-publicas>. Acesso em: 20 maio 2019.

SECRETARIA DO TESOURO NACIONAL. Série Históricas: Resultado Fiscal do Governo Central—estrutura nova. [2019a?]. Disponível em: <https://www.tesouro.fazenda.gov.br/resultado-do-tesouro-nacional>. Acesso em: 20 maio 2019a.

SOARES, Laura Tavares. *Os custos sociais do ajuste neoliberal na América Latina*. 2. ed. São Paulo: Cortez, 2002.

TEIXEIRA, Marilane Oliveira *et al.* (org.). *Contribuição crítica à reforma trabalhista*. Campinas: Unicamp/IE/Cesit, 2017.

O discurso da "cortina de fumaça" e o desvelamento das relações entre capitalismo e patriarcado no Brasil conservador e ultraliberal

Lívia de Cássia Godoi Moraes

Com base na conjuntura nacional, a partir de uma análise feminista marxista, este capítulo[1] tem o intuito de desmistificar o discurso do senso comum, também presente em algumas mídias, de que as explanações em torno da questão de "gênero",[2] desde a campanha presidencial até o primeiro semestre do governo Bolsonaro (2019-), têm sido "cortina de fumaça" para a questão fundamental: a econômica.

---

1. Este capítulo resulta da apresentação realizada na mesa-redonda "Resistências Feministas", em ocasião do 7º Encontro Internacional de Política Social e 14º Encontro Nacional de Política Social, ocorrida em junho de 2019, em que também esteve presente Márgara Millan, socióloga e antropóloga social, pesquisadora do Centro de Estudos Latino-Americanos da Universidad Nacional Autónoma de México (UNAM/México) e professora do curso de pós-graduação em Estudos Latino-Americanos nas áreas de estudos de gênero e cultura, crítica da modernidade e movimentos sociais latino-americanos. A mesa contou com a mediação de Renata Couto Moreira, professora adjunta do Departamento de Economia da Universidade Federal do Espírito Santo.

2. Não caberá neste capítulo um debate mais aprofundado a respeito de "gênero" e "relações sociais de sexo", para o qual sugerimos Cisne (2014).

Foi naturalizado o discurso de que temas como "*kit gay*", "ideologia de gênero nas escolas", "mamadeira de piroca" e, com a ministra Damares Alves, do "Ministério da Mulher, da Família e dos Direitos Humanos", afirmações como "meninos vestem azul, meninas vestem rosa", "princesa de Frozen termina sozinha por ser lésbica", "há ditadura gay no Brasil" etc., foram mobilizados para encobrir a real movimentação política dos sujeitos envolvidos para fins econômicos, especialmente em torno da aprovação da Reforma da Previdência.

A defesa que pretendo discutir aqui é a de que os elementos citados não são mobilizados para encobrir uma proposta econômica, mas que compõem um mesmo projeto político-econômico, de base conservadora e ultraliberal.

Outro ponto que se faz necessário destacar é o de que, quando acusam o debate de gênero e sexualidade de ser "cortina de fumaça", estão, indiretamente, apontando estas como questões menores ou secundárias. É preciso recordar que, nos últimos anos, os grupos sociais que mais saíram às ruas em defesa de suas pautas, não somente no Brasil, mas também internacionalmente, foram os estudantes e as feministas. Podemos citar as mulheres contra Trump nos EUA em 2017, as mulheres argentinas no #niunamenos em 2016 e pela legalização do aborto em 2018 e 2019, a greve geral das mulheres no #8M de 2019, e, no Brasil, a primavera feminista em 2015, que derrubou Eduardo Cunha, e o #elenão, em 2018, como exemplos concretos e expressivos.

Algumas questões teóricas são fundamentais, a partir de uma análise feminista marxista, para desmistificar o discurso da cortina de fumaça: as relações entre patriarcado e capitalismo e entre produção e reprodução.

As bases teóricas feministas marxistas como fundamento da análise

Quando se fala em feminismo, hegemonicamente, na atualidade, se trata do feminismo liberal. Mas o feminismo tem várias vertentes teóricas e particularidades históricas. No feminismo radical,[3] por exemplo, há uma certa absolutização do patriarcado, ou seja, a dominação do homem sobre a mulher, como se sempre tivesse existido, recaindo, em determinadas análises, em a-historicização e, por vezes, em um certo biologicismo ou, no outro extremo, culturalismo.

A contradição central, para as feministas materialistas francófonas,[4] por exemplo, estaria na relação entre homens e mulheres. Em paralelo à análise de luta de classes sociais marxista, vão desenvolver suas abordagens em torno de uma luta de classe de sexo.

Tais apontamentos não têm o intuito de minorar ou desqualificar essas análises, mas vão no sentido de poder explicitar as particularidades de uma análise feminista marxista.

Na análise marxista, classes sociais não devem ser pensadas em paralelo ao sexo, nem, muito menos, em separado. Partimos da premissa de que relações de classe, sexo e étnico-raciais devem ser pensadas e analisadas de forma consubstancializada, portanto, não sobrepostas, mas imbricadas. Não devido a um pressuposto teórico simplesmente, mas porque assim se apresentam na realidade concreta: enoveladas ou entrelaçadas em nó, como afirma Saffioti. Vemos, portanto, "o patriarcado e o capitalismo como faces de um mesmo modo de produzir e reproduzir a vida" (SAFFIOTI, 1988, p. 144).

Esse tema — o da relação entre patriarcado e capitalismo — foi um grande debate, inclusive no interior do feminismo marxista na década de 1970. Heidi Hartmann (1983), ao abordar aproximações e distanciamentos entre feminismo e marxismo, criticou as feministas radicais no sentido de que careceria a elas uma explicação das bases materiais do patriarcado ao, por exemplo, não terem se debruçado

---

3. "[...] o feminismo radical visa remodelar a sociedade e reestruturar as instituições que enxergam como eminentemente patriarcais [...] Elas lutaram para substituir as relações hierárquicas e tradicionais de poder, que consideravam refletir o viés masculino da sociedade, com abordagens não-hierárquicas e anti-autoritárias de política e organização (GHANDI, 2016, p. 32).

4. Dentre as principais materialistas francófonas podemos citar: Christine Delphy, Colette Guillaumin, Nicole-Claude Mathieu, Paola Tabet e Monique Wittig.

no debate de divisão sexual do trabalho com a centralidade que se requeria. Se assim tivessem feito, teriam percebido, inclusive, os rebatimentos do controle dos homens sobre os trabalhos das mulheres nos corpos e na sexualidade destas.

Ao se centrarem na reprodução, com o *slogan* "o pessoal é político", as feministas radicais teriam perdido de vista a relação fundamental entre produção e reprodução social na sociedade capitalista.

Assim como acontece com elementos como o dinheiro ou a força de trabalho, embora o patriarcado exista, historicamente, há mais tempo que o capitalismo, a formação social capitalista agudiza as contradições postas pelo patriarcado.

> Os elementos isolados que historicamente precederam o surgimento do capitalismo — que existiam independentemente dele e que comparados a ele têm uma existência remota (como dinheiro, valor, troca, força de trabalho) — após o surgimento do capital passaram a fazer parte do processo de reprodução do capital e existem como seus momentos orgânicos (KOSIK, 2002, p. 59).

Ao contrário de uma visão economicista do marxismo, que vê o capitalismo como parte da estrutura e o patriarcado como parte da superestrutura, ou reflexo ideológico de uma estrutura econômica, em nossa leitura, a produção é mais do que apenas a economia, é uma totalidade que aglutina relações materiais e relações sociais (RANIERI, 2011).

Uma leitura que olhe para o patriarcado apenas como superestrutura ou presa ao campo da cultura acaba por propor saídas reformistas, centradas em mudanças de papéis, atitudes e valores morais, e não em transformações estruturais na sociedade, ou seja, transformações na forma de produzir e reproduzir a vida.

Se Hartmann (1983) avançou na aproximação entre feminismo e marxismo, Iris Young (1992) afirmou que, ainda assim, Hatmann leu a realidade como um sistema dual, ou seja, capitalismo e patriarcado se relacionando, porém como sistemas diferentes, em separado. Young (1992) avança na análise no sentido de pensá-los como um único sistema, a partir de uma teoria unificadora ou unitária (MORAES, 2019b).

Young (1992) reafirmou a centralidade da divisão sexual do trabalho e desenvolveu a ideia de produção e reprodução como partes constituintes das relações sociais. Nessa análise, a força de trabalho da mulher como secundária é apresentada como uma característica fundamental do capitalismo.

Toda a ideologia da "feminilidade doméstica" surgiu para justificar os baixos salários e as condições precárias impostas às mulheres da classe trabalhadora. Da mesma forma como foi expresso por Betty Friedan no livro *Mística feminina*, de 1963, no qual ela demonstrou que, após o período da Segunda Guerra Mundial, depois de as mulheres terem ocupado postos de trabalho produtivo enquanto os maridos ou qualquer homem em idade adulta da família estavam atuando na guerra, tiveram de cumprir o papel de esposas e mães, numa espécie de domesticidade obrigatória, quando esses homens voltaram para seus países de origem. "A nova mística convertia o modelo dona-de-casa-mãe-de-família em obrigatório para todas as mulheres" (GARCIA, 2015, p. 84).

Cinzia Arruzza, em 2010, recuperou o debate para dizer que "a questão não é se a classe antecede o gênero ou vice-versa, mas como gênero e classe se entrelaçam" (ARRUZZA, 2010, p. 138).

O que Young, Arruzza e Saffioti propõem é que a luta das mulheres (que também deve ser a luta dos homens da classe trabalhadora) deve ser contra o patriarcado-capitalismo, porque o patriarcado se expressa na forma como produzimos e reproduzimos a vida no modo de produção capitalista, com suas particularidades e singularidades.

No tempo presente, isso se efetiva mediante uma aproximação entre ultraliberalismo, que, para Rocha (2018, p. 49), se expressa em *personas* que são "entusiastas de uma defesa radical do liberalismo econômico em comparação aos neoliberais", e conservadorismo.

Hoeveler (2016) explica que essas aproximações se dão especialmente em épocas de crises. Ela afirma que o programa neoliberal tem uma impossibilidade prática de uma aplicação integral, citando termo de Marcelo Carcanholo: tem "um caráter autoimune". A justificativa é que o programa nunca se completa porque "faltaram reformas", há "muitos direitos", "burocracias". Ela sugere que o conservadorismo também tem um "caráter autoimune", porque há sempre mais por onde retroceder: "redução da maioridade penal", "proibição de casamento gay", "contra os direitos reprodutivos da mulher" etc. Daí o casamento perfeito entre a direita tradicionalista e o "partido" neoliberal. Essa aliança, segundo a historiadora, aparece, no atual cenário de crise, como a "única alternativa".

Não é cortina de fumaça, mas um único projeto de sociedade

No Brasil, a primeira expressão desse caráter ultraliberal foi a aprovação da Emenda Constitucional n. 95, aprovada após o Golpe de 2016[5] que depôs a presidenta Dilma Rousseff (2011-2016) e colocou Michel Temer (2016-2018) na presidência do país. A citada emenda congelou gastos na educação e na seguridade social, acompanhada do discurso de valorização da "mulher recatada e do lar". Não se trata de coincidência, mas de um projeto, porque, em não havendo políticas públicas, é a mulher que assumirá, de forma mais acentuada, as tarefas do cuidado no âmbito doméstico.

A análise de Sílvia Federici (2019) de que, muitas vezes, o que a sociedade chama de amor é mero trabalho não pago é fundamental para a compreensão do projeto único que busco explanar neste capítulo.

> Devemos admitir que o capital tem sido muito bem-sucedido em esconder nosso trabalho. Ele criou uma verdadeira obra-prima à custa das

5. Para ler mais sobre o Golpe de 2016, sugerimos Moraes (2019a).

> mulheres. Ao negar um salário ao trabalho doméstico e transformá-lo em um ato de amor, o capital matou dois coelhos com uma cajadada só. Primeiramente, ele obteve uma enorme quantidade de trabalho quase de graça e assegurou-se de que as mulheres, longe de lutar contra essa situação, procurariam esse trabalho como se fosse a melhor coisa da vida (as palavras mágicas: "sim, querida, você é uma mulher de verdade"). Ao mesmo tempo, o capital também disciplinou o homem trabalhador, ao tornar "sua" mulher dependente de seu trabalho e de seu salário, e o aprisionou nessa disciplina, dando-lhe uma criada, depois de ele próprio trabalhar bastante na fábrica ou no escritório. De fato, *nosso papel como mulher é sermos servas felizes e sobretudo amorosas da "classe trabalhadora"*, isto é, daqueles estratos do proletariado aos quais o capital foi obrigado a conceder mais poder social (FEDERICI, 2019, p. 44, grifos nossos).

O trabalho doméstico gratuito é fundamental para a reprodução da força de trabalho. Toda a luta das feministas socialistas por creches, restaurantes e lavanderias coletivas visava desobrigar as mulheres desse tipo de tarefa.

> A posição da mulher no organismo social como mãe e esposa ganharia novos contornos a partir de sua liberação em relação às tarefas domésticas, convertidas em serviços públicos prestados por profissionais de ambos os sexos. Assim, de acordo com Bebel, seriam instituídas creches, jardins de infância, escolas, cozinhas coletivas (com a utilização de princípios científicos na determinação da qualidade nutricional dos alimentos e da higiene na forma de preparo), lavanderias, serviços de limpeza, enfermarias e hospitais. A proteção social das crianças não excluiria a participação dos pais na educação dos filhos, sendo incentivada sua participação nas juntas escolares e nas demais instituições de ensino. Além disso, na medida em que a sociedade se responsabilizasse por propiciar todas as condições necessárias ao desenvolvimento mental, físico e psicológico das crianças — incluindo habitação, saúde, educação, arte, lazer —, pais e filhos gozariam de mais tempo livre para o convívio e estabelecimento de uma relação de afeto e respeito (ANDRADE, 2015, p. 278).

Após a Emenda Constitucional n. 95, vieram outras políticas de caráter sexista, que ratificam os papéis "tradicionais" que as mulheres devem cumprir, os quais detalharei a partir de agora.

A Reforma Trabalhista (Lei n. 13.467, de 13 de julho de 2017), por exemplo, regulamentou o teletrabalho, sob o discurso de que trabalhar em casa em horário flexível é bom para as mulheres, que podem organizar melhor as tarefas domésticas com relação ao trabalho "para fora".

Esse horário flexível é, na verdade, uma jornada infinita. A despeito do desenvolvimento tecnológico que permite controlar as horas de uso da tecnologia, nesse caso, não há interesse do empresariado em estabelecer parâmetros nesse sentido. As mulheres, que já têm jornadas extensivas, ou seja, que continuam a realizar trabalho doméstico não pago mesmo empregadas fora de casa, ao gerir tarefas a distância, pelo teletrabalho, voltam a estar confinadas em suas casas, o que obstaculiza a troca, a solidariedade e a organização da resistência por parte dessas mulheres.

O projeto de lei do Programa Escola sem Partido (PL 246/19), reeditado e reapresentado no primeiro dia de trabalho na Câmara dos Deputados do governo Bolsonaro, aliado ao discurso da ideologia de gênero, se aprovado, impossibilitará que haja educação sexual nas escolas e reforçará o sexismo estrutural na sociedade capitalista.[6] E, ainda, criminalizará professoras e professores que o façam, inclusive com canal de denúncia anônima em secretarias estaduais de educação e no MEC. Reforça o que teoriza Guillaumin (2014): a máquina de produzir força de trabalho não pode parar.

Outra política que destaco é a proposta de implementação do *homeschooling* ou ensino domiciliar. No dia 11 de abril de 2019, Jair Bolsonaro assinou Projeto de Lei que regula a educação domiciliar de crianças e adolescentes. Trata-se, nada menos, de uma política de

---

6. Na verdade, mesmo sem ter sido aprovado, já repercute nas salas de aulas sobre o trabalho dos/as professores/as e dos/as estudantes.

desescolarização massiva. Nas entrevistas com defensores da proposta, fica claro que as mulheres das famílias é que deverão se responsabilizar pela educação dos filhos. Sem mencionar que a maioria dos defensores é bastante religiosa e ratifica as pautas conservadoras. Segundo reportagem de *O Estadão*, "a religião é o motor do *homeschooling* no Brasil" e a "ala cristã do Congresso é uma das principais responsáveis por colocar a educação fora do colégio como prioridade do presidente" (CAFARDO, 2019).

Um exemplo da responsabilização sobre as mulheres das famílias é a entrevista realizada por Maria Lydia Flandoli, na TV Gazeta,[7] com Édison Prado de Andrade, diretor da Associação Brasileira de Defesa e Promoção da Educação Familiar (ABDPEF), em abril de 2019, em que o entrevistado afirmou que deve ser responsabilidade primordial das mulheres essa educação domiciliar. Reproduzo trecho da entrevista:

> MLF: Mas e esses pais que trabalham? Com os filhos em casa, com a educação domiciliar, eles não irão ao trabalho? Eles ficarão em casa o dia inteiro?
> EPA: Não, *um dos pais. Aí é uma opção feminina*, Maria Lydia.
> MLF: Mas se a mulher tem que trabalhar para ajudar dentro de casa? Colocar dinheiro dentro de casa?
> EPA: Aí cabe, e eu advogo isso, cabe que a legislação mude: *vamos começar a dar bolsa família para essas mulheres*.

Os exemplos são inúmeros, mas, por último, destaco a Reforma da Previdência (PEC 06/2019[8]) que, novamente, dentre outras questões, sobrecarregará as mulheres das famílias a cuidar de idosos e idosas sem aposentadorias ou com aposentadorias de valores muito baixos.

> As mulheres serão, portanto, afetadas tanto pela elevação da idade mínima quanto pelo aumento do tempo mínimo de contribuição e, mais

---

7. Disponível em: https://www.tvgazeta.com.br/videos/carlos-giannazi-psol-sp-e-edson-prado-de-andrade-dir-abdpef-sobre-ensino-domiciliar/. Acesso em: 7 ago. 2019 (grifos nossos).

8. Informamos que este texto foi escrito antes de a Reforma da Previdência ter sido aprovada.

> ainda, pela combinação desses requisitos. Para piorar o cenário, a reforma ainda as penalizará, sem distinção, com perdas significativas nos valores dos benefícios, em função de alterações nas regras de cálculo. Também as regras de transição impõem às mulheres maiores dificuldades para acesso aos benefícios quando comparadas com as regras atuais e com as regras de transição da PEC 287[9] (DIEESE, 2019, p. 3).

Apesar de, durante a votação na Câmara dos Deputados, algumas propostas terem sido retiradas, ainda há a possibilidade de serem reintegradas, seja pelo Senado, seja pelo que a mídia tem chamado de PEC Paralela da Reforma da Previdência, em que elementos controversos, como é o caso da inclusão de estados e municípios e da capitalização, devem retornar à pauta.

A capitalização é, em nossa leitura, um dos objetivos principais da equipe de Paulo Guedes, ministro da Economia do governo Bolsonaro, com formação na Escola de Chicago, ícone da economia liberal. Ele viveu e trabalhou no Chile durante a ditadura civil-militar de Augusto Pinochet (1974-1990), em que capitalização foi implementada.

Em tempos de economia hegemonicamente financeirizada, os interesses de especuladores se sobrepõem às propostas desenvolvimentistas. Os fundos de pensão privados e bancos em geral devem tomar o lugar de uma previdência de caráter solidário, reforçando o individualismo, a competição, a capitalização individual e a ideologia do empresário de si mesmo, radicalizando o neoliberalismo em ultraliberalismo.

Fagnani (2019) defende que, em sendo aprovada a PEC 06/2019, com os adicionais da PEC Paralela, o Brasil deve transitar de uma política de seguridade social para mero assistencialismo focalizado. Os sujeitos concorrerão entre si, em especial as mulheres que, como no Bolsa Família dos governos do Partido dos Trabalhadores, eram as responsáveis por receberem e gerirem o benefício. Ao mesmo tempo

9. A PEC 287/2016 foi a Proposta de Emenda Constitucional para Reforma da Previdência do governo Temer (2016-2018), que não teve apoio político suficiente para ser aprovada.

que são responsabilizadas, são também culpabilizadas e sobrecarregadas de um novo trabalho, qual seja, a disputa e a gestão do benefício.

É preciso destacar que os impactos serão desiguais sobre as mulheres. As mulheres negras, mulheres trans, travestis, indígenas, migrantes sofrerão de formas diferentes, e umas mais acentuadas que outras. Ademais, o tipo de família que se defende, não à toa, é a família monogâmica, nuclear e heterossexista.

Passaram-se apenas doze meses do atual governo, mas seu caráter ultraliberal e conservador é corroborado cotidianamente via redes sociais daqueles que ocupam cargos no governo Bolsonaro, bem como nas políticas propostas e vertiginosamente aprovadas. A mulher recatada, do lar, esposa e mãe é a única mulher deve figurar na sociedade brasileira na perspectiva desses governantes. E a reprodução desse parâmetro moral tem atingido mulheres nos cotidianos de suas casas, com aumento de feminicídios, especialmente no espaço privado.[10]

Portanto, o sexismo, o racismo e a homofobia, tão presentes nos discursos ultraliberais conservadores, não são cortina de fumaça, mas um projeto de sociedade que, para uma leitura correta e luta efetiva, precisa analisar capitalismo e patriarcado como uma unidade e ter atenção para as particularidades históricas da conjuntura atual.

Referências

ANDRADE, Joana El-Jaike. O feminismo marxista e a demanda pela socialização do trabalho doméstico e do cuidado com as crianças. *Revista Brasileira de Ciência Política*, Brasília, n. 18, p. 265-300, set./dez. 2015.

---

10. Reportagem da EBC demonstrou preocupação por parte da Comissão Interamericana de Direitos Humanos (CIDH), já em fevereiro de 2019, com o aumento do assassinato e das tentativas de homicídios de mulheres no Brasil no ano corrente. Disponível em: http://agenciabrasil.ebc.com.br/direitos-humanos/noticia/2019-02/numero-de-assassinatos-de-mulheres-no-brasil-em-2019-preocupa-cidh. Acesso em: 9 ago. 2019.

ARRUZZA, Cinzia. Rumo a uma “União queer” de marxismo e feminismo? In: ARRUZZA, Cinzia. *Feminismo e marxismo*: entre casamentos e divórcios. Lisboa: Combate, 2010.

CAFARDO, Renata. Grupos religiosos estimulam defesa do ensino domiciliar no governo Bolsonaro. *O Estadão*, São Paulo, 10 mar. 2019. Disponível em: https://educacao.estadao.com.br/noticias/geral,grupos-religiosos-estimulam-defesa-do-ensino-domiciliar-no-governo-bolsonaro,70002749631. Acesso em: 8 ago. 2019.

CISNE, Mirla. *Feminismo e consciência de classe no Brasil*. São Paulo: Cortez, 2014.

DIEESE. PEC 06/2019: as mulheres, outra vez, na mira da reforma da Previdência. *Nota Técnica do Departamento Intersindical de Estatística e Estudos Socioeconômicos*, n. 202, mar. 2019. Disponível em: https://www.dieese.org.br/notatecnica/2019/notaTec202MulherPrevidencia.html. Acesso em: 7 ago. 2019.

FAGNANI, Eduardo. *Previdência*: o debate desonesto. Subsídios para a ação social e parlamentar: pontos inaceitáveis da reforma de Bolsonaro. São Paulo: Contracorrente, 2019.

FEDERICI, Sílvia. *O ponto zero da revolução*: trabalho doméstico, reprodução e luta feminista. São Paulo: Elefante, 2019.

FRIEDAN, Betty. *Mística feminina*: o livro que inspirou a revolta das mulheres americanas. Rio de Janeiro: Vozes, 1971 [1963].

GARCIA, Carla Cristina. *Breve história do feminismo*. São Paulo: Claridade, 2015.

GHANDI, Anuradha. *Sobre as correntes filosóficas dentro do movimento feminista*. São Paulo: Raízes da América, 2016.

GUILLAUMIN, Colette. Prática do poder e ideia de natureza. *In*: FERREIRA, Verônica *et al*. *O patriarcado desvendado*. Recife: SOS Corpo, 2014.

HARTMANN, Heidi. El infeliz matrimonio entre marxismo y feminismo: hacia una unión más progresista. *Teorya y Practica*, 12-13, 1983 [1975-1977]. Mimeografado.

HOEVELER, Rejane. A direita transnacional em perspectiva histórica: o sentido da nova direita brasileira. *In*: DEMIER, Felipe; HOEVELER, Rejane (org.). *A onda conservadora*: ensaios sobre os atuais tempos sombrios no Brasil. Rio de Janeiro: Mauad, 2016.

KOSIK, Karel. Dialética da totalidade concreta. *In*: KOSIK, Karel. *Dialética do concreto*. Rio de Janeiro: Paz e Terra, 2002.

MORAES, Lívia de Cássia Godoi. Classe trabalhadora sob ataque: uma análise dos fundamentos e dos efeitos concretos do golpe. *In*: GALVÃO, Ana Carolina; ZAIDAN, Junia Cláudia Santana de Mattos; SALGUEIRO, Wilberth (org.). *Foi golpe*: o Brasil de 2016 em análise. Campinas: Pontes, 2019a.

MORAES, Lívia de Cássia Godoi. Feminismo e marxismo: contribuições para o debate por Hartmann, Young e Arruzza. *In*: MARX E O MARXISMO 2019: MARXISMO SEM TABUS — ENFRENTANDO OPRESSÕES, 2019, Niterói. *Anais* [...]. Niterói: Universidade Federal Fluminense, 2019b. Disponível em: http://www.niepmarx.blog.br/MM2019/trabalhos%20aprovados.htm. Acesso em: 2 ago. 2019.

RANIERI, Jesus. Aspectos das bases epistemológicas do pensamento de Karl Marx: a categoria trabalho. *In*: RANIERI, Jesus. *Trabalho e dialética*: Hegel, Marx e a teoria social do devir. São Paulo: Boitempo, 2011.

ROCHA, Camila. O *boom* das novas direitas brasileiras: financiamento ou militância? *In*: GALLEGO, Esther Solano (org.). *O ódio como política*. São Paulo: Boitempo, 2018.

SAFFIOTI, Heleieth. Movimentos sociais, face feminina. *In*: CARVALHO, N. V. (org.). *A condição feminina*. São Paulo. Vértice; Revista dos Tribunais, 1988.

YOUNG, Iris. Marxismo y feminismo, más allá del "matrimonio infeliz" (una crítica al sistema dual). *El Cielo por Asalto*, año II, n. 4, 1992 [1981]. Mimeografado.

Unidade II

Os rebatimentos da contrarreforma nas políticas sociais

A contrarreforma na política da saúde e o Serviço Social: impactos, desafios e estratégias em tempos de neoliberalismo ortodoxo

Raquel Cavalcante Soares

Este capítulo pretende discutir as principais tendências da fase atual da contrarreforma na política de saúde, desde o governo Temer até o início do governo Bolsonaro,[1] e seus impactos e desafios à prática social do assistente social na saúde. As discussões aqui realizadas são produto de pesquisas desenvolvidas ao longo de mais de uma década sobre a temática da contrarreforma na política de saúde e o Serviço Social brasileiro.

A contrarreforma do Estado no Brasil responde a necessidades do capitalismo contemporâneo e vem se caracterizando como ofensiva ao conjunto de direitos e políticas sociais desde a década de 1990. Suas particularidades no âmbito da saúde pública anunciam que, em meio à estruturação do SUS (Sistema Único de Saúde), a racionalidade

1. Primeiros sete meses da gestão Bolsonaro, tendo em vista que estamos finalizando a redação deste capítulo nesse período histórico.

burguesa vem instrumentalizando a política de saúde para fins e interesses privados corporativos por dentro e por fora do sistema, seja favorecendo a terceirização da gestão de serviços de saúde, via organizações sociais, fundações estatais de direito privado e Empresa Brasileira de Serviços Hospitalares (EBSERH), seja via privilegiamento da expansão do mercado privado e do capital privado relacionado ao setor de saúde. Segundo Bravo (2006), nos projetos em disputa na política de saúde, o projeto de saúde privatista vem ganhando a hegemonia desde meados da década de 1990.

Todavia, a despeito dessa ofensiva, chamava-nos atenção o fato de que desde os governos Fernando Henrique Cardoso, passando por Lula da Silva e por Dilma Rousseff, a contrarreforma na política de saúde se dava por dentro do sistema de saúde sem ser apresentada de forma explícita; conforme Rizzotto (2000), a contrarreforma na saúde não era anunciada. Havia uma aparente defesa do direito à saúde e do SUS, no entanto, o subfinanciamento persistia e havia uma abertura cada vez maior para novas modalidades de gestão, além da expansão do mercado privado da saúde.

Particularmente, nos governos do Partido dos Trabalhadores, a despeito da expansão do orçamento para a saúde, ela não foi suficiente para romper com o subfinanciamento histórico e terminou por configurar-se o projeto *SUS possível*. Tal projeto caracterizou-se pelo transformismo de parte das lideranças do movimento sanitário, pela refuncionalização dos princípios do SUS e, por conseguinte, pela incorporação nominal desses princípios, retirando-lhes a radicalidade do projeto de reforma sanitária (SOARES, 2010).

A partir do que foi denominado golpe institucional brasileiro, em 2016, (JINKINGS; DORIA; CLETO, 2016), evidencia-se uma ofensiva ainda maior no governo Michel Temer e, posteriormente, no governo Bolsonaro contra o conjunto dos direitos das classes trabalhadoras, e passa-se a explicitar de forma ostensiva uma desconstrução do ideário do direito público à saúde. É precisamente sobre essa nova fase da contrarreforma na política de saúde e suas principais tendências e impactos sobre o Serviço Social que dedicaremos este capítulo.

Contrarreforma na política de saúde na atualidade: superprecarização, privatização e desestruturação do SUS

A nova fase da contrarreforma do Estado brasileiro, perpetrada a partir de 2016 com a ascensão do governo Temer, tem-se caracterizado pela voracidade dos interesses de apropriação do fundo público pelo grande capital nacional e internacional. Tal voracidade tem-se configurado, em termos concretos, num processo de desmonte das conquistas civilizatórias do Estado brasileiro, particularmente sobre os direitos e as políticas sociais, dentre eles o direito e a política de saúde.

Segundo Behring (2018), o período atual constitui-se num novo momento do neoliberalismo brasileiro, em que se retoma a programática mais dura do Consenso de Washington sob os auspícios de uma democracia "blindada", nas palavras de Demier (2017), em que o Estado já não tem preocupação mínima de atender, ainda que parcialmente, aos interesses das classes trabalhadoras.

Assim, estamos vivendo a maior ofensiva contra o direito à saúde, desde a sua institucionalização, em 1988, nos marcos da universalidade e da publicização do dever do Estado, além da participação social e descentralização.

O Estado brasileiro vem-se constituindo cada vez mais como Estado do Capital ou, nas palavras de Behring (2018, p. 65), "comitê de gestão dos interesses comuns dos monopólios". E, como tal, faz uso das práticas autoritárias ao menosprezar completamente o debate e a participação popular. As medidas implementadas na gestão Temer, particularmente na política de saúde, caracterizam-se por esse autoritarismo que marginaliza completamente a participação popular e dos especialistas em saúde pública, pela vinculação aos interesses do mercado privado da saúde, em suas diversas modalidades, e pelo menosprezo às demandas populares ou que atendam a interesses populares. Ao fazer isso, fere de morte os princípios do projeto de reforma sanitária construídos na 8ª Conferência Nacional de Saúde e alicerçados na Constituição Federal de 1988.

O ministro da Saúde do governo Temer, Ricardo Barros, defendeu explicitamente a revisão do tamanho do SUS, atacando, dessa forma, a sua universalidade. Ademais, durante sua gestão, desconsiderou completamente o debate dos especialistas em saúde pública e reuniu-se frequentemente com especialistas do setor privado, principalmente vinculados ao Hospital Sírio-Libanês, em São Paulo. Durante suas declarações à grande mídia, também chegou a afirmar que não era o ministro do SUS, mas o ministro da Saúde, numa clara alusão à sua defesa do setor privado da saúde.

De acordo com Bravo, Pelaez e Pinheiro (2018), as principais ações da contrarreforma no governo Temer são: aprovação da EC n. 94/2016, que impõe um teto de gastos por 20 anos e que desencadeará um subfinanciamento ainda mais intenso; a reformulação da PNAB (Política Nacional de Atenção Básica), em 2017, e a desestruturação da Estratégia Saúde da Família, sem ser objeto de discussão do Conselho Nacional de Saúde; a discussão e a proposição de planos populares de saúde para a "desoneração" do SUS e a oneração dos seus usuários; as alterações na Rede de Atenção Psicossocial (RAPS) da Política de Saúde Mental, que voltam a dar ênfase ao internamento psiquiátrico e também não foram objeto de discussão do Conselho Nacional de Saúde; e a proposta de alteração na regulamentação dos planos de saúde, de modo a atender melhor às necessidades desse importante segmento do capital na saúde.

De todas essas medidas, a que tem o impacto mais generalizado é, sem dúvida, a Emenda Constitucional n. 95, cujas consequências para a política de saúde são, segundo estimativas do IPEA, de perdas da ordem de mais de R$ 600 bilhões ao longo dos 20 anos (BRASIL, IPEA, 2016). Avaliar os impactos em termos de precarização dos serviços de saúde em um cenário em que as demandas ao sistema público estão se expandindo — seja pelo agravamento da questão social e sua relação com os níveis de adoecimento da população, seja pelo aumento do desemprego e a consequente saída de usuários dos planos de saúde empresariais ou coletivos, seja pela tendência de envelhecimento populacional num país com altos índices de desigualdade social — não é tarefa fácil.

A configuração do orçamento da saúde desde 2015 anuncia não apenas um processo de subfinanciamento, conforme a lógica histórica da política de saúde brasileira — mas agora de desfinanciamento, com perdas orçamentárias não só em termos relativos, mas também absolutos. Segundo Teixeira e Boschetti (2018), a política de saúde, dentre o sistema de seguridade social, foi a que mais perdeu em termos de recursos em 2017, com decréscimo de 7% em relação a 2016. Agora, em 2019, além do orçamento inicial menor, houve um congelamento de R$ 599 milhões, o que equivale a 3% do que foi orçado (MOTA, 2019).

Tais medidas, somando-se às tendências já presentes da contrarreforma na política de saúde, como a assistencialização e a ênfase nas ações emergenciais, precarização, mercantilização e privatização, tecnificação, ampliação restrita, promoção da saúde restrita, marginalização dos espaços de controle social (SOARES, 2012), engendram aquilo que vimos denominando superprecarização da política de saúde. Ademais, um profundo processo de privatização da política e de aprisionamento e instrumentalização de sua gestão — principalmente em nível federal, mas sem desconsiderar os outros níveis federativos — pelos interesses do mercado privado. Essa instrumentalização contumaz foi evidenciada pelo sistemático processo de "assessoramento" dos especialistas da saúde privada à gestão do ministro da Saúde Ricardo Barros e das ações por ele implementadas, como já elencamos.

Há, assim, um ataque frontal ao projeto de reforma sanitária, particularmente sobre três dos seus principais elementos: a universalidade de acesso, a publicidade do direito à saúde e a participação social (SOARES, 2018).

Com a eleição e a ascensão do governo Bolsonaro, as tendências colocadas na gestão Temer aprofundam-se, tendo em vista que, desde o seu programa de governo, o então candidato já explicitava uma concepção de saúde médicocêntrica, defendia uma política econômica neoliberal ortodoxa, expressava a sua concepção de que a política de saúde brasileira tem recursos em abundância e que, portanto, não seria necessário um aporte maior de financiamento,[2] além de defender uma estratégia de remuneração de procedimentos assistenciais de saúde equivalente à utilizada no antigo INAMPS (Instituto Nacional de Assistência Médica da Previdência Social), objeto de inúmeros questionamentos e fraudes (BOLSONARO, 2018).

Ademais, o atual governo é expressão da nova onda conservadora da política brasileira (DEMIER, 2016), imprimindo sobre o Estado brasileiro as políticas sociais e, particularmente, a política de saúde, valores e princípios estranhos ao Estado laico e republicano.

Se no governo Temer o ministro da Saúde Ricardo Barros era um elemento estranho à área da saúde, não se pode dizer o mesmo do ministro Luiz Henrique Mandetta, cujo perfil profissional e pessoal se enquadra perfeitamente no projeto do governo Bolsonaro. Mandetta é médico ortopedista, foi médico militar no Hospital Geral do Exército, trabalhou na Santa Casa de Campo Grande. De 2001 a 2004, foi presidente da Unimed de Campo Grande, de 2005 a 2010, foi secretário de saúde de Campo Grande, vindo a se eleger deputado federal em 2010 e reeleito em 2014. Nesse sentido, o referido ministro tem perfil militar, passando pela atuação em hospital filantrópico, dirigindo uma cooperativa privada de saúde.

Dentre as principais ações de sua gestão no ministério, destacamos:

— tentativa de desmonte da Secretaria de Saúde Indígena, mas teve que recuar tendo em vista os protestos de indígenas em todo o país;
— fez alterações no organograma do Ministério da Saúde, excluindo por completo a Secretaria de Gestão Estratégica, cuja área de ação era a participação social e o controle social. Em seu lugar, criou a Secretaria de Atenção Básica. Ao fazê-lo anuncia que a atenção básica terá prioridade. No entanto, ao que tudo indica,

2. O então candidato não referiu em seu programa de governo que a maior parte do aporte de investimento por ele mencionado era do setor privado e não advindo do fundo público brasileiro.

a prioridade será na perspectiva de espaço de privatização e avanço da política neoliberal mais ortodoxa, conforme a lógica do programa econômico do governo, como veremos posteriormente. Além disso, criou também a Secretaria de Tecnologia da Informação, que irá se dedicar à implementação do prontuário eletrônico. Esse espaço da tecnologia na saúde pública vem sendo alvo de disputa do interesse do setor privado. Outra mudança de grande impacto diz respeito ao Departamento de IST (Infecções Sexualmente Transmissíveis), Aids e Hepatites Virais, que passou a se chamar Departamento de Doenças de Condições Crônicas e Doenças Sexualmente Transmissíveis. Especialistas e ativistas da área denunciam o fim do Programa Brasileiro de Aids, referência no mundo inteiro. A mudança não é só de nomenclatura do departamento, mas também representa uma completa marginalização da sociedade civil e dos especialistas na área, além da perda de centralidade da política de combate à Aids.

— na saúde mental, o Ministério da Saúde, através da Coordenação Geral de Saúde Mental, emitiu uma nota técnica (Nota Técnica 11/2019) em que as Comunidades Terapêuticas integram a Rede de Atenção Psicossocial (RAPS) e passam a integrar também os Hospitais Psiquiátricos, Ambulatório Multiprofissional de Saúde Mental e Hospital Dia. Tais medidas representam um retrocesso na configuração da rede, conforme os marcos da reforma psiquiátrica, e redirecionam as práticas em saúde nessa área;

— neoconservadorismo e moralismo presentes nas ações do Ministério da Saúde, com a fala do Presidente da República censurando a cartilha de vacinação com orientações sobre sexualidade para adolescentes, com a retirada da cartilha direcionada à saúde de homens trans, com campanhas de HIV/Aids que ignoraram o público *gay* — um dos mais vulneráveis à infecção pelo vírus HIV;

— lançamento da Medida Provisória n. 890/2019, que institui o Programa Médicos pelo Brasil e a Agência para o Desenvolvimento da Atenção Primária à Saúde (Adaps), dando continuidade ao

> processo de reorganização da atenção primária conforme as necessidades de expansão do mercado privado da saúde. A Adaps constitui-se numa entidade de direito privado, sem fins lucrativos, que pode estabelecer contratos com instituições públicas ou privadas, inclusive para fins de assistência na atenção primária e formação profissional, incluindo instituições de saúde e de educação privadas. Além de focar a assistência na atenção primária, a entidade também ficará responsável pela contratação de profissionais médicos, seleção, bem como contratação das instituições a integrarem o Programa Médicos pelo Brasil. Ademais, algo que nos chama atenção é que o Conselho Deliberativo da Adaps é formado por representantes do Ministério da Saúde, dos secretários municipais de saúde, dos secretários estaduais de saúde e de entidades privadas da saúde, numa concepção que entra em choque com a Lei n. 8.142/1990, quando informa sobre o princípio da participação social, alijando o controle social democrático.

Assim, nessa nova fase da contrarreforma do Estado brasileiro e, particularmente, da política de saúde, a ofensiva contra o conjunto dos direitos sociais vem-se dando com mais celeridade e intensidade, fundada numa concepção ortodoxa do neoliberalismo, com abertura ainda maior do fundo público para apropriação do grande capital. Além disso, evidencia que, no Brasil e no mundo, os processos de expropriação avançam sobre o arsenal minimamente civilizatório conquistado pela luta e organização das classes trabalhadoras.

> Os processos de privatização, mercantilização e as supressões de direitos sociais e trabalhistas são expressões dessas expropriações contemporâneas, revelando-se como o principal meio de atualização da reprodução capitalista. Em geral, essas expropriações, além de ser objeto das violências as mais diversas, são também a "matéria-prima" de manipulações ideológicas assumindo características de práticas modernas com o objetivo de naturalizar os meios de precarização do trabalho e da vida dos trabalhadores (MOTA; TAVARES, 2016, p. 235).

Adensam-se a esse processo as características autoritárias, que rejeitam qualquer tipo de participação popular, e princípios neoconservadores e moralistas sobre as práticas sociais. Tais configurações do Estado e da política de saúde brasileiros trazem inflexões importantes e desafios para a atuação do assistente social na saúde.

O Serviço Social na saúde: impactos da barbárie nas práticas em saúde

A fase atual da contrarreforma vem sendo caracterizada por Boschetti (2017) como de agudização da barbárie. O desmonte da política de saúde e seus desdobramentos em termos de superprecarização, intensa privatização e desconstrução do ideário do direito público vêm colocando ao Serviço Social na saúde velhos e novos desafios.

Ainda na década de 1990, Mota e Amaral (1998) afirmavam que em tempos de reestruturação do capital e cultura da crise, as principais demandas ao Serviço Social se fundam na necessidade de estimular a adesão e o consentimento da classe trabalhadora às mudanças implementadas, inclusive contra os seus interesses de classe. Daí a premência de desvelamento dessas requisições institucionais eivadas da cultura da crise e da necessidade da colaboração de todos, para que ultrapassemos a superficialidade fenomênica do real e compreendamos as reais determinações dessas demandas.

De fato, no espaço da saúde pública, cada vez mais crescem as demandas relacionadas à seletividade das práticas institucionais, relacionadas também ao estímulo à colaboração do usuário no que se refere, inclusive, à oneração dele para a desoneração do sistema, segundo o discurso da gestão. Assim, na cultura institucional presente nos mais diversos serviços de saúde, estimula-se cada vez mais uma racionalidade que justifica toda a violação ou restrição do direito à saúde em nome da crise do Estado brasileiro e da necessidade do ajuste, particularmente quando os serviços estão superprecarizados e faltam recursos.

Outro importante impacto desse processo tem sido a forte influência de uma cultura neoconservadora, ou como já referenciamos em Demier (2016), da onda conservadora nos diversos espaços sociais, inclusive na saúde.

> [...] a política de saúde foi o campo onde mais avançamos em termos de conquistas legais e políticas, com o movimento sanitário e o próprio projeto de reforma sanitária. No entanto, (contraditoriamente), [...] os serviços de saúde, dada a sua trajetória de hegemonia do controle médico e do pensamento conservador, se prestam facilmente para práticas pragmáticas que reificam a responsabilização dos sujeitos. Assim, a ascensão cada vez maior do conservadorismo na saúde tende a requisitar que os assistentes sociais atuem cada vez mais sobre a doença e os indivíduos, precisamente sobre as mudanças comportamentais. Desta feita, nada mais caro ao conservadorismo ainda persistente no Serviço Social. Não é por acaso que grande parte das proposições que representam o conservadorismo na profissão é oriunda de práticas no campo da saúde, como o Serviço Social clínico ou o Serviço Social terapêutico (SOARES, 2017, p. 125).

Nos governos do PT, identificávamos uma ampliação restrita do SUS; ampliação essa que, no âmbito do Serviço Social, traduzia-se por um contínuo processo de contratação de assistentes sociais, mesmo que não correspondesse às necessidades reais do sistema, persistindo também um contínuo déficit de profissionais se comparados à demanda necessária.

De acordo com dados do Cadastro Nacional de Estabelecimentos de Saúde (CNES), de agosto de 2005 a julho de 2016, houve uma ampliação de vínculos de assistentes sociais na saúde da ordem de 90%, de 18.142 para 34.465 num período de 11 anos. Porém, em dezembro de 2018, o CNES informou 38.187 vínculos de assistentes sociais em estabelecimentos de saúde, representando um crescimento entre julho de 2016 para dezembro de 2018 da ordem de 10,7%, o que é proporcionalmente abaixo do ritmo de crescimento anterior, chegando à praticamente metade do ritmo anterior (BRASIL, 2018).[3]

Com relação ao número de vínculos em dezembro de 2018, identificamos a natureza jurídica como pública em 30.167 vínculos (79,1%), novas modalidades de gestão (como fundação pública de direito privado) com 313 vínculos (0,8) e de natureza privada em 7.651 vínculos (20%).[4] Assim, verifica-se uma importante participação do setor privado na contratação de assistentes sociais na saúde, possivelmente relacionada ao crescimento do setor privado e do processo de privatização em curso. No entanto, ainda assim, a predominância de contratações é em instituições de natureza eminentemente pública, o que, por sua vez, confirma que tais instituições tendencialmente demonstram maior responsabilização e comprometimento com as expressões da questão social na saúde — ainda que com contradições e limites.

Antes identificávamos como uma das tendências da racionalidade da contrarreforma na política a ampliação restrita do sistema de saúde. Na atualidade, num contexto de profunda regressão, inclusive em termos de financiamento da política de saúde, essa ampliação restrita torna-se ainda mais limitada.

> A ampliação restrita, ao mesmo tempo e contraditoriamente, aumenta o número de serviços, de profissionais e procedimentos sem dar conta da complexidade das necessidades sociais da população usuária — seja em termos qualitativos ou quantitativos — afirmando e negando direitos. Nesse sentido, possibilita que o crescimento de vínculos de assistentes

---

3. Para localizar os dados no sítio do CNES (www.cnes.datasus.gov.br), entramos em TABNET CNES, posteriormente selecionamos o grupo CNES Recursos Humanos a partir de agosto de 2007 e selecionamos a opção Ocupações. Em seguida, escolhemos dentre as ocupações a de assistente social.

4. Quando solicitamos a organização dos dados em TABNET CNES a partir da inserção dos assistentes sociais nos estabelecimentos segundo sua natureza jurídica, o sistema informa um total de 38.131 vínculos.

> sociais na saúde pública ocorra também de forma restrita. Porém, mais do que isso, revela uma crescente demanda por esses profissionais relacionada às contradições e conflitos da estruturação do SUS, mas que também extrapola a política de saúde. (SOARES, 2017, p.126).

Nesse sentido, possibilita que o crescimento de vínculos de assistentes sociais na saúde pública ocorra também de forma restrita. Porém, mais do que isso, revela uma crescente demanda por esses profissionais relacionada a contradições e conflitos da estruturação do SUS, mas que também extrapola a política de saúde (SOARES, 2010), como analisaremos mais adiante.

Assim, mesmo concordando com Netto (1996) no que se refere ao fato de que o contexto de agravamento da questão social concorre para a garantia de espaços de atuação do assistente social, por outro lado, contraditoriamente, essa contratação de profissionais, dada a avassaladora ofensiva além do desmonte do Estado, tende a ser extremamente limitada.

Segundo dados de entrevistas[5] realizadas com assistentes sociais de organizações sociais da saúde e hospitais universitários, em Pernambuco, a maior parte dos profissionais (57%) afirmou que a quantidade de assistentes sociais tem diminuído na equipe das unidades de saúde em que trabalham e 26% afirma que a quantidade de profissionais permanece a mesma, nos últimos cinco anos.

Essa realidade também se expressa nos dados das entrevistas, dando conta da precarização dos vínculos e das formas de contratação: 54% dos profissionais entrevistados informaram que foram contratados por seleção e apenas 35% por concurso público. É importante ressaltar

---

5. Foram ao todo 42 entrevistas realizadas no ano de 2017 (durante a gestão federal de Michel Temer) com assistentes sociais que atuam em organizações sociais da saúde e hospitais universitários públicos, com aprovação do Comitê de Ética em Pesquisa da UFPE. As entrevistas foram semiestruturadas e tiveram o objetivo de identificar tendências presentes no cotidiano do trabalho dos assistentes sociais no contexto da contrarreforma. Dado o escopo da pesquisa, discutiremos os dados que avaliamos como mais relevantes entre os resultados.

que todos esses assistentes sociais atuam na rede SUS. Evidencia-se, assim, em Pernambuco que cada vez mais assistentes sociais sem estabilidade e com obstáculos maiores a sua relativa autonomia profissional vêm desenvolvendo práticas em saúde. Essa realidade tem sido comum em outros estados do Brasil, como Rio de Janeiro e São Paulo, e se coloca como uma tendência crescente em nível nacional, dada a proliferação da terceirização da gestão dos serviços do SUS e da contratação direta de estabelecimentos privados para prestação da assistência no SUS. Outro agravante dessa tendência de superprecarização que impacta na precarização do trabalho é o relato de profissionais de Serviço Social que denunciam um número cada vez maior de contratação, inclusive pela gestão pública direta, de profissionais por plantão. Nessa modalidade de contratação, o trabalhador é contratado para dar um plantão na semana, por exemplo, sem qualquer vínculo institucional e organicidade com a equipe. Essa excrescência foi institucionalizada pela Lei Ordinária Estadual n. 16.089/2017 que "institui o sistema de 'plantões extraordinários' no âmbito da rede estadual de saúde", autorizando a "Secretaria de Saúde do Estado de Pernambuco a credenciar, por inexigibilidade de licitação, profissionais de saúde não integrantes do quadro de servidores estaduais ou contratados por prazo determinado, para formar cadastro de reserva para a cobertura emergencial de lacunas de trabalho nas unidades de saúde da rede pública" (BRASIL, 2017, p. 1).

Dentre os assistentes sociais entrevistados, apenas 30% trabalham segundo o Regime Jurídico Único (estatutário). A maioria (61%) trabalha contratada segundo a *Consolidação das Leis do Trabalho* (CLT), por tempo indeterminado, sem estabilidade profissional. Importa destacar que essa tendência está presente não só nas organizações sociais, mas inclusive nos hospitais universitários públicos, tendo em vista a adesão à EBSERH, pelo Hospital das Clínicas da UFPE, e pelo nível de precarização dos vínculos trabalhistas dos demais hospitais universitários do estado de Pernambuco.

Outro dado que evidencia o nível de precarização do trabalho desses assistentes sociais relaciona-se aos seus rendimentos salariais.

É expressivo o fato de 70% dos entrevistados afirmarem que recebem entre um até três salários mínimos, sendo que 28% informam receber de um a dois salários mínimos. Esses valores de remuneração contribuem sobremaneira para a lógica de acumulação de vínculos profissionais na saúde, intensificando ainda mais a superexploração profissional e tendencialmente possibilitando mais limites às práticas em saúde, conforme as proposições da reforma sanitária.[6]

A precarização e a privatização da gestão pública estão cada vez mais associadas ao aumento da participação das entidades privadas na gestão e na execução de serviços da rede SUS e fora dela. Nesse sentido, as limitações impostas pela precariedade dos vínculos nas instituições privadas incidem diretamente sobre a relativa autonomia dos profissionais de saúde, que tendem a enfrentar mais obstáculos para ultrapassar a racionalidade hegemômica da contrarreforma em suas práticas.

Assim, a superprecarização e a superexploração do trabalho estão vinculadas diretamente ao desenvolvimento de práticas na saúde desvinculadas do projeto de reforma sanitária, com ênfase em uma concepção assistencial e emergencial dessas ações. Práticas assistenciais que estimulam a adesão, o colaboracionismo e a passivização de usuários e trabalhadores da saúde sobre as mudanças engendradas, num processo de desalento em relação à defesa do direito público à saúde.

De fato, ao que tudo indica, a assistencialização das práticas em saúde do assistente social persiste como realidade de grande parte dos serviços. Assim como em relação à natureza das demandas profissionais: 61% dos assistentes sociais entrevistados responderam que a natureza predominante de suas demandas e requisições é emergencial e assistencial; 21% afirmaram a predominância de demandas de educação, formação, informação e comunicação em saúde; 11% afirmaram ser as demandas de planejamento, gestão e assessoria;

6. Conforme as proposições do Relatório da 8ª Conferência Nacional de Saúde quando se referiu aos recursos humanos no SUS e da necessidade de ser um profissional com carreira única e dedicação exclusiva, além de bem remunerado (BRASIL, 1986).

apenas 2% informaram a predominância de demandas de mobilização, participação e controle social.

A maioria dos profissionais entrevistados afirmou a tendência de atendimento de demandas reprimidas[7] no âmbito da política de saúde — 88%; 88% relataram aumento das demandas nos serviços de saúde em que atuam; e 78% afirmaram que o quantitativo de atendimentos do Serviço Social vem aumentando também. Com a estrutura dos serviços de saúde comprometida pela superprecarização, pela lógica da privatização e subfinanciamento, e dada a agudização da barbárie, os serviços de saúde vêm recebendo um aumento substancial de demanda. Segundo Dalva Costa (2006), são das contradições do SUS que emergem demandas que determinam a atuação do assistente social. Nesse sentido, as demandas e suas complexidades tendem a aumentar para o assistente social da saúde, com recursos cada vez mais precários para seu atendimento.

A precarização do trabalho, articulada à intensificação da privatização da gestão de serviços em saúde, tem também rebatimentos sobre a organização sindical desses trabalhadores fragmentados em diversas entidades, com sindicatos pouco representativos. Ademais, fragmenta também a articulação sindical dentro de uma mesma equipe de trabalho, tendo em vista a proliferação de diversas formas de contratação, do trabalhador concursado ao com contrato por tempo indeterminado via CLT, ou mesmo o trabalhador por tempo determinado ou por plantão, como vimos anteriormente.

Nossos dados de pesquisa evidenciaram um número grande de vínculos de trabalho sem estabilidade dentre os profissionais entrevistados em Pernambuco, com baixas remunerações para os profissionais, além de que houve uma diminuição no ritmo de contratação de assistentes sociais na saúde. Também, segundo dados do CNES, mesmo que 79% dos assistentes sociais da saúde sejam contratados por instituições públicas, a partir dos dados das entrevistas podemos

7. As demandas reprimidas são aquelas que o sistema não é capaz de atender fundamentalmente por restrição do acesso.

presumir que nada impede que tais profissionais também não tenham vínculos precários, sem estabilidade.

Tais condições de trabalho e precarização tendem a trazer mais limitações à relativa autonomia profissional, ainda que não sejam as únicas mediações desse processo, como afirmam Mota e Amaral (2016). Segundo as autoras, além das condições e relações de trabalho, outras mediações também são importantes e estratégicas, como as consciências individual e coletiva dos profissionais

> [...] ao domínio das categorias ontológicas e reflexivas explicativas dos fenômenos e ao conhecimento das suas manifestações objetivas. Também ao domínio institucional-legal das políticas e aos processos a estas relacionados, cujas competências profissionais para operar sínteses, proposições, articulações e negociações (compatíveis com cada estágio de domínio do objeto e permeabilidade socioinstitucional) são uma exigência teórica e operativa (MOTA; AMARAL, 2016, p. 49).

Nesse sentido, a despeito das condições de trabalho superprecarizadas, é possível qualificar a prática profissional fundamentada no projeto ético-político do Serviço Social, mesmo que limitada pelas contradições da política de saúde. Todavia, os desafios da atual fase da contrarreforma ganham complexidade quando também discutimos a tendência de que as práticas em saúde, nos diversos serviços em que os assistentes sociais estão inseridos, recebem os influxos do neoconservadorismo e da lógica de desmonte da concepção de direito público, principalmente na gestão Bolsonaro.

Assim, as questões que se colocam no âmbito da ascensão neoconservadora no Estado brasileiro e seus rebatimentos no Serviço Social devem ser objeto de debate dos assistentes sociais também no interior dos serviços, de forma a planejar e discutir as estratégias de enfretamento a esse processo a partir das práticas sociais.

A superprecarização da política de saúde e a intensificação do processo de privatização tendem a repercutir cada vez mais no cotidiano das práticas dos assistentes sociais a partir, inicialmente, das suas condições de trabalho e nível de subalternidade profissional, expresso na não estabilidade e na precariedade dos vínculos.

A fase atual da contrarreforma na política de saúde vem se configurando como a maior e mais intensa ofensiva contra o direito à saúde após a Constituição de 1998. Há, assim, um veemente antagonismo entre as ações implementadas pelas gestões Michel Temer e Bolsonaro e o projeto ético-político do Serviço Social, que prima pela defesa dos direitos, das políticas públicas, da democracia e da participação social.

Diante dessa realidade cada vez mais complexa, urge a necessidade de nos apropriarmos dos fundamentos teórico-metodológicos e ético-políticos do nosso projeto profissional para desvelar as contradições e os desafios que se apresentam no cotidiano institucional e nas práticas em saúde, identificando suas mediações com as necessidades do capitalismo contemporâneo. Assim, tendencialmente, teremos condições mais favoráveis a uma prática social pautada também em princípios ético-políticos que primam pela defesa dos direitos e pela democratização do Estado.

Para isso, faz-se cada vez mais necessária uma articulação do Serviço Social dentro e fora dos espaços institucionais. No interior dos espaços, configurando-se como alianças estratégicas em torno da defesa do direito à saúde com profissionais e usuários; fora dos espaços institucionais, com os movimentos sociais que atuam na luta e na defesa do direito à saúde e/ou do conjunto dos direitos da classe trabalhadora.

Referências

BEHRING, Elaine R. Estado no capitalismo: notas para uma leitura crítica do Brasil recente In BOSCHETTI, I.; BEHRING, E.; LIMA, R. L (orgs) *Marxismo, política social e direitos*. São Paulo: Cortez, 2018.

BOLSONARO, J. M. O caminho da prosperidade. 2018. Disponível em: https://flaviobolsonaro.com/PLANO_DE_GOVERNO_JAIR_BOLSONARO_2018.pdf. Acesso em: 5 ago. 2019.

BOSCHETTI, I. Agudização da barbárie e desafios ao Serviço Social. *Serviço Social & Sociedade*, São Paulo: Cortez, n. 128, p. 54-71, jan./abr. 2017.

BRAVO, M. I. Política de saúde no Brasil In MOTA et. al. (Orgs.) *Serviço Social e Saúde*: formação e trabalho profissional. São Paulo: Cortez, 2006.

BRASIL. Ministério da Saúde. *Relatório da 8a Conferência Nacional de Saúde*. Brasília, 1986.

BRASIL. IPEA. VIEIRA; BENEVIDES (org.). *Os impactos do novo regime fiscal para o financiamento do Sistema Único de Saúde e para a efetivação do direito à saúde no Brasil*. Nota técnica, número 28 — Disoc, set. 2016. Disponível em: www.ipea.gov.br. Acesso em: 20 jan. 2020.

BRASIL. DATASUS/CNES. 2018. Disponível em: http://tabnet.datasus.gov.br/cgi/deftohtm.exe?cnes/cnv/proc02br.def. Acesso em: 5 ago. 2019.

BRASIL. Procuradoria da República em Pernambuco. Assessoria de Comunicação Social. MPF/PE questiona sistema de contratação de profissionais de saúde da rede estadual. Ministério Público Federal Pernambuco, Notícias, 29 de agosto de 2017. Disponível em: http://www.mpf.mp.br/pe/sala-de-imprensa/noticias-pe/mpf-pe-questiona-sistema-de-contratacao-de-profissionais-de-saude-da-rede-estadual. Acesso em: 15 jun. 2018.

BRAVO, M. I.; PELAEZ, E.; PINHEIRO, W. As contrarreformas na política de saúde do governo Temer. *Argumentum*, Vitória, v. 10, n. 1, abr. 2018.

COSTA, Maria Dalva Horácio. O trabalho nos serviços de saúde e a inserção dos(as) assistentes sociais. *In*: MOTA, A. E. *et al.* (org.). *Serviço Social e saúde*: formação e trabalho profissional. São Paulo: Cortez, 2006.

DEMIER, Felipe. *Depois do golpe: a dialética da democracia blindada no Brasil*. Rio de Janeiro: Mauad, 2017.

DEMIER, Felipe. O barulho dos inocentes: a revolta dos "homens de bem" *In*: DEMIER, F.; HOELEVER, R. (org.). *A onda conservadora*: ensaios sobre os atuais tempos sombrios no Brasil. Rio de Janeiro: Mauad, 2016.

JINKINGS, I.; DORIA, K.; CLETO, M. (org.). *Por que gritamos golpe?* São Paulo: Boitempo, 2016.

MOTA, Ana Elizabete. *Cultura da crise e seguridade social*: um estudo sobre as tendências da previdência e da assistência social brasileira nos anos 80 e 90. São Paulo: Cortez, 1995.

MOTA, Ana Elizabete. A regressão civilizatória e as expropriações de direitos e das políticas sociais. *Argumentum*, Vitória, v. 9, n. 3, p. 30-36, set./dez. 2017.

MOTA, Ana Elizabete; AMARAL, Ângela. Reestruturação do capital, fragmentação do trabalho e Serviço Social. *In*: MOTA, Ana Elizabete (org.). *A nova fábrica de consensos*. São Paulo: Cortez, 1998.

MOTA, Ana Elizabete; AMARAL, Ângela. Serviço Social brasileiro: cenário e perspectivas nos anos 2000. *In*: MOTA, A. E.; AMARAL, A. S. *Cenários, contradições e pelejas do Serviço Social brasileiro*. São Paulo: Cortez, 2016.

MOTA, Ana Elizabete; TAVARES, M. A. Trabalho e expropriações contemporâneas. *In*: MOTA, A. E.; AMARAL, A. S. *Cenários, contradições e pelejas do Serviço Social brasileiro*. São Paulo: Cortez, 2016.

MOTA, B. Corte orçamentário anunciado pelo governo pode provocar paralisia e morte de políticas sociais de saúde e de educação. *Escola Politécnica de Saúde Joaquim Venâncio/Fiocruz*, Rio de Janeiro, 4 abr. 2019.

NETTO, José Paulo. Transformações societárias e Serviço Social: notas para uma análise prospectiva da profissão no Brasil. *Serviço Social & Sociedade*, São Paulo: Cortez, n. 50, 1996.

RIZZOTTO, Maria Lúcia F. *O Banco Mundial e as políticas de saúde nos anos 90*. 2000. Tese (Doutorado) — Universidade Estadual de Campinas, Campinas, 2000. Mimeografado.

SOARES, Raquel C. A racionalidade da contrarreforma na política de saúde e o Serviço Social In BRAVO, Maria Inês; MENEZES, Juliana (orgs). *Saúde, Serviço Social, movimentos sociais e conselhos*: desafios atuais. São Paulo: Cortez, 2012.

SOARES, Raquel C. *Contrarreforma na política de saúde e o SUS hoje*: impactos e demandas ao Serviço Social. 2010. Tese (Doutorado) — Programa de Pós-graduação em Serviço Social, Universidade Federal de Pernambuco, Recife, 2010a.

SOARES, Raquel C. Contrarreforma na política de saúde e prática profissional do Serviço Social nos anos 2000. *In*: MOTA, Ana E. (org.). *As ideologias da contrarreforma e o Serviço Social*. Recife: Ed. Universitária da UFPE, 2010b.

SOARES, R. C. Contrarreforma da política de saúde e Serviço Social. *In*: SILVA, A. X *et al.* (org.). *Contrarreforma, intelectuais e Serviço Social*: as inflexões na política de saúde. Campina Grande: EDUEPB, 2017.

SOARES, R. C. Governo Temer e contrarreforma na política de saúde: a inviabilização do SUS. *Argumentum*, Vitória, v. 10, n. 1, abr. 2018.

TEIXEIRA, S.; BOSCHETTI, I. O fardo do radical ajuste fiscal para a classe trabalhadora sob a ótica das despesas do orçamento da seguridade social. *In*: ENPESS, 14., 2018, Vitória. *Anais* [...]. Vitória: ABEPSS, 2018.

Tendências da Política da Assistência Social (PAS) e do Sistema Único de Assistência Social (SUAS) nas regiões Norte e Nordeste*

Maria Ozanira da Silva e Silva

O tema abordado no presente texto propõe-se a apresentar, analisar e problematizar tendências identificadas na implementação da Política de Assistência Social a partir dos resultados de uma pesquisa empírica, produto do Projeto **Avaliando a implementação do Sistema Único de Assistência Social nas regiões Norte e Nordeste: significado do SUAS para o enfrentamento à pobreza nas regiões mais pobres do Brasil**.

O projeto tomou como objeto da investigação a Política de Assistência Social (PAS), em particular, considerando a implementação

* Este estudo foi desenvolvido com o apoio da Fundação de Amparo à Pesquisa e ao Desenvolvimento Científico e Tecnológico do Maranhão (FAPEMA) e do Conselho Nacional de Desenvolvimento Científico e Tecnológico (CNPq). Trabalho apresentado ao 7º Encontro Internacional de Política Social e 14º Encontro Nacional de Política Social, realizado na Universidade Federal do Espírito Santo, de 3 a 6 de junho de 2019.

da Política nos espaços institucionais que integram o Sistema Único de Assistência Social (SUAS): Centros de Referência da Assistência Social (CRAS), Centros de Referência Especializados de Assistência Social (CREAS) e Centros Pop.

A investigação desenvolvida, mediante análise bibliográfica, documental e pesquisa empírica, foi complementada com uso de dados secundários, focando duas dimensões:

— Análise do conteúdo, dos fundamentos e da percepção que os sujeitos diretamente envolvidos na implementação do SUAS têm sobre a PAS e o SUAS.
— Investigação sobre a implementação do SUAS em uma amostra geográfica intencional das regiões Norte e Nordeste do Brasil, constituída pelos estados do Pará, Maranhão e Ceará, representados por 18 municípios.

O texto procura destacar, confrontar e analisar convergências, divergências e especificidades da Política de Assistência Social e da implementação de serviços e benefícios disponibilizados no âmbito do SUAS em termos de avanços, recuos, limites, dificuldades, desafios e perspectivas nas regiões Norte e Nordeste, espaço empírico da pesquisa. Os conteúdos que compõem o texto foram extraídos, principalmente, de manifestações dos diferentes sujeitos da pesquisa: gestores municipais e estaduais, técnicos, conselheiros e usuários. Foram também produtos de observações espontâneas e sistemáticas desenvolvidas pelas(os) pesquisadoras(es) nos campos investigados e nos equipamentos selecionados para o estudo: CRAS, CREAS e Centros Pop (SILVA, 2018; NASCIMENTO, 2018; PEREIRA, 2018; CARVALHO, 2018).

Além da presente introdução, o texto segue apresentando e analisando tendências identificadas na implementação da Política de Assistência Social no âmbito do Sistema Único de Assistência Social a partir do espaço empírico da pesquisa. A reflexão é concluída com o destaque de ideias centrais desenvolvidas no decorrer do texto.

Uma incursão analítica sobre as tendências da Política de Assistência Social nas regiões Norte e Nordeste

Na sistematização das tendências da Política de Assistência Social nas regiões Norte e Nordeste, foi verificada prevalência de indicações de limites ou dificuldades para fazer avançar a implementação do SUAS nos municípios pesquisados, a partir dos quais são formuladas indicações que representam desafios e perspectivas. Relevante também foi a indicação de avanços, além do registro de poucas situações pontuadas como recuos (SILVA, 2018; NASCIMENTO, 2018; PEREIRA, 2018; CARVALHO, 2018).

Situando os avanços no contexto de contradições

O principal destaque identificado nos três estados como avanço foi a indicação da **institucionalidade da Política de Assistência Social em direção à sua construção como direito**. Avanço esse situado no campo do ordenamento legal dos órgãos gestores municipais, cujas indicações foram o aprimoramento e a regulação de Benefícios Eventuais; ampliação de novos programas, projetos e ações, com elevação de prestação de serviços e benefícios, com incremento de atendimentos e demandas apresentadas na realidade local dos municípios; reorganização da proteção social básica e especial e seus serviços, em conformidade com a Tipificação Nacional, contribuindo para condições de melhor identificação, funcionamento e institucionalização dos serviços; planejamento das ações, com a adoção do Plano de Acompanhamento, Monitoramento e Avaliação como importante ferramenta de orientação técnica para a qualificação da oferta dos serviços e benefícios; elaboração do Plano Plurianual (PP) e da Lei Orçamentária Anual (LOA) com a participação de profissionais vinculados à gestão da

PAS em alguns municípios; melhoria de estruturas administrativas na prestação de serviços em conformidade com as normativas da PAS; progressiva assimilação e incorporação do arcabouço jurídico e institucional pelos sujeitos responsáveis pela implementação do SUAS; busca de superação do clientelismo, contribuindo para melhor compreensão das normativas e da defesa da Assistência Social como direito de cidadania. Contraditoriamente, porém, foi expresso nas falas dos sujeitos entrevistados que o entendimento acerca da Política ainda é limitado, com maior expressão nos municípios de pequeno porte, por receberem mais influência da cultura do favor, do clientelismo e do assistencialismo, o que favorece ações imediatistas; avanços no reconhecimento dos(as) trabalhadores(as) do SUAS como uma categoria emergente, na perspectiva de uma identidade em construção, embora prevaleçam processos de precarização no âmbito do trabalho dos profissionais do SUAS; início da construção de reconhecimento dos(as) usuários(as) do SUAS como sujeitos(as) de direitos por parte de parcela significativa das equipes técnicas, conselheiros e gestores, apesar dos traços persistentes da cultura do favor/da benesse, do assistencialismo; existência de lei municipal de estabelecimento e regulamentação do SUAS em alguns municípios; postura de gestores e gestoras da Assistência Social em alguns municípios, marcada por um contato mais direto com as equipes de referência atuantes nos equipamentos, indicando a construção de mecanismos de democracia interna; reconhecimento da importância dos CRAS, CREAS e Centros Pop por parte de seus usuários, com atribuição de distintos significados desses equipamentos no universo de vida das populações vulnerabilizadas e vivendo situações de risco; vontade política de uma parte considerável dos(as) trabalhadores(as) do SUAS nos municípios, na perspectiva de um compromisso ético-político com a população usuária da Assistência Social.

Ainda em relação a avanços, de alguma forma, relacionados ao processo de institucionalidade da PAS, a pesquisa empírica realizada nos 18 municípios dos estados do Maranhão, Ceará e Pará revelou que, na grande maioria dos municípios, foi identificada a adoção do comando único e a superação, mesmo que formal, do primeiro-damismo na gestão da Política de Assistência Social. Contraditoriamente, foi verificado que o critério político partidário para indicação dos gestores ainda se sobressai ao critério técnico, com indicações de pessoas aliadas ao grupo político do prefeito, nem sempre com capacitação técnica no campo da PAS e do SUAS, em vários municípios. Ademais, em alguns municípios, foi mencionado o descompromisso do executivo municipal com os princípios da PAS, com interferência no sentido de direcionar determinadas demandas para a prefeitura, demonstrando práticas clientelistas, com o propósito de governos locais hierarquizarem e manipularem demandas apresentadas pelos usuários, de acordo com interesses político-eleitoreiros.

Finalmente, ainda no campo dos avanços no âmbito da Política de Assistência Social, foi identificado o despontar dos usuários como sujeitos da Política, verificando-se representação de usuários em grande parte dos Conselhos Paritários de Assistência Social nos municípios pesquisados e alternância da presidência entre representantes governamentais e não governamentais nos Conselhos. Ademais, os usuários, com destaque à população em situação de rua, vêm atuando de modo significativo no campo das lutas e das organizações políticas, pautando reivindicações e instituindo fóruns como espaço de resistência.

O exposto sugere que a contradição nos avanços da institucionalidade da Política de Assistência Social como direito, ao mesmo tempo que fortalece, distancia a Política dos avanços normativos conquistados na prática da implementação do SUAS, centrando, portanto, os avanços alcançados nos aspectos legais, normativos e operacionais, com expressiva dificuldade de orientar as ações concretas pelos princípios e diretrizes da PAS. Acrescentam-se ao campo das contradições que permeiam os avanços dificuldades demonstradas pelos sujeitos da pesquisa, inclusive os profissionais, para contextualização da PAS em âmbito das realidades nacional, estadual e municipal, dificultando a percepção da Política como processo e produto de relações históricas, sociais, políticas, limitando a articulação entre domínio técnico, teórico e político, conforme relato de gestoras, técnicos e conselheiros.

A prevalência de limites e dificuldades na implementação do SUAS

Como mencionado, na pesquisa em apreciação no presente texto, verificou-se a incidência prevalente do que se podem considerar limites e dificuldades para a implementação da Política de Assistência Social no âmbito do SUAS, sendo destacados os seguintes aspectos:

a) Situação dos **prédios** onde funcionam os CRAS e CREAS: identificação de diversas inadequações na estrutura físico-operacional dos equipamentos sociais em desconsideração aos pré-requisitos para funcionamento desses Centros. Na maioria dos municípios, os prédios tinham espaços pequenos e inadequados para o atendimento e o acompanhamento das famílias; pouca ventilação e não dispunham de climatização. Muitos não ostentavam a identificação dos equipamentos e, na grande maioria, eram alugados, não permitindo reformas necessárias. Ademais, nem todos os CRAS se encontravam em áreas de vulnerabilidade, além de muitos prédios não disporem de acessibilidade e alguns serem localizados em área central da cidade. Em grande parte dos CRAS e CREAS, em acréscimo aos problemas de espaço físico, poucos dispunham de equipamentos e materiais adequados ao funcionamento dos trabalhos, como insuficiência de computadores, telefones, carros e funcionamento precário da internet. No estado do Pará, o único CRAS rural, dirigido para uma comunidade quilombola, não dispunha de sede física e de uma equipe técnica compatível com as necessidades do município, acrescentando-se uma situação específica de falta de garantia de equipamentos, como lanchas volantes, em alguns municípios ribeirinhos para atender à particularidade da navegação nos rios, em descumprimento ao atendimento do *fator amazônico* por parte da PAS no estado. Acrescenta-se a essas condições desfavoráveis a insegurança para o exercício do trabalho socioassistencial. Em muitos casos, os profissionais eram expostos a constantes situações de violência em razão dos trabalhos nos "territórios de risco", verificando-se atuação de facções criminosas onde trabalhadoras(es) transitam sem condições de segurança, nem mesmo crachá de identificação, podendo ser confundidos com a própria polícia.

b) Situação do **quadro de pessoal do SUAS**: verificou-se que o quadro de pessoal foi considerado insuficiente na grande maioria dos municípios pesquisados. É majoritariamente constituído de profissionais contratados, com alta rotatividade, com condições de trabalho instáveis e precárias; baixos salários. Essa situação terminava por ensejar a descontinuidade das ações de um trabalho de *referência*. Ademais, em alguns municípios, os técnicos desempenhavam dupla função no âmbito do SUAS, com equipes mínimas incompletas e curta permanência dos profissionais nos respectivos municípios durante a semana. Em outros poucos municípios, os CRAS encontravam-se quase desativados quando da realização da pesquisa, onde se verificavam técnicos com contratos encerrados e sem renovação. A essa situação acrescentava-se, nos três estados, falta de disponibilização sistemática de atividades de educação permanente para os técnicos, sendo realizadas tão somente capacitações pontuais, inclusive, os profissionais apontaram insuficiência do Capacita SUAS, limitando-se ao atendimento de alguns técnicos das equipes municipais. A situação mencionada era agravada, sobremaneira, pela ausência de uma política de planos, cargos e salários, impactando no processo de organização dos(as) trabalhadores(as) do SUAS nos diferentes municípios, verificando-se a inexistência de Fórum de Trabalhadores(as) na maioria dos municípios.

Há que se considerar que esses limites não impediram que o quadro de técnicos demonstrasse empenho e compromisso com a implementação da Política, com demonstração de postura de autocrítica e preocupação em buscar alternativas para qualificar o trabalho sob sua responsabilidade.

c) Situação do **cofinanciamento da PAS**: foram mencionadas limitações financeiras para a formação das equipes técnicas e para a execução dos serviços e benefícios conforme a demanda. Consideraram ser poucos os recursos federais e municipais disponibilizados para os municípios, além de mencionarem a tímida ou inexistente participação dos estados no cofinanciamento da Política. Outro registro mencionado pela maioria dos municípios referiu-se à falta de visibilidade, por parte dos responsáveis pela implementação de serviços e benefícios do orçamento da PAS, acerca da gestão dos recursos financeiros e sua distribuição nos equipamentos.

d) Situação da **Vigilância Socioassistencial**: em termos gerais, foi evidenciado que o Sistema da Vigilância Socioassistencial é incipiente ou praticamente inexistente em vários municípios, o que dificulta e limita o trabalho de planejamento, monitoramento e avaliação e a própria implementação dos serviços desenvolvidos. Nesse sentido, foram observadas fragilidades das informações acerca da PAS aos usuários sobre a Política e sobre os serviços prestados, contribuindo para que os usuários expressassem dificuldades em associar os equipamentos CRAS e CREAS e os serviços disponibilizados com a própria Política de Assistência Social. Nesse aspecto, foi frequente o CRAS ser concebido como a própria Política. Por conseguinte, o eixo da Vigilância Socioassistencial não vem assumindo centralidade na dinâmica do trabalho dos equipamentos do SUAS, na grande maioria dos municípios, denotando-se ausência de banco de dados e de diagnósticos acerca das condições de pobreza, que permitam identificar as demandas da população beneficiária, o que é agravado pela falta de investimento municipal em sistemas informacionais próprios e pouco conhecimento de gestores(as), trabalhadores(as) e Conselheiros(as) sobre o que é realmente a Vigilância Socioassistencial.

e) Situação do **controle social e da participação dos usuários**: foi registrada, nos municípios pesquisados, fragilidade do controle social e da participação dos Conselhos na dinâmica do SUAS. Essa situação foi reveladora de incipiente compreensão do que realmente seja esse controle social, agravada com inexpressiva participação dos usuários no processo de implementação da Política nos municípios. A fragilidade do controle social e de participação efetiva dos sujeitos da Política nas instâncias de discussão, pactuação e decisão é deveras acentuada pela inexistência de espaço físico e de condições materiais e humanas para o funcionamento dos CMAS (Conselhos Municipais de Assistência Social) e pela não adoção de estratégias de fortalecimento dos Conselhos por falta de ações de qualificação dos conselheiros para assumirem, efetivamente, o controle social. Essa situação é ainda impactada negativamente pela influência da política partidária em determinados conselhos e pela incipiência do exercício de mobilização para a participação e o controle social, não favorecendo que os usuários da Política sejam chamados a participar, conhecer, debater e se apropriar dos diversos aspectos da Política, no sentido de qualificar e elevar o nível de consciência social.

f) Sobre a **Rede Socioassistencial**: no geral, essa foi considerada insuficiente e de funcionamento precário para atender às demandas da população, o que impõe a necessidade de definição de responsabilidades e a criação de estratégias para o fortalecimento e a efetividade do trabalho em rede.

Identificando recuos na implementação do SUAS

Sobre possíveis recuos, os sujeitos da pesquisa pouco apresentaram manifestação explícita. Foram mencionadas algumas situações específicas a determinadas configurações municipais, com os seguintes destaques: extinção da Secretaria Municipal de Assistência Social (SEMAS), órgão específico de gestão da Política de Assistência Social e do SUAS na metrópole de Fortaleza em 2013, sendo substituída pela Secretaria do Trabalho, Desenvolvimento Social e Combate à Fome (SETRA). A nova Secretaria passou a congregar três políticas públicas, mantendo dotação orçamentária cada vez mais limitada, sobretudo, a partir da crise político-econômica instalada no pós-golpe de 2016. Em 2016, após o processo eleitoral nos municípios, a SETRA foi substituída por outra Secretaria, sendo a área da Assistência Social mantida junto à área dos direitos humanos, dando origem à atual Secretaria dos Direitos Humanos e Desenvolvimento Social (SDHDS). Os sujeitos da pesquisa identificaram esse processo de reconfiguração dessas secretarias como recuo, porque foi instituído na contramão dos processos de afirmação nacional da importância da Política de Assistência Social e do SUAS sob comando único com orçamento específico. Ainda no Ceará, foi apontado recuo na Política de Valorização dos(as) Trabalhadores(as) do SUAS em Maracanaú (município de grande porte), sobretudo na gestão a partir de 2017. Foram ampliados os vínculos temporários, com consequente precarização das condições de trabalho dos(as) trabalhadores(as) do SUAS no município. Situação similar passa a ocorrer na metrópole Fortaleza depois da desativação da SEMAS, quando a maioria dos profissionais das equipes de referência, nos CRAS, CREAS e Centros Pop, passou a ser submetida a constantes seleções públicas para empregos temporários, de dois em dois anos.

Dilemas e desafios na implementação do SUAS

Em decorrência dos limites indicados, os sujeitos da pesquisa expressaram posicionamentos destacados como possíveis dilemas e desafios, permeando a Política de Assistência Social e a implementação do SUAS nos estados e, certamente, nas regiões Norte e Nordeste, tais como:

a) Identificação de contradições que articulam o "novo" e o "velho". Há, de um lado, avanços da Política de Assistência Social centrados, principalmente, no campo legal e normativo. Em decorrência, são construídas novas bases conceituais no campo da proteção social, cuja expressão se manifestou em inovações e ampliações nas ofertas dos serviços socioassistenciais. Por outro lado, a realidade da Política continuou convivendo com concepções arcaicas que mantiveram a visão histórica de uma "política pobre para pobres", demandando poucos recursos e secundarizando o profissionalismo, por referenciar-se na ajuda e no amor ao próximo. Institui-se uma tensão no processo de construção da

Política de Assistência Social, com possibilidades de agravamento na conjuntura recente, com o desmonte de direitos sociais e das políticas sociais.

b) Persistência da cultura do favor/benesse e dos traços históricos do assistencialismo no imaginário e nas práticas no campo socioassistencial, sendo reiterada nas relações de usuários(as) com os profissionais do SUAS a necessidade de agradecimentos pelos serviços e benefícios a que têm acesso.

c) Desconhecimento relativo de programas, projetos, serviços e benefícios socioassistenciais por parte dos(as) usuários(as) e dos(as) Conselheiros(as).

d) Prevalência de caráter de entretenimento e escuta de problemas pessoais e familiares nas atividades dos grupos de convivência e fortalecimento de vínculos, em detrimento de possíveis investimentos em vínculos familiares. Ademais, os membros dos grupos de Convivência são fragmentados considerando sua identidade etária ao molde da tradicional Política de Assistência Social.

e) Fragilidade no efetivo exercício da intersetorialidade na implementação do SUAS, com frágil articulação entre Políticas Públicas, redundando numa tensão que perpassa a Política de Assistência Social e coloca limites ao alcance da Proteção Social.

f) Baixo quantitativo de equipamentos do SUAS — CRAS, CREAS e Centros Pop —, insuficientes para atender à demanda da abrangência territorial e populacional de metrópoles, municípios de grande e médio porte, inclusive dos municípios de pequeno porte.

g) Necessidade de ampliação de serviços na proteção social especial de alta complexidade.

h) Insuficiência das equipes de referência para realizar o trabalho socioassistencial no âmbito do SUAS, acarretando sobrecarga diária de trabalho e, muitas vezes, comprometendo a qualidade dos atendimentos ao público usuário.

i) Precarização das formas de contratação e, em decorrência, dos vínculos trabalhistas, geradores de baixos salários, com rebatimentos limitantes na implementação do SUAS na região Norte/Nordeste, expressando uma tendência nacional.

j) Não observância da NOB-RH (Norma Operacional Básica de Recursos Humanos), no tocante à contratação e à valorização dos(as) trabalhadores(as) do SUAS, pela não realização de concurso público e falta de definição de cargos e salários.

k) Limitada contrapartida financeira dos municípios para assegurar os trabalhos da PAS, além do reduzido ou não cofinanciamento da Política por parte dos estados, e insuficiência do financiamento federal para garantir a disponibilização de serviços e benefícios em conformidade com a demanda da população.

l) Limitado suporte do legislativo municipal para aprovação de leis e decretos municipais necessários à regulamentação da PAS em nível local, identificado por técnicos, gestores e conselheiros.

m) Necessidade de superação da lógica normativa dos conselhos setoriais.

n) Qualificação de conselheiros para o exercício do controle social no âmbito do SUAS nos municípios.

o) Mobilização dos usuários para participação no âmbito dos trabalhos do SUAS e dos CMAS.

p) Estruturação dos CMAS com garantia de sede e trabalhadores próprios.

q) Aprimoramento do Sistema de Vigilância Socioassistencial onde já existe e implantação nos outros municípios, como forma de conhecer a realidade na qual se intervém e possibilitar o monitoramento e a avaliação de serviços socioassistenciais e benefícios ofertados.

r) Especificamente sobre a região Norte, foi destacada a necessidade de cumprimento da Resolução n. 33/2012, que reconhece o *fator amazônico.*

A partir dos dilemas e dos desafios, cabe indicar o que os sujeitos da pesquisa destacaram como possíveis perspectivas para a Política de Assistência Social e para a implementação do SUAS no contexto das regiões Norte e Nordeste, situando-as na conjuntura recente de desmonte de direitos e de subfinanciamento das ações socioassistenciais e dos benefícios implementados pelo SUAS no âmbito da PAS. Essa situação foi aprofundada a partir do Golpe de 2016, quando passamos a vivenciar a exacerbação do neoliberalismo, com priorização de "políticas de austeridade" que terminam por conduzir ao desmonte de conquistas e direitos dos trabalhadores, além da entrega do patrimônio brasileiro para grandes empresas internacionais. Nesse cenário, vem ocorrendo verdadeiro desmonte do SUAS e da Política de Assistência Social, como política inclusiva da população que dela necessita, interrompendo o processo de avanço na dinâmica de consolidação que vinha ocorrendo no SUAS, nos municípios brasileiros.

O entendimento no âmbito da pesquisa foi de que os desafios e os dilemas apontados só podem ser enfrentados com a construção de perspectivas de atuação coletiva na busca da construção de resistências e lutas por parte dos diferentes sujeitos que fazem o SUAS, de modo a desenvolver ações coletivas que considerem as indicações do relatório da pesquisa no estado do Ceará, tais como:

a) Os(as) gestores(as) comprometidos(as) com a consolidação do SUAS precisam criar estratégias de construção do orçamento com a participação ativa de trabalhadores(as) e usuários(as) do SUAS, ampliando os canais de transparência na utilização de recursos públicos.

b) A categoria, por vezes homogeneizadora, de "usuários(as)" do SUAS precisa ser valorizada no reconhecimento da diversidade desses *sujeitos*, situados nas dinâmicas e estruturas socioterritoriais locais, nacionais e globais, ampliando sua organização e luta em defesa de seus direitos socioassistenciais, sociais e trabalhistas como classe social.

c) Avanço nos processos de afirmação da identidade dos(as) trabalhadores(as) do SUAS, como uma categoria emergente a congregar expressivo número de profissionais atuantes no campo socioassistencial, na perspectiva de superação do processo de superexploração a que são submetidos.

d) Avanço no trabalho de base de caráter político-educativo nos territórios de vulnerabilidade social, por dentro dos processos de trabalho nos CRAS, CREAS e Centros Pop, buscando desconstruir pré-noções e estigmatizações socioterritoriais projetadas sobre os(as) usuários(as) do SUAS para reconhecê-los(as) como sujeitos portadores de direitos.

e) Ampliação dos processos organizativos dos(as) trabalhadores(as) do SUAS em articulação com outros segmentos de trabalhadores em nível local, estadual e federal, em defesa do frágil e recente sistema de proteção social brasileiro.

f) Propiciar articulação e construção de pautas comuns entre movimentos sociais, partidos políticos, sindicatos e associações, com vista a resistir e avançar nas lutas sociopolíticas para garantia dos direitos socioassistenciais e da democracia em face do avanço do *estado* de exceção no Brasil.

O estudo empírico realizado apontou maior prevalência em indicações de limites ou dificuldades para fazer avançar a implementação do SUAS nos municípios pesquisados, com o registro também de desafios e perspectivas, tendo, porém, sido registradas poucas situações classificadas como recuos. Todavia, indicações de possíveis avanços na implementação nos 13 anos do SUAS mereceram destaques especiais, visto que a realidade da prática de implementação da Política de Assistência Social marcada, historicamente, pelo favor em contraposição ao direito só pode ser entendida num movimento dialético de avanços, limites e contradições. Os avanços registrados, de alguma forma, vinham ocorrendo até 2015, em direção à construção de direitos dos segmentos pobres da população brasileira. Esse processo, todavia, vem sofrendo, a partir de então, inflexões regressivas no contexto de desmonte de direitos e de restrições de políticas sociais, interrompendo um movimento ascendente registrado desde a Constituição Federal de 1988 em decorrência do golpe parlamentar de 2016, ocorrido com o afastamento da presidenta Dilma Rousseff, eleita por voto popular.

Conforme exposto, no processo de análise das tendências que vêm marcando a implementação da Política de Assistência Social, em termos de avanços, o principal destaque foi atribuído **à institucionalidade da Política rumo à sua construção como direito**, expressa pelo ordenamento legal dos órgãos gestores municipais; pelo aprimoramento e regulação dos Benefícios Eventuais; pela ampliação de novos programas, projetos e ações, com incremento da prestação dos serviços nas áreas urbanas e rurais, permitindo aumento de demandas e de atendimentos do público-alvo da Política. Esse processo vem permitindo avanços na organização da proteção social básica e da proteção social especial e seus serviços, em conformidade com a Tipificação Nacional. Destacaram-se ainda no campo dos avanços: progressiva incorporação do arcabouço jurídico-institucional pelos sujeitos responsáveis pela implementação do SUAS; luta para ultrapassar o clientelismo; maior nível de compreensão das normativas e a defesa da Assistência Social como direito de cidadania; e progressiva superação do primeiro-damismo, mesmo que ainda em termos formais. Todavia, a análise dos avanços mencionados identificados foi contextualizada no âmbito de contradições que ainda marcam a institucionalidade da Política de Assistência Social com rebatimentos na implementação da Política, tais como: incipiente entendimento acerca da Política, principalmente nos municípios de pequeno porte, em sua maioria marcados pela cultura do favor, do clientelismo e do assistencialismo, prevalecendo ainda a busca por ações imediatistas, mediadas pelo clientelismo em detrimento da construção de uma prática de direitos Desse modo, os avanços no campo da institucionalidade da PAS terminam por centrarem-se nos aspectos legais e normativos, com limites na dimensão operacional da Política em termos de serviços e benefícios disponibilizados, dificultando a efetivação de ações concretas de acordo com os princípios e as diretrizes da PAS. Ademais, no processo de avanço em consideração, foi ainda identificada expressiva fragilidade na contextualização da PAS em âmbito nacional, estadual e municipal, o que limita a percepção da Política como processo e produto de relações históricas, sociais, políticas, sobrepondo os aspectos legais, normativos e operacionais na busca de superação do não direito rumo à construção do direito, objetivo principal da implantação do SUAS em 2005.

Além das questões relativas aos avanços e às contradições que marcam o processo de desenvolvimento da Política de Assistência Social no Brasil, registrou-se a incidência prevalente de limites, tais como: problemas de localização, instalações e equipamentos dos CRAS, CREAS e Centros Pop; realidade precária do quadro de pessoal do SUAS, composição, capacitação e condições de trabalho; insuficiência do financiamento e cofinanciamento de serviços e benefícios; fragilidade ou inexistência da Vigilância Socioassistencial; fragilidade do controle social e da participação dos usuários e de organizações da sociedade na implementação da Política; fragilidade da rede socioassistencial disponibilizada para atendimento da população usuária da Política de Assistência Social nos municípios onde de fato ocorre o trabalho do SUAS; destaque de dilemas e desafios para o avanço das ações do SUAS no confronto da realidade dos três estados, espaço empírico da pesquisa nas regiões Norte e Nordeste.

Por fim, mereceram destaque a complexidade e as contradições identificadas na implementação do SUAS nas regiões Norte e Nordeste, representadas por 18 municípios dos estados do Pará, Maranhão e Ceará, procurando desvendar a realidade de uma Política que busca desconstruir uma prática conservadora, procurando romper com uma longa história do não direito para efetivar direitos fundamentais que garantam a vida com dignidade daqueles que da Política de Assistência Social necessitarem.

Referências

CARVALHO, Alba Maria Pinho de *et al*. *Avaliando a implementação do Sistema Único de Assistência Social no estado do Ceará*: significado do SUAS para o enfrentamento à pobreza nas regiões mais pobres do Brasil. Relatório final de pesquisa. São Luís, 2018. Mimeografado.

NASCIMENTO, Maria Antônia Cardoso *et al. Avaliando a implementação do Sistema Único de Assistência Social no estado do Pará*: significado do SUAS para o enfrentamento à pobreza nas regiões mais pobres do Brasil. Relatório final de pesquisa. São Luís, 2018. Mimeografado.

PEREIRA, Maria Eunice Ferreira Damasceno *et al. Avaliando a implementação do Sistema Único de Assistência Social no estado do Maranhão*: significado do SUAS para o enfrentamento à pobreza nas regiões mais pobres do Brasil. Relatório final de pesquisa. São Luís, 2018. Mimeografado.

SILVA, Maria Ozanira da *et al. Avaliando a implementação do Sistema Único de Assistência Social nas regiões Norte e Nordeste*: significado do SUAS para o enfrentamento à pobreza nas regiões mais pobres do Brasil. Relatório final de pesquisa. São Luís, 2018. Mimeografado.

Fundo público e assistência social:
o desfinanciamento público

Jeane Andréia Ferraz Silva
Naara de Lima Campos

Este capítulo é resultante de parte de estudos realizados no doutorado e de posteriores pesquisas regionais sobre o financiamento da Política de Assistência Social. É no município que a Política de Assistência Social se concretiza na vida de seus usuários. Compreender como se aloca o financiamento público para essa política é fundamental para a luta permanente contra o desfinanciamento da seguridade social que se aprofunda no país.

Como o orçamento se apresenta como a faceta mais visível do fundo público, e é por meio dele que são ou não realizados investimentos nas políticas sociais, o seu estudo permite compreendê-las. Daí a importância dos estudos sobre o orçamento da assistência social: como ele se apresenta, como são alocados os recursos e em que direção, além de verificar se ele amplia ou restringe o acesso aos direitos.

As pesquisas sobre o financiamento da Assistência Social focam o orçamento federal e apontam a focalização e a redução dos recursos para os demais serviços, programas e projetos. Com a implantação do SUAS (Sistema Único de Assistência Social), houve uma ampliação dos recursos na área da Assistência Social, conforme pontua Salvador (2010) em sua pesquisa nacional. Porém, essa ampliação não veio acompanhada dos aportes dos recursos necessários para o êxito da implantação dos serviços de proteção social básica e especial.

Esse processo, que já ocorria nos governos Lula e Dilma, foi ainda mais aprofundado quando o governo Temer, com sua ortodoxia neoliberal, aprovou a EC n. 95 — Novo Regime Fiscal (NRF) com brutal corte de direitos sociais, sobretudo do financiamento público.

No atual governo de Bolsonaro, o que se configura é o aprofundamento dessas premissas, indicando um total desmonte do financiamento da seguridade social brasileira e, por consequência, da Assistência Social. Sem um processo de mobilização e organização popular em defesa dos direitos sociais, a emancipação política num país periférico como o Brasil está seriamente comprometida. E a Política de Assistência Social retomará as mais perversas formas de "ajuda social", como a retomada do apelo à solidariedade, ao controle e à gestão da pobreza.

O capitalismo contemporâneo na sua forma fantasmagórica de capital portador de juros ofusca o capital produtivo, apresentando-se como a forma mais fetichizada do capital, em que há uma inversão entre sujeito e objeto, colocando a humanidade a serviço das coisas sociais e não das necessidades sociais (SILVA, 2014). Tem-se aqui a mundialização financeira articulada aos movimentos da reestruturação produtiva, da contrarreforma do Estado e das mudanças no mundo do trabalho, que afetam transversalmente a divisão do trabalho, as relações entre as classes e a organização e distribuição de bens e serviços, na conformação da sociabilidade e da cultura, reconfigurando o Estado e a sociedade civil e redimensionando as lutas sociais.

O capital financeiro captura e subordina o Estado e sua política, que é direcionada para viabilizar as condições gerais de sua reprodução. Essa subordinação traz como consequências a precarização e a flexibilização do trabalho; desemprego crônico; desmonte dos sistemas de proteção social e retirada dos direitos sociais; aumento da pobreza e da barbárie.

Esses processos rebatem no Brasil e aprofundam as suas marcas sócio-históricas periféricas como a heteronomia, a cultura política, as formas de desenvolvimento desigual e combinado que o capital assume no país, dentre outras. O país adere aos ditames do capital financeiro internacional na sua condição periférica.

Nesse contexto, a questão social e suas múltiplas expressões sofrem um processo de criminalização e naturalização e/ou são enfrentadas pelo viés moralizante e conservador via a focalização, a descentralização neoliberal e a privatização das políticas sociais.

A Política de Assistência Social, como uma política integrante do sistema de seguridade social brasileira, passa a ser a única política com o papel de proteção social, mas voltada prioritariamente para o atendimento dos mais pobres. Nesse sentido, é uma política compatível com o capital financeiro, pois o combate à pobreza é operado por uma política específica e não articulada às demais políticas econômicas e sociais.

O fundo público, como a principal fonte de financiamento do capital e do trabalho, também é capturado pelo capital financeiro, que provoca a diminuição de sua alocação e impacto junto às demandas do trabalho. O fundo público é tensionado na luta de classes e passa a ser o pressuposto geral das condições de produção e reprodução do capital. E como sinteticamente isso ocorre?

Salvador (2010, p. 91) afirma que o fundo público está presente na reprodução do capital e comparece:

> 1 — Como fonte importante para a realização do investimento capitalista. No capitalismo contemporâneo, o fundo público comparece por

> meio de subsídios, de desonerações tributárias, por incentivos fiscais, por redução da base tributária da renda do capital como base de financiamento integral ou parcial dos meios de produção, que viabilizam [...] a reprodução do capital. 2 — Como fonte que viabiliza a reprodução da força de trabalho, por meio de salários indiretos, reduzindo o custo do capitalista na sua aquisição. Além disso, é a força de trabalho a responsável diretamente [...] pela criação do valor. 3 — Por meio das funções indiretas do Estado, que no capitalismo atual garante vultosos recursos do orçamento para investimentos em meios de transporte e infraestrutura, nos gastos com investigação e pesquisa, além dos subsídios e renúncias fiscais para as empresas. 4 — No capitalismo contemporâneo, o fundo público é responsável por uma transferência de recursos sob a forma de juros e amortização da dívida pública para o capital financeiro, em especial para as classes dos rentistas.

Behring (2010) afirma que no contexto do capitalismo monopolista, em sua fase madura e vivendo hoje uma profunda crise estrutural, o fundo público passou a se constituir como um elemento *in flux* do processo de produção e reprodução capitalista. Para a autora, o fundo público não se constitui como anticíclico, conforme o padrão keynesiano. A partir de 1970, "[...] a política real é a de redirecionar (e atenção, não diminuir!) o fundo público como um pressuposto geral das condições de produção e reprodução do capital, diminuindo sua alocação e impacto junto às demandas do trabalho [...]" (BEHRING, 2008, p. 46).

Como uma das principais maneiras de realização do fundo público é por meio da extração de recursos da sociedade na forma de impostos, contribuições e taxas, o orçamento se apresenta como uma das faces e uma das formas mais visíveis do fundo público.

Na sua aparência, o orçamento é uma figura de ficção, envolto em números frios e contendo tecnicalidades. Mas ali estão dispostos as receitas e os gastos administrados pelo Estado. Entretanto, nos alerta Oliveira (2009): é nessa arena que são tomadas decisões sobre os objetivos dos gastos do Estado e dos recursos necessários para o seu financiamento. Aqui reside a sua feição política, no seio da qual se travam os embates entre os representantes das classes para definir a direção e a forma de ação do Estado.

Partimos do pressuposto de que o orçamento público é um espaço de luta política, em que as diferentes forças da sociedade buscam inserir seus interesses. Na sua forma restrita, o orçamento público deve ser entendido como um plano de governo para guiar as ações do Poder Público a curto e médio prazo. Numa perspectiva política, o orçamento público pode ser visto como um instrumento que agrega e institucionaliza numa lei (contrato) os diferentes interesses que perpassam os poderes formais (Executivo, Legislativo e Judiciário), além das preferências dos diversos sujeitos sociais (SALVADOR, 2008).

O orçamento público é que garante concretude à ação planejada do Estado e espelha as prioridades públicas do governo. Contudo, Salvador (2012) alerta que não basta a análise de como os recursos são alocados, mas também importa sobre quem recai o financiamento do Estado. Observa-se que o orçamento tem sido utilizado muito mais como um instrumento de ajuste fiscal do que como um dos meios de realização de políticas sociais e da ampliação de um Estado social.

Isso pode ser explicado no sentido de que a "[...] canalização de recursos para a esfera da economia é articulada pela inter-relação entre o Orçamento Fiscal e Orçamento da Seguridade Social, que garante a rentabilidade do capital portador de juros" (SALVADOR, 2010, p. 369).

Conforme Salvador (2010), na viabilização desse processo, dois instrumentos são importantes e estão articulados com as políticas econômicas adotadas desde 1999: a DRU[1] e a Lei de Responsabilidade Fiscal (LRF).

---

1. Em 1994, foi criado o Fundo Social de Emergência (FSE) como medida necessária à chamada estabilização da economia. Desde então, esse instrumento foi prorrogado, com algumas alterações, com o nome de Fundo de Estabilização Fiscal (FEF) e, atualmente, Desvinculação de Receitas da União (DRU). A Emenda Constitucional n. 61 prorroga a DRU até 31 de dezembro de 2015. A legislação prevê a desvinculação de órgão, fundo ou despesa de 20% da arrecadação de impostos, contribuições sociais e de intervenção no domínio econômico, já instituídos ou que vierem a ser criados, seus adicionais e respectivos acréscimos legais. Por meio da EC n. 93, de 8

Por meio da DRU ocorre o que Salvador (2010) qualifica de "perversa alquimia", em que os recursos que pertencem à seguridade social são transformados em receitas do orçamento fiscal e apropriados anualmente pelo governo federal, visando à composição do superávit primário e ao pagamento de juros da dívida.

Segundo Salvador (2017), o Brasil compromete, há pelo menos 25 anos, cerca de um terço do orçamento público anual com o pagamento de juros, encargos e amortização da dívida pública. Em 2015, observa o autor, por meio dos dados do sistema Siga Brasil, que para o pagamento de juros e amortização da dívida foram destinados R$ 417,25 bilhões, isto é, 23,71% do orçamento executado naquele ano.

A LRF, Lei Complementar n. 101/2000, também é um instrumento importante para permitir a apropriação financeira pelo capital. Criada no contexto de ajuste fiscal realizado no governo FHC e monitorada pelo FMI, a LRF trata de limitar as despesas não financeiras do orçamento e priorizar o pagamento de juros. E como isso é realizado? Salvador (2010) pontua que essa lei concretizou mudanças necessárias nas peças orçamentárias para viabilizar a política econômica com o estabelecimento da Lei de Diretrizes Orçamentárias (LDO), de metas fiscais para os orçamentos públicos na União, dos estados, do Distrito Federal e dos municípios, além de determinar legalmente a submissão da execução orçamentária ao cumprimento das metas fiscais, fazendo com que os gastos sociais discricionários e os investimentos públicos entrem na lógica da financeirização.

E mais: a LRF "[...] é um instrumento de contingenciamento do gasto fiscal, diminuindo a capacidade de intervenção do Estado e de ampliação dos gastos sociais" (SALVADOR, 2010, p. 386). O resultado desse processo é o enfraquecimento da capacidade do Estado de realizar políticas sociais universais, abalando a efetivação dos direitos sociais no Brasil.

---

de setembro de 2016, a DRU foi prorrogada até 31 de dezembro de 2023. O novo texto também amplia de 20% para 30% o percentual das receitas de tributos federais que podem ser usadas livremente e altera quais tributos podem ser desvinculados, incluindo os fundos constitucionais, taxas e compensações financeiras (SALVADOR, 2017).

Isso será ainda mais tensionado com a EC n. 95 — Novo Regime Fiscal (NRF). "O NRF inviabiliza a vinculação dos recursos para as políticas sociais nos moldes desenhados na CF de 1988, ao congelar as chamadas despesas primárias do governo (exceto as despesas financeiras com o pagamento de juros da dívida) por vinte anos, limitando-se à correção pela inflação" (SALVADOR, 2017, p. 429).

Diante desse quadro, como podemos compreender o financiamento da Assistência Social? O que revela os financiamentos regionais?

O financiamento da seguridade social brasileira é impactado diretamente pelo papel do fundo público, em que os recursos do orçamento da seguridade social são financiados pelos próprios trabalhadores, principalmente os mais pobres, prioritariamente pela via do consumo que tem a maior tributação, permitindo a regressividade no padrão de financiamento desse sistema (SILVA, 2014).

Dados apresentados por Salvador (2010) sobre a estimativa da carga tributária brasileira por base de incidência apontavam que 55,26% dos tributos eram sobre o consumo, 27,51% sobre a renda, 3,36% sobre o patrimônio, revelando que o peso recai em grande parte sob as classes de menor poder aquisitivo.

No que se refere às renúncias tributárias (gastos tributários), Salvador (2017, p. 438-9) demonstra que no período de 2010 a 2016 houve um crescimento expressivo: evoluindo de R$ 217,27 bilhões (2010) para R$ 319,23 bilhões (2016), isto é, um crescimento 46,93% acima da inflação. No mesmo período, o orçamento fiscal e da seguridade social aumentou, em termos reais, apenas 28,28%. "Portanto, as renúncias tributárias implicaram uma perda de arrecadação equivalente a 20,68% das receitas do governo federal ou 4,33% do PIB. Esses recursos que o fundo público deixa de contar significam, em grande parte, um financiamento para o capital."

Outro dado importante apresentado por Salvador (2017, p. 440) é que enquanto as desonerações de impostos cresceram 25,42%, os gastos tributários advindos das contribuições sociais (Cofins, PIS,

CSLL e contribuições previdenciárias), que financiam a seguridade social, tiveram uma evolução de 71,68% em termos reais. Assim, as "renúncias tributárias concedidas pelo governo federal em favor do capital, nos últimos anos, retiraram recursos das fontes orçamentárias que financiam as políticas de previdência social, assistência social, saúde e seguro-desemprego".

No período de 2010 a 2016, ocorreu uma inversão nas renúncias tributárias. Até 2012, a maior parte das renúncias tributárias ocorria sobre os impostos. A partir de 2013, a situação se inverte, e os gastos tributários advindos das contribuições sociais passam a responder por mais da metade da perda de arrecadação de tributos da União, sendo que em 2015 esse percentual respondeu por 55,82% (SALVADOR, 2017).

Tudo isso irá impactar diretamente no financiamento municipal da Assistência Social, principalmente a partir da Constituição de 1988, em que o município é reconhecido como ente federado. Essa definição tem repercussões na forma como cada ente federado é financiado, já que existe uma estreita relação entre as autonomias política e financeira.

Esse caráter descentralizado não foi suficiente para reverter a estrutura tributária, historicamente centralizada. A carga tributária brasileira encontra-se em torno de 37% do Produto Interno Bruto (PIB). E quando se verifica a dinâmica dessa carga tributária, cerca de 68% dela está concentrada na União, 28% nos estados e 4% nos municípios. Os recursos permanecem extremamente concentrados e centralizados, contrariando a orientação constitucional da descentralização (SALVADOR, 2010). Diante dessa centralização dos recursos tributários, o município tem realmente autonomia como ente federado na alocação e na distribuição dos recursos da assistência social?

Paulo Guedes, ministro da Economia do governo Bolsonaro, pretende aprovar uma Proposta de Emenda à Constituição (PEC) propondo a revisão dos termos do pacto federativo. Segundo o ministro, essa PEC do Pacto Federativo propõe desvincular e descentralizar os recursos orçamentários da União. A desvinculação orçamentária, para ele, além de importante medida para o equilíbrio fiscal, representa uma oportunidade para reconfigurar as relações entre os Poderes Executivo e Legislativo, fortalecendo a participação do Congresso Nacional na elaboração do orçamento da União (VALOR ECONÔMICO, 2019).

Essa proposta do governo Bolsonaro não vai reverter a centralização dos recursos no governo federal, mas vai contribuir para adensar ainda mais a relação assimétrica na arrecadação de recursos e ampliar o processo de desconcentração de responsabilidades do governo federal para estados e municípios, sem o aporte de recursos para o cumprimento delas.

Embora a Assistência Social não possua uma vinculação de recursos, assim como a educação e a saúde, essa proposta vai contribuir para o desfinanciamento público do SUAS, pois a política vai ficar à mercê da decisão individual do seu gestor, que decidirá sobre os aportes de recursos e, portanto, qual política irá ou não implementar, de que forma, com que serviços e com qual participação popular.

Apresentamos alguns dados de pesquisa sobre o financiamento da Política de Assistência Social compreendendo o período de 2002 a 2012,[2] que já apontavam para o desfinanciamento dessa política e corroboram as tendências gerais já delineadas pelo governo de Bolsonaro em 2019.

No que se refere à ótica tributária, o orçamento destinado à assistência social ficou aquém das necessidades da população e não ultrapassou uma média de 1% da riqueza socialmente produzida (PIB) na cidade de Vitória, que detém 49,84% do PIB do estado do Espírito

---

2. Ver Silva (2014), que estudou o financiamento da Política de Assistência Social em Vitória (ES) no período de 2002 a 2012. Nesse estudo, a pesquisadora considerou a proposta metodológica apontada por Salvador e Teixeira (2014), que apresenta três óticas para o estudo do financiamento da política social, a saber: ótica tributária da política (verificar o caráter progressivo ou regressivo das fontes de financiamento); gestão financeira, ou seja, análise "[...] das decisões no campo político-administrativo da política, a descentralização, assim como o controle democrático do orçamento [...]"; e identificação das renúncias tributárias (financiamento indireto das políticas sociais). Entretanto, não foi realizada a identificação das renúncias tributárias. Convém ressaltar que os dados apresentados de 2002 a 2012 foram atualizados por Sartório (2017) e corroboram para o aprofundamento do desfinanciamento da Assistência Social em nível regional.

Santo. Apesar de não termos identificado as fontes exatas do financiamento, inferimos que o orçamento foi perverso no sentido de que os recursos disponíveis foram provenientes, predominantemente, das contribuições direta e indireta dos trabalhadores, assim como ocorre com a seguridade social, não assumindo uma função mais progressiva de distribuição de renda. O orçamento foi escasso para o atendimento das demandas dos trabalhadores e abundante para atender ao capital.

A assistência social ocupou o 9º lugar no conjunto das receitas municipais, representando 2,71% contra os 4,76% dos recursos alocados para os denominados "Encargos Especiais", em que participam o pagamento de juros e amortizações da dívida pública que alimenta continuamente a acumulação financeira. Os recursos para o pagamento com o serviço da dívida dariam para quase duplicar o orçamento da assistência social. A prioridade então foi disponibilizar recursos fiscais para a geração de superávits primários e garantir a sustentabilidade da dívida pública, que não retornam sob a forma de serviços que viabilizem direitos.

No tocante à gestão financeira do financiamento da assistência social, tivemos um "choque de gestão", principalmente com relação ao arcabouço jurídico que o normatiza. Inequivocamente, representaram avanços as institucionalizações do fundo e do conselho de assistência social, do cofinanciamento entre os entes federados, da transferência automática de recursos fundo a fundo, a instituição dos pisos de acordo com os níveis de proteção (PSB e PSE — proteção social básica e especial, média e alta complexidade). Entretanto, esse "choque de gestão" teve um outro lado: uma gestão da escassez de recursos, com uma preocupação com a eficiência e a eficácia, contribuindo com um orçamento meramente instrumental, despolitizado e sem a intermediação da participação política de seus usuários e trabalhadores na sua elaboração, monitoramento e controle.

Na arquitetura do controle social estão as conferências, os conselhos, os planos e os fundos de assistência social. A legislação avançou na instituição dessa arquitetura, mas ela é permeada de contradições e tensões. Temos um quadro desfavorável para as práticas democráticas, atingindo os conselhos, as conferências, dificultando o pleno exercício de seu papel constitucional, legal e político. Vimos que o financiamento ainda é um tema pouco debatido na política, mas que vem sendo aprofundado na conferência e no conselho em Vitória.

A pesquisa revelou que o conselho não consegue realizar uma relação entre o plano municipal de assistência social e o fundo municipal de assistência social. O conselho não consegue estabelecer uma relação entre as necessidades sociais e a rede de benefícios, serviços, programas e projetos estabelecidos nos Planos de Assistência Social, e os respectivos recursos a serem alocados para a área e no próprio fundo. A interferência do conselho nesse processo ainda é bem incipiente devido a vários fatores como: dificuldade no acesso a informações mais claras e de fácil compreensão sobre o ciclo orçamentário e a prestação de contas; tempo hábil para a discussão e a problematização das prestações de contas dos recursos alocados no Fundo Municipal de Assistência Social (FMAS), que geralmente ocorrem no mínimo uma vez por ano; dificuldade no monitoramento da execução orçamentária; não preparação dos conselheiros e, principalmente, de usuários no processo, dentre outras dificuldades. Enfim, o conselho, apesar de sua luta no sentido de tensionar a discussão, realiza o controle dos recursos de forma mais protocolar e homologatória do que, prioritariamente, de interferência e mudança de rumo no orçamento da assistência social.

A execução orçamentária dos recursos oscilou no período analisado, revelando que os recursos da assistência social são ainda bastante permeáveis à conjuntura econômica e às decisões políticas, apesar de uma ampliação dessa execução principalmente a partir da implementação do SUAS. A não execução do orçamento na sua totalidade demonstra a dificuldade de expansão e universalização dos gastos orçamentários, que garantem a concretude à efetivação dos direitos.

É fato que houve ampliação de recursos municipais para a área. Mas essa ampliação apresentou uma diferença, considerando o papel dos entes federados no cofinanciamento da política. Enquanto a União ampliou o orçamento da assistência social direcionando-o nos benefícios e no Programa Bolsa Família (PBF), o município ampliou para o conjunto de seus benefícios, serviços, programas e projetos, demonstrando que as responsabilidades municipais se ampliaram a partir do SUAS.

Essa situação compromete o pacto federativo mais no seu aspecto qualitativo (direção dos recursos alocados) do que no quantitativo (maior volume de recursos). O município ficou com a execução dos programas federais, como Programa Bolsa Família (PBF), e ainda tem de arcar com os custos dos serviços que necessitam de um maior aporte de recursos, como a PSE (média e alta complexidade). O governo estadual é o ente com menor participação no orçamento da assistência social e que deveria contribuir, principalmente, com a prestação de serviços por meio da regionalização dos serviços de média e alta complexidade, cujos custos são os mais altos do SUAS, o que ainda não ocorre, apesar da pressão dos municípios. Há, assim, uma disparidade e uma desigualdade no cofinanciamento, além de um comprometimento na autonomia do município.

O cofinanciamento entre os entes federados priorizou os recursos destinados às despesas com custeio (funcionamento da máquina pública) em detrimento das despesas com investimentos que não ultrapassaram 2% dos recursos. Isso contribui para uma rede atrofiada e precária de serviços e uma expansão, nessa mesma rede, dos benefícios que absorvem a maior parte do tempo da operacionalização da política.

Se, por um lado, o município abarca uma maior responsabilidade com a política, por outro, ele é capturado pela lógica do benefício. No período de 2002 a 2012, todo o orçamento da assistência social em Vitória foi inferior ao pagamento direto dos usuários do BPC/RMV (Benefício de Prestação Continuada/Renda Mensal Vitalícia) e do PBF nos anos de 2004 a 2012. A relação serviços e benefícios está comprometida no orçamento federativo.

Outro elemento no processo de descentralização da assistência social é a transferência de recursos públicos sob a forma de subvenções sociais para entidades prestadoras de serviços. Apesar de a LOAS

(Lei Orgânica da Assistência Social) estabelecer uma "colaboração vigiada" entre o poder público e o mundo da filantropia, o município repassou uma média de 40% de recursos públicos para entidades de assistência social. No período de 2013 a 2015, Vitória repassou em média 50,58% dos recursos da Assistência Social de acordo com Sartório (2017), demonstrando a preponderância de recursos públicos sob a responsabilidade das entidades para a execução da política pública em detrimento da execução direta pelo órgão responsável pela condução da Assistência Social no município.

Ao terceirizar os serviços e ao contratar trabalhadores para a política, a gestão vem contribuindo com a privatização indireta da Assistência Social, que fica à mercê da direção do chamado "terceiro setor", sem capacidade e critérios universais de atendimento, com o que se torna basicamente assistencialista, num processo de refilantropização da assistência. Temos, assim, uma tensão entre a lógica do direito e a lógica da refilantropização.

Para aprofundar ainda mais o desfinanciamento do SUAS, temos que o Projeto de Lei Orçamentária Anual de 2019 — PLOA —, que previa a disponibilidade de R$ 30,899 bilhões para a área, reduzia **o orçamento da Assistência Social em 49,46% em relação à** proposta aprovada pelo Conselho Nacional de Assistência Social (CNAS), que previa um orçamento de R$ 61,136 bilhões.

Destaca-se que todos os processos do financiamento da Política de Assistência Social, ilustrados por meio de realização de uma pesquisa municipal, permitem realizar algumas inferências (que necessitam, óbvio, de estudos) sobre o destino dessa política no Brasil quanto ao seu financiamento.

Uma primeira inferência refere-se à alocação dos recursos para a Assistência Social do ponto de vista orçamentário (sua função e sua alocação no Fundo de Assistência Social). Os recursos da Função 08[3]

3. A Portaria n. 42, de 14 de abril de 1999, do Ministério de Orçamento e Gestão (MOG) especifica as seguintes funções: 1 — Legislativa; 2 — Judiciária; 3 — Essencial à Justiça; 4 — Administração; 5 — Defesa Nacional; 6 — Segurança Pública; 7 — Relações Exteriores;

serão drasticamente reduzidos. E devemos perguntar: será que a Assistência Social deixará de ser uma das funções de governo no Plano Plurianual e na Lei Orçamentária Anual? Como serão alocados os recursos para essa função?

Os fundos representam uma das formas de se vincular recursos para a Assistência Social e de se garantir recursos para a área. Embora não tenha um percentual definido em lei, o Fundo de Assistência Social poderá perder a sua centralidade na vinculação dos recursos da política. Será que os recursos destinados à Assistência Social continuarão alocados nos FMAS, ou serão pulverizados em outras secretarias e funções de governo?

Outro aspecto é com relação ao papel dos governos estaduais no cofinanciamento da política que é ainda recente. Os governos estaduais terão muitas dificuldades de cofinanciar o SUAS, principalmente diante das crises e dos ajustes fiscais em nível estadual. Temos hoje vários estados, como Rio de Janeiro e Minas Gerais, em situação de total abandono com as políticas sociais.

Outra inferência fundamental refere-se ao pacto federativo e à Assistência Social. Teremos uma ampliação da desconcentração de responsabilidade em detrimento da descentralização político-administrativa prevista na CFB/88, ou seja, o município será o grande responsável pela Política de Assistência Social. E como o município já cumpre esse papel, ele irá exercê-lo alegando a "escassez" de recursos e terceirizando o mínimo que irá realizar, repassando para a "rede de voluntariado e de solidariedade" o atendimento. Será o retorno ao processo de refilantropização no Brasil, agora com a retomada de práticas extremamente conservadoras e reacionárias, que estavam

8 — Assistência Social; 9 — Previdência Social; 10 — Saúde; 11 — Trabalho; 12 — Educação; 13 — Cultura; 14 — Direitos da Cidadania; 15 — Urbanismo; 16 — Habitação; 17 — Saneamento; 18 — Gestão Ambiental; 19 — Ciência e Tecnologia; 20 — Agricultura; 21 — Organização Agrária; 22 — Indústria; 23 — Comércio e Serviços; 24 — Comunicações; 25 — Energia; 26 — Transporte; 27 — Desporto e Lazer; 28 — Encargos Especiais. Assim, como função, deve entender-se o maior nível de agregação das diversas áreas de despesa que competem ao setor público.

maquiadas sob o manto da emancipação, do empoderamento e da autonomia da população atendida.

Como uma política compatível com o capital financeiro, a Assistência Social adentrou os anos 1990 como a única política responsável pela "proteção social" brasileira. Hipoteticamente, podemos dizer que essa mínima "proteção social" assumida nos últimos anos será ainda mais reduzida à condição de uma "ação" do Estado, da sociedade e sujeita aos seus traços mais remotos. E, nesse caso, precisamos repensar como os trabalhadores e os usuários dessa política se movimentarão no processo de luta classes e de articulação com os movimentos de sua classe.

O investimento que se faz hoje na Assistência Social não é capaz de desbordar os marcos de uma cidadania que, simultaneamente, destina para os mais pobres serviços pobres e o mercado de serviços de saúde e previdência para o cidadão consumidor que pode pagar por eles. Estamos diante, assim, de uma gestão da pobreza absoluta e com uma estratégia eficaz de "como atender pobres com pobres recursos". No caso aqui, esse pobre que chega ao SUAS é aquele sedimento da superpopulação relativa que, segundo Marx (2003, p. 747), "[...] vegeta no inferno da indigência, do pauperismo [...]". É considerado o grupo dos aptos para o trabalho, dos órfãos e filhos de indigentes, que podem também engrossar o exército industrial de reserva, e os incapazes de trabalhar (crianças, pessoas com deficiências, idosos, doentes etc.). E mais que isso, diante do quadro de aumento do desemprego, das contrarreformas trabalhista, previdenciária, da educação dentre outras, há um aumento da demanda de Assistência Social por trabalhadores "aptos" para o trabalho, sem que essa política possa atendê-los.

Do ponto de vista da captura do fundo público brasileiro pelo capital financeiro, o financiamento das políticas sociais e, particularmente, a Assistência Social estão seriamente comprometidos, na perspectiva da ampliação dos direitos sociais e na ampliação do próprio orçamento para a sua realização. Temos uma Política de Assistência assumindo características de desconcentração e terceirização de recursos e serviços socioassistenciais, comprometendo a ampliação de direitos e do financiamento. Essas características serão contraditoriamente tensionadas pelo governo Bolsonaro e pelo movimento da luta de classes no Brasil.

Referências

BEHRING, Elaine R. Acumulação capitalista, fundo público e política social. *In*: BOSCHETTI, I. *et al.* (org.). *Política social no capitalismo contemporâneo*: tendências contemporâneas. São Paulo: Cortez, 2008. p. 44-63.

BEHRING, Elaine R. Crise do capital, fundo público e valor. *In*: BOSCHETTI, I. *et al.* (org.). *Capitalismo em crise, política social e direitos*. São Paulo: Cortez, 2010.

MARX, Karl. *O capital*: crítica da economia política. 19. ed. Rio de Janeiro: Civilização Brasileira, 2003. Livro 1, v. 2, p. 713-823.

OLIVEIRA, Fabrício Augusto de. *Economia e política das finanças públicas no Brasil*: uma guia de leitura. São Paulo: Hucitec, 2009.

SALVADOR, Evilásio. Controle social democrático na gestão e orçamento público. *In*: CFESS. *Seminário nacional*: o controle social e a consolidação do Estado democrático de direitos. Brasília, 2008. Slides.

SALVADOR, Evilásio. *Fundo público e seguridade social no Brasil*. São Paulo: Cortez, 2010.

SALVADOR, Evilásio. Fundo público e financiamento das políticas sociais no Brasil. *Serviço Social em Revista*, Londrina, v. 14, n. 2, p. 4-22, jan./jun. 2012.

SALVADOR, Evilásio. O desmonte do financiamento da seguridade social em contexto de ajuste fiscal. *Serviço Social & Sociedade*, São Paulo, Cortez, n. 130, p. 426-46, set./dez. 2017. Disponível em: http://www.scielo.br/scielo.php?script=sci_arttext&pid=S0101-66282017000300426&lng=pt&tlng=pt. Acesso em: 13 mar. 2019.

SALVADOR, Evilásio; TEIXEIRA, Sandra O. Orçamento e políticas sociais: metodologia de análise na perspectiva crítica. *Políticas Públicas*, Universidade Federal do Maranhão, São Luís, n. 1, v. 18, jan./jun./2014, p. 15-32. Disponível em: <http://www.periodicoseletronicos.ufma.br/index.php/rppublica/article/view/2681>. Acesso em: 27 jun. 2017.

SARTORIO, Nilda L. *Gestão financeira do Sistema Único de Assistência Social (SUAS)*: Análise do município de Vitória 2013-2015. Dissertação (Programa de Pós-Graduação em Políticas Públicas e Desenvolvimento Local) — Escola Superior de Ciências da Santa Casa de Misericórdia de Vitória (EMESCAM). Vitória, p. 172, 2017.

SILVA, Jeane Andréia Ferraz. *Fundo público e serviço social*: conexão entre a lógica orçamentária e o exercício das competências e atribuições do assistente social no SUAS. 2014. Tese (Doutorado) — Programa de Pós-graduação em Serviço Social, Universidade do Estado do Rio de Janeiro, Rio de Janeiro, 2014.

VALOR ECONÔMICO. PEC do pacto federativo deve ser apresentada pelo Executivo. 2 abr. 2019. Disponível em: https://www.valor.com.br/politica/6193985/pec-do-pacto-federativo-deve-ser-apresentada-pelo-executivo. Acesso em: 24 jul. 2019.

Juventudes e (des)proteção social:
a política nacional de juventude diante do avanço neoliberal e neoconservador

Giovane Antonio Scherer

O termo "juventudes" se torna muito usual nos discursos contemporâneos em diversos espaços, porém, na maioria das vezes, esse termo é evocado como algo esvaziado da sua base conceitual, sem clareza na distinção acerca das diferenças existentes entre juventudes e adolescência. Quando se analisam as políticas públicas voltadas para as juventudes, é possível perceber um grande desconhecimento acerca de todas as recentes lutas que vêm se travando na perspectiva de reconhecer as juventudes como sujeitos de direitos, mesmo por profissionais que trabalham em seu cotidiano com esse segmento social.

Nesse mesmo sentido, compreender a realidade das juventudes nos exige a articulação com uma totalidade social, uma vez que não são raras as produções que analisam as juventudes como se essas fossem unidades descoladas de uma conjuntura, reproduzindo tendências de uma análise fragmentada do real. Essa fragmentação permite, somente, compreender a aparência fenomênica da realidade na qual vivem as juventudes, fortalecendo, em última instância, o sociometabolismo do capital como elemento catalisador da violência estrutural que vivem as juventudes, em um contexto global, especialmente em países de desenvolvimento capitalista tardio e periférico como o Brasil.

O presente capítulo busca se afastar dessa tendência ao problematizar a conjuntura de violações de diretos, vivenciadas pelas juventudes, diante do agravamento da crise estrutural do capital, analisando o avanço do pensamento conservador como mecanismo de ocultação da violência estrutural vivenciada por essa população. As transformações nas relações de trabalho produzidas a partir das novas configurações da base produtiva, sobretudo a partir da década de 1970, apresentam um cenário distinto daquele encontrado pelas gerações anteriores aos jovens que buscam sua inserção no mercado de trabalho. Nesse sentido, deparam-se com o trabalho informal, flexível e precário, que vai atingir, de forma ampla e complexa, as condições de vida das juventudes pertencentes à classe trabalhadora.

Diante desse contexto, busca-se analisar a conjuntura de (des)proteção social vivenciada pelas juventudes brasileiras, compreendendo os recentes avanços e contradições existentes no âmbito da Política Nacional de Juventude. Considera-se que o contexto atual, com a agudização do pensamento neoliberal, tende a fragilizar, ainda mais, as recentes conquistas na perspectiva de direitos das juventudes, o que amplia a necessidade de luta pelo reconhecimento desse segmento como sujeitos de direitos.

As juventudes e crise estrutural do capital: impactos na violação de direitos

O tempo presente se revela repleto de desafios para a classe trabalhadora, especialmente diante do avanço da crise estrutural do capital, que traz como consequência a redução extrema dos postos de trabalho, bem como das condições de vida da grande massa de sujeitos que, somente, dispõe da venda da sua força de trabalho para sobreviver. A crise estrutural do capital, para Mészáros (2011), apresenta consequências nunca vistas na história da humanidade, possuindo como principais características o seu *caráter universal*, não resumido em um ramo de produção; o seu *escopo global*, em *contínua permanência*, não sendo apenas uma crise cíclica, com desdobramentos graduais. Nessa mesma perceptiva, Harvey (2016) aponta que o capitalismo se constitui como um complexo contraditório que possui contradições fatais — geradas no interior do seu próprio sociometabolismo — em seu desenvolvimento. Tais contradições são consideradas fatais não somente para a continuidade do próprio modo de produção, mas especialmente porque colocam em xeque a continuidade da vida humana, por meio da forma destrutiva da dinâmica do capital.

A crise estrutural do capital se materializa de múltiplas formas, em um cenário de contradições no qual se observam os limites do capital para se reproduzir — diante da sua própria dinâmica que possui em seu cerne — um movimento autofágico, em que essa forma de sociabilidade se autodestrói, na medida em que consome a própria vida humana (SCHERER, 2018). Seus impactos podem ser visíveis em todas as partes do globo, sendo por meio da destruição ambiental, da generalização da pobreza, da ampliação da precarização da vida social, das taxas de violência, dentre outros.

A dinâmica da destruição dos postos de trabalho vivo, como uma estratégia de reprodução das forças produtivas, diante do capital em crise, vem sendo uma estratégia fortemente adotada. Nessa conjuntura de descarte da força de trabalho humana, as juventudes são um dos segmentos sociais que mais vêm vivenciando esse contexto de precarização das condições laborais. Sob o pretexto da necessidade de "aprender a trabalhar" se oculta uma série de formas de precarizações e explorações da força de trabalho juvenil, sendo por meio de estágio, contratos por tempo parciais, contratações por via do trabalho intermitente — dentre outras inserções que, de modo geral, são mal remuneradas e extremamente precarizadas.

Segundo os dados da Pesquisa Nacional por Amostra de Domicílios (PNAD) desenvolvida pelo IBGE, o contingente fora do mercado de trabalho, no trimestre de dezembro de 2018 a fevereiro de 2019, foi estimado em 13,1 milhões de pessoas, em que se observou que essa população apresentou um incremento de 7,3% (mais 892 mil pessoas) frente ao trimestre de setembro a novembro de 2018 (12,2 milhões). Para os trabalhadores entre 18 e 24 anos, a taxa de desemprego é mais que o dobro da taxa da população em geral, sendo que a taxa geral ficou em 12,4% no segundo semestre de 2019; entre os jovens, esse percentual salta para 26,6%.

A dinâmica do desemprego e da precarização salarial vai atingir todos os níveis de formação. Segundo dados do Instituto de Pesquisa Econômica Aplicada (IPEA), 44,2% dos jovens com diploma estão fora da área em que investiram sua formação, contrariando um discurso, muito usual, de que o problema do desemprego no Brasil é a falta de qualificação profissional. Outra pesquisa divulgada recentemente pelo Centro de Gestão e Estudos Estratégicos aponta que a taxa de desemprego entre mestres e doutores chega a 25% para doutores e 35% para mestres. Importante considerar que as dificuldades de inserção das juventudes no mundo do trabalho não se dão, somente, pela falta de capacitação profissional, mas, especialmente, pela própria dinâmica do mercado de trabalho, que diminui, flexibiliza e precariza postos de trabalho como forma de acúmulo de capital. A questão central da relação entre juventudes e inserção no mundo do trabalho não ocorre somente em virtude da pouca ou baixa qualificação profissional, mas pelos poucos, precarizados e flexíveis postos existentes no mercado de trabalho.

Apesar de o processo de formação não ser o único aspecto determinante para o ingresso de jovens no mercado de trabalho, pois a precarização do trabalho atinge todos os sujeitos em seus diversos níveis de formação. Importante considerar, conforme Andrade e Neto (2009), um processo de educação prolongada que amplie as oportunidades de inserção no mercado de trabalho, além de constituir um importante instrumento de reflexão e de luta por direitos. Segundo a pesquisa Agenda Juventude Brasil (BRASIL, 2013), 16% dos jovens possuem até o ensino fundamental incompleto; 11% o ensino fundamental completo; 21% o ensino médio incompleto; 38% o ensino médio completo; e 13% possuem ensino superior em curso ou completo. Dentre os jovens entrevistados, a pesquisa revela que 37% dos jovens brasileiros estão atualmente estudando, 33% interromperam os estudos e 29% afirmam ter concluído seu processo de formação (BRASIL, 2013), o que se mostra como um preocupante indicador, já que os dados indicam uma grande quantidade de jovens fora dos processos de formação: 62%.

Nesse sentido, as juventudes vulnerabilizadas socialmente enfrentam maiores dificuldades de continuarem seus processos de educação com qualidade, especialmente diante do agravamento da precariedade da política de educação no Brasil e, consequentemente, encontrando maiores dificuldades de inserção laboral. Porém, mesmo diante desse contexto, há um mercado que vem escalando muitos jovens na atualidade, que não exige experiência, escolaridade; se constituindo em um trabalho extremante lucrativo, proporcionando a possibilidade de inserção de muitos sujeitos no circuito do capital e, ainda, possibilitando a ideia de poder e *status* para um grupo de jovens que, historicamente, foi segregado por toda a sociedade. Esse mercado se chama tráfico de drogas e se constitui na dinâmica criminal que mais cresce nas regiões metropolitanas brasileiras e mais organicamente se articula à rede do crime organizado, financiando as armas que intensificam a violência associada às práticas criminosas. Os operadores do tráfico de drogas e armas — que atuam no atacado, lavando dinheiro no mercado financeiro internacional — não são filhos da pobreza (SOARES, 2006); muitas vezes pertencem à classe dominante, sendo protegidos de múltiplas formas pelos mecanismos de impunidade do Estado burguês (SCHERER, 2018). É nesse contexto que emerge o tráfico de drogas como um mercado de trabalho informal e ilegal que, por sua vez, vem garantindo a inserção laboral de um número cada vez maior de jovens pobres, moradores das periferias dos centros urbanos.

A realidade demonstra um crescente aumento no número de jovens aliciados pelo tráfico de drogas, cujas atividades são submetidas a um processo de organização hierárquica, produtiva e comercial — com delimitação de mercado baseada na força e na violência entre grupos (FARIAS; BARROS, 2011). Nesse sentido, além da exploração presente em toda a venda de força de trabalho, a inserção nesse mercado mostra-se extremamente perigosa pelo caráter violento que esse mercado apresenta.

O caráter violento também poderá se dar no conflito entre o Estado, devido às políticas de combate e repressão a esse mercado, uma vez que a política do Estado adotou a lógica da "guerra às drogas" como paradigma de intervenção, resultando em confrontos bélicos e aumento significativo do número de mortes — seja de pessoas envolvidas com o tráfico, policiais ou, ainda, moradores desses territórios, que passaram a sofrer diretamente os efeitos desse confronto (SILVA; FERNANDES; BRAGA, 2008). Dessa forma, em grande parte das vezes, o discurso de "guerra às drogas" acaba se constituindo em ações específicas que resultam num processo de criminalização da pobreza, tornando-se uma guerra voltada para combater uma classe social, e não para fazer enfrentamento à problemática das drogas (SCHERER, 2018).

O tráfico de drogas,[1] diante desse contexto, surge como uma alternativa para a satisfação das necessidades básicas das juventudes, como relata Sobrinho[2] de 17 anos: *"Eu dava um dinheiro pra eles [familiares], quando eu chegava em casa e não tinha nada pra comer, nem pão nem essas coisas, eu ficava indignado, aí ia no tráfico [...] se eu não consegui serviço eu vou começar a traficar de novo"*. O tráfico, portanto,

1. Os relatos a seguir são estratos de uma investigação acerca da realidade da inserção das juventudes no tráfico de drogas, realizada pelo Grupo de Estudos em Juventudes e Políticas Públicas (GEJUP), vinculado ao Programa de Pós-graduação em Serviço Social da PUCRS. Trata-se de uma pesquisa que tem como objetivo analisar o impacto da violência estrutural e acesso a direitos na trajetória de vida de jovens envolvidos com o tráfico de drogas e privados de liberdade. A presente pesquisa, além de uma análise documental das políticas públicas voltadas para as juventudes no Brasil, buscou realizar 15 entrevistas em história oral com jovens em conflito com a lei e privados de liberdade, com envolvimento no tráfico de drogas.

2. Para preservar a identidade dos jovens nos relatos orais, foi solicitado que cada entrevistado pudesse escolher um nome fictício.

aparece como trabalho, embora informal e ilegal, diante da escassez de postos de trabalho e da intensa precarização laboral vivenciada pelas juventudes, bem como se constitui como uma forma de acesso a mercadorias, como uma forma de legitimação social, como refere Guerreiro (16 anos) "[...] *com roupa bonita e de marca o cara é respeitado*". A compreensão do tráfico de drogas como uma estratégia de inserção laboral, diante de um contexto de extrema precarização do mundo de trabalho e escassas possibilidades de inserção, também é um aspecto mencionado pela maioria dos entrevistados.

> *[...] é uma profissão o tráfico, o roubo. [...] Só que no caso, tem consequências essa profissão né? Pra mim, é uma profissão. Tem vários lá, que tem filho, tem família, sustenta a família dele com o dinheiro do tráfico, do dinheiro que ele vende droga ali. Daí ele sustenta a família dele dali, construiu a casa dele, no caso ele chegou ali na vila e não tinha nada né? Daí conseguiu né? Agora ele tem casa, tem tudo, a família dele tá bem. No caso, é uma profissão também* (Gustavo Lima, 18 anos).

Como refere Gustavo Lima, o tráfico de drogas possui consequências, sendo a dinâmica da mortalidade a mais citada entre os jovens, como ilustra a fala de Sobrinho (17 anos) "*[...] na facção depois que tu entrou já era, deu eles viram a tua cara e te marcaram bem já era. Eles vão ti matar, se tu colocar o pé, e eles te vê de bobeira, eles vão pegar e ti matar*". Evidencia-se um caráter violento na sua organização interna, uma vez que o tráfico de drogas possui normas de conduta que visam garantir o controle e o poder — sendo que tais normas, ao serem desrespeitadas, poderão gerar sanções executadas pela própria organização do narcotráfico (FARIAS; BARROS, 2011).

A dinâmica do narcotráfico tende a acarretar a ampliação das altas taxas de mortalidade juvenil brasileira, uma vez que o Brasil é um dos países que mais matam jovens no mundo. Conforme Waiselfisz (2016), em 2014, os jovens de 15 a 29 anos representavam, aproximadamente, 26% da população do país — mas essa faixa é responsável por 60% das vítimas dos homicídios por armas de fogo acontecidos nesse ano, tendo essas mortes claros contornos raciais, uma vez que, entre 2003 e 2014, as taxas de homicídios de brancos caem 27,1% — de 14,5, em 2003, para 10,6, em 2014 —, enquanto a taxa de homicídios de negros aumenta 9,9%: de 24,9 para 27,4.

Mesmo com o Brasil sendo o país que mais assassina jovens, em especial jovens negros, é importante considerar que essa dinâmica homicida se apresenta com suas particularidades em diversos países da América Latina, ao ponto de Valenzuela (2015) cunhar o termo *juvenicídio* para designar o fenômeno da mortalidade juvenil por meio dos homicídios. Tal termo ilustra a condição de mortalidade juvenil provocada pela dinâmica societária contemporânea, que descartabiliza vidas de jovens em todo globo, especialmente em países de desenvolvimento capitalista tardio e periférico (SCHERER, 2018). Para Valenzuela (2015), o juvenicídio se constitui em diversos fatores que incluem a precarização, a pobreza, a desigualdade, a estigmatização, tendo como eixo central a estratificação social baseada em relações de subalternização. Nesse sentido, o juvenicídio inicia com a precarização da vida dos jovens, a ampliação da sua vulnerabilidade e a diminuição das opções disponíveis para que possam desenvolver seus projetos de vida (VALENZUELA, 2015).

A dinâmica do juvenicídio na realidade brasileira, grande parte das vezes, é oculta pelo pensamento neoconservador que, ao mesmo tempo que penaliza a pobreza, culpabilizando os sujeitos por sua condição de vulnerabilidade, é, também, acionada para justificar o massacre dessa população. Conforme Barroco (2011), o neoconservadorismo busca legitimação pela repressão e pela criminalização da pobreza, implicando a violência contra o *outro*, e todas as formas de violência são mediadas moralmente — em diferentes graus —, na medida em que se objetiva a negação do *outro*: quando o *outro* é discriminado, a ele é negado o direito de existir como tal ou de existir com as suas diferenças. O pensamento neoconservador corrobora a construção social acionada por meio dos múltiplos poderes hegemônicos burgueses, que tendem a construir socialmente a visão de "sujeitos perigosos", moradores de "determinados territórios" que necessitam ser descartados em nome do "bem comum" (SCHERER, 2018). Em um contexto de ampliação de uma crise estrutural do capital, as mortes de muitos sujeitos moradores dos territórios violentados pela dinâmica do capital são festejadas.

Diante desse quadro, observa-se que as juventudes no Brasil vêm vivenciando um contexto marcado pela (des)proteção social de diversas formas, demandando políticas públicas a fim de se consolidar os princípios legais que as reconhecem como sujeitos de direitos.

(Des)proteção social juvenil diante do avanço neoliberal e neoconservador

O reconhecimento legal das juventudes como sujeitos de direitos se constitui em um recente e importante marco na história brasileira. Atualmente, a Lei n. 12.852, de 5 de agosto de 2013, que institui o Estatuto da Juventude e dispõe sobre os direitos dos jovens, os princípios e as diretrizes das políticas públicas de juventude e o Sistema Nacional da Juventude (SINAJUVE), define em seu inciso 1º que são consideradas jovens as pessoas com idade entre 15 e 29 anos. Dessa forma, embora em muitos casos parta-se de uma definição predominantemente etária na conceituação de juventudes, é preciso considerar que a juventude se constitui como uma construção social, sendo necessário observar muito além de questões etárias em sua definição, mas, especialmente, elementos que dizem respeito à construção de autonomias no que se refere a diversas dimensões da vida.

Além da percepção da juventude como uma construção social, torna-se fundamental perceber que a realidade social demonstra que não existe somente um tipo de juventude, mas grupos juvenis que constituem um conjunto heterogêneo (SCHERER, 2017). Nesse sentido, o emprego do termo "juventudes" torna-se fundamental para demarcar essa pluralidade. Isso é: mesmo compreendendo que exista uma necessidade de determinar uma faixa etária, especialmente no que se refere ao desenvolvimento de políticas públicas, é necessário reconhecer uma pluralidade existente nesse segmento social, uma vez que não há uma única juventude homogênea, mas diversas juventudes com necessidades e demandas distintas.

Isso não significa descolar essa análise de uma perspectiva de classes sociais, pelo contrário, uma vez que tais trajetórias juvenis são constituídas sendo impactadas pelo movimento contrário que afeta todos os sujeitos no âmbito de uma sociabilidade capitalista. Como refere Engels (2008, p. 204): "todas as lutas históricas, quer se desenvolvam no terreno político, no religioso, no filosófico ou noutro terreno ideológico qualquer, não são, na realidade, mais do que a expressão mais ou menos clara de lutas de classes sociais". Dessa forma, reconhece-se que a lógica da exploração de uma classe sobre a outra, na produção e reprodução de valor na sociabilidade capitalista, gera efeitos para todos os sujeitos, especial mas não exclusivamente, para os mais vulnerabilizados diante desse processo. Nesse sentido, a trajetória de vidas das juventudes no Brasil vem sendo marcada por intensos processos de violações de direitos, decorrentes da dinâmica de reprodução do capital em seu atual estágio.

Diante desse contexto, é importante considerar que o reconhecimento do jovem como sujeito de direitos é algo extremante recente na realidade brasileira. Os mecanismos de proteção social específicos para as juventudes brasileiras, especialmente as juventudes pós-18 anos, que eram invisibilizadas nas políticas públicas específicas para esse segmento social, passaram por alguns avanços a partir do ano de 2005. Nesse ano entra em vigor a Política Nacional de Juventude (PNJ), representando um importante marco no reconhecimento dos direitos das juventudes.

Ao longo do processo histórico, observam-se avanços com relação ao desenvolvimento de bases legais no Brasil para as juventudes, materializados especialmente pela aprovação da Proposta de Emenda Constitucional n. 65, conhecida como PEC da Juventude, aprovada em julho de 2010, buscando inserir o termo "*jovem*" no capítulo dos

Direitos e Garantias Fundamentais da Constituição Federal, assegurando, ao segmento, direitos que já foram garantidos constitucionalmente a outros segmentos sociais. Tal inserção abriu portas para outro documento no reconhecimento histórico das juventudes como sujeitos de direitos, a Lei n. 12.852/13, que institui o Estatuto da Juventude (EJUVE). O Estatuto é instituído como lei no ano de 2013 e passa a entrar em vigor em fevereiro de 2014, constituindo uma legislação específica para assegurar os direitos das juventudes em âmbito nacional.

Apesar dos avanços no que diz respeito à criação de bases legais e da atual Política Nacional de Juventude, observam-se poucos avanços no que diz respeito a uma política nacional com a perspectiva intersetorial, conforme referem as bases legais. A crescente mortalidade juvenil é apenas um dos dados que escancaram o contexto de (des)proteção social em que vivem os jovens brasileiros. O atual movimento do Estado brasileiro, com o fortalecimento de perspectivas neoliberais, tende a enfraquecer as raras e escassas políticas públicas para as juventudes no Brasil, ampliando o que Scherer (2017) destaca como a conjuntura de (des)proteção social para os jovens brasileiros. Segundo o autor, observa-se que a maioria possui ações voltadas especialmente para as juventudes no Brasil concentradas, unicamente, na qualificação dos jovens pobres para o mercado. O termo (des)proteção social se relaciona a perspectivas que visam à proteção, mas também podem impactar na desproteção como ações fragmentadas, pontuais, precarizadas e que visem, unicamente, ao fortalecimento da lógica do capital.

> [...] a execução das ações e propostas, voltadas para a garantia dos direitos das juventudes, pode reproduzir nova roupagem à velha concepção de controle das "classes perigosas", sendo a figura do "jovem pobre" o foco de tais ações, na perspectiva de controle a "futuros criminosos" por meio da educação para o trabalho, na tentativa de inserir este jovem no precário mundo do trabalho e educá-lo, em uma visão messiânica para "salvar sua comunidade". Tal debate não possibilita a reflexão dos limites conjunturais existentes nesta realidade, nem avança para o debate do necessário fortalecimento do

> investimento estatal em ações transversais às juventudes e aos outros segmentos sociais, como: ampliação da saúde pública, qualificação nos serviços de assistência social, ampliação de bases legais para o enfrentamento à precarização do mundo do trabalho, entre outras questões (SCHERER, 2017, p. 201).

O enfoque de ações precárias nas juventudes pobres, focalizando a qualificação no mercado de trabalho, é o aspecto central que norteia os programas e os projetos na realidade brasileira, em diferentes áreas no âmbito das políticas públicas (assistência social, saúde, educação, segurança pública etc.), sendo que o discurso sobre a inclusão/exclusão das juventudes não passa de concepções fetichizadas, existentes na aparência fenomênica, que carregam em seu interior a perspectiva da (des)proteção social. Os programas e os projetos para as juventudes se calcam no discurso de que a qualificação profissional é fator decisivo para evitar o desemprego juvenil. Porém, ao analisar o contexto do mundo do trabalho, em seu atual estágio, é necessário considerar a questão estrutural que transcende a falta de qualificação profissional em função da escassez de postos de trabalho, acelerada pela lógica da acumulação flexível.

Dessa forma, não se nega a importância de políticas públicas na perspectiva do emprego para as juventudes, porém acreditar que somente com políticas de qualificação profissional se garantirão direitos das juventudes se constitui como uma grande ilusão que, em última instância, tende à culpabilização desse segmento social por sua condição de pobreza. As políticas públicas para as juventudes devem ser pensadas em uma perspectiva intersetorial, afinadas com a heterogeneidade presente nesse segmento social. A articulação de uma rede de proteção ampla e estruturada, que possa envolver as diversas políticas públicas por meio da intersetorialidade, na perspectiva da proteção social, não constitui elemento presente nas ações voltadas para as juventudes no Brasil, uma vez que a centralidade de ações, que focam a qualificação profissional de jovens pobres, esvazia as possibilidades de desenvolvimento de políticas afirmativas de direitos, na perspectiva dos direitos humanos. Esses processos fragilizam a perspectiva universalizante e reproduzem concepções que acarretam a moralização da questão social. Tal fragilização, na perspectiva da proteção social para as juventudes, se amplia especialmente diante de um contexto de ampliação de uma crise estrutural do capital, com reflexos particulares na realidade brasileira.

Nesse sentido, o avanço neoliberal, acompanhado da lógica neoconservadora, tende a agravar o contexto de (des)proteção social para as juventudes, uma vez que muitos discursos, mesmo no âmbito das políticas sociais, reforçam as perspectivas que compreendem as juventudes como causadoras de "problemas", culpabilizando esse segmento social pelas violências que ele vivencia, ocultando, assim, o complexo contraditório que está na raiz de todas as desigualdades sociais, isto é: a dinâmica da produção e reprodução do capital. A Política Nacional de Juventude, que poderia se constituir em um elemento importante na perspectiva de um sistema de proteção social específico para as juventudes, jamais se consolidou conforme as indicações nas normas legais. Com o avanço neoliberal e neoconservador, tal política corre o grave risco de desaparecer da agenda de políticas públicas, mesmo diante dos graves índices de violações de direitos que esse segmento social vivencia.

O reconhecimento das juventudes como sujeitos de direitos só será possível por meio do afastamento da concepção que relaciona esse segmento social como um "problema a ser tratado", compreendendo as juventudes por intermédio de suas demandas, lutas e resistências, que compõem o ser jovem na realidade contemporânea. A realidade atual demonstra a necessidade de lutas junto aos mais diversos segmentos juvenis na perspectiva da materialização de direitos dos e das jovens no Brasil, sob pena de tais direitos se constituírem em apenas letras impressas em papel, isto é, sem materialidade na vida concreta desse segmento social.

A dinâmica do mundo do trabalho, em tempos de avanço da crise estrutural do capital, vem acirrando de forma drástica as possibilidades de muitas juventudes se inserirem no mercado de trabalho formal. Diante desse contexto, o crescimento do tráfico de drogas, nas regiões mais periféricas das grandes cidades, se constitui como uma estratégia de inserção laboral em face de um mercado de trabalho formal cada vez mais precarizado e limitado no que se refere aos postos de trabalho.

Evidentemente, a dinâmica do tráfico de drogas não pode ser resumida à pobreza, uma vez que as teias desse mercado ilegal e informal se articulam de modo transversal na sociedade brasileira, se constituindo em um grande e complexo mercado global; porém, é inegável que as juventudes, moradoras das localidades periféricas, vivenciam com maior intensidade o processo de criminalização do narcotráfico. Tal segmento social vivencia em seu cotidiano as dinâmicas violentas dos grupos criminais que são vinculados ao tráfico de drogas, sendo que a mortalidade juvenil se mostra como a mais trágica expressão desse fenômeno, uma vez que as dinâmicas violentas do mercado da droga se constituem como elementos catalisadores de diversas violências. Importante considerar que a opção de "guerra às drogas" eleita como paradigma no âmbito da segurança pública também se constitui como um dos fatores que desencadeiam processos de violência letal nesses territórios, uma vez que poucas ações são construídas no âmbito do Estado para prevenção das violências. Diante desse contexto, a ampliação do pensamento conservador se constitui em um recurso ideológico para justiçar as ações repressivas do Estado em determinados espaços, muitas vezes, justificando os altos índices de mortalidade juvenil.

As juventudes possuem uma frágil construção de direitos, desenvolvida a partir da segunda metade dos anos 2000, diante do avanço neoliberal, tendo muitos de seus direitos sequer implementados. A própria concepção de compreender as juventudes, para além da adolescência, como um segmento social que possui direitos específicos se constitui em uma construção social pouco difundida em muitos espaços, fragilizando ainda mais a proteção social desse segmento social.

Ao analisar o escopo de políticas públicas voltadas para as juventudes, percebe-se foco para a preparação para o mercado de trabalho, em detrimento da construção de políticas públicas que possam ser intersetoriais e transversais às demandas e às necessidades das juventudes no atual contexto. A recente Política Nacional de Juventude (PNJ) encontra diversos desafios na sua efetivação, sendo a articulação intersetorial um importante desafio a ser cumprido para a efetivação ao direito à proteção social no contexto atual. A fragmentação de ações, no âmbito das políticas públicas, tende a indicar ações pontuais que não visam contemplar toda a complexidade necessária no âmbito das demandas de proteção das juventudes.

O avanço neoliberal e o neoconservador tendem a ampliar a tendência de (des) proteção social presente nas políticas públicas para as juventudes, isso significa afirmar que o momento presente pode trazer consigo a destruição dos parcos avanços que existiram nas últimas décadas nesse segmento social. Aponta-se a necessidade de ampliar as lutas políticas tanto para evitar retrocessos com relação aos avanços legais obtidos, bem como para concretizar os princípios legais no que se refere à materialização concreta dos direitos garantidos no Estatuto da Juventude.

Referências

ANDRADE, Eliane Ribeiro; NETO, Miguel Farah. Juventudes e trajetórias escolares: conquistando o direito à educação. *In*: ABRAMOVAY, Miriam; ANDRADE, Eliane; ESTEVES, Luiz Carlos (org.). *Juventudes*: outros olhares sobre a diversidade. Brasília: MEC: Unesco, 2009.

BARROCO, Maria Lúcia. *Barbárie e Neoconservadorismo*: os desafios para o projeto ético-político. In: Serv. Soc. Soc., São Paulo, n. 106, p. 205-218, abr./jun. 2011.

BRASIL. Secretaria Nacional de Juventude (SNJ). *Agenda Juventude Brasil*: pesquisa nacional do perfil e opinião dos jovens brasileiros. Brasília, nov. 2013. Disponível em: http://www.juventude.gov.br/noticias/arquivos/pesquisa-atualizada-16-01-2013. Acesso em: maio 2019.

BRASIL. Centro de Gestão e Estudos Estratégicos (CGEE). *Mestres e doutores 2015*: estudos da demografia da base técnico-científica brasileira. Brasília, 2016. Disponível em: https://www.cgee.org.br/documents/10195/734063/Mestres_Doutores_2015_Vs3.pdf/d4686474-7a32-4bc9-91ae-eb5421e0a981?version=1.23. Acesso em: maio 2019.

BRASIL. Instituto de Pesquisa Econômica Aplicada (IPEA). A evolução da população ocupada com nível superior no mercado de trabalho. Nota técnica, dez. 2018. Disponível em: http://www.ipea.gov.br/cartadeconjuntura/index.php/2018/12/12/a-evolucao-da-populacao-ocupada-com-nivel-superior-no-mercado-de-trabalho/. Acesso em: maio 2019.

BRASIL. Instituto Brasileiro de Geografia e Estatística (IBGE). Pesquisa Nacional por Amostra de Domicílios. 2019. Disponível em: https://ww2.ibge.gov.br/home/estatistica/pesquisas/pesquisa_resultados.php?id_pesquisa=40. Acesso em: maio 2019.

ENGELS, Friedrich. Prefácio à terceira edição alemã de 1885 de 18 Brumário de Luís Bonaparte. *In*: ENGELS, Friedrich. *A revolução antes da revolução*. São Paulo: Expressão Popular, 2008. v. 2.

FARIAS, Ana Amélia; BARROS, Vanessa A. Tráfico de drogas: uma opção entre escolhas escassas. *Psicologia & Sociedade*, v. 23, n. 3, p. 536-44, dez. 2011.

HARVEY, David. *17 contradições e o fim do capitalismo*. São Paulo: Boitempo, 2016.

MÉSZÁROS, István. *A crise estrutural do capital*. São Paulo: Boitempo, 2011.

PEREIRA, Karine Yanne de Lima; TEIXEIRA, Solange Maria. Redes e intersetorialidade nas políticas sociais: reflexões sobre sua concepção na política de assistência social. *Textos & Contextos*, Porto Alegre, v. 12, n. 1, p. 114-127, jan./jun. 2013. Disponível em: http://revistaseletronicas.pucrs.br/fass/ojs/index.php/fass/article/view/12990/9619. Acesso em: jul. 2014.

SCHERER, Giovane Antonio. *Juventudes, (in)segurança e políticas públicas*: a proteção social no Brasil. Paraná: Juruá, 2017.

SCHERER, Giovane Antonio. Territórios violentados e vidas descartáveis: a dinâmica espacial do capital diante da crise estrutural. *Emancipação*, Ponta Grossa, 18(2), p. 251-65, 2018. Disponível em: http://revistas2.uepg.br/index.php/emancipacao/article/view/10904/209209210378. Acesso em: mar. 2019.

SILVA, Jailson S.; FERNANDES, Fernando L.; BRAGA. Raquel. Grupos criminosos armados com domínio de território: reflexões sobre a territorialidade do crime. *In*: JUSTIÇA GLOBAL (org.). *Justiça global*: segurança, milícias e tráfico no Rio de Janeiro. Rio de Janeiro: Fundação Heinrich Böll, 2008.

SOARES, Luiz Eduardo. Segurança pública: presente e futuro. *Estudos Avançados*, v. 20, n. 56, p. 91-106, 2006. Disponível em: http://www.revistas.usp.br/eav/article/view/10124/11705. Acesso em: dez. 2017.

VALENZUELA, José Manuel (org.). *Juvenicidio:* ayotzinapa y las vidas precarias en América Latina y España. Barcelona: NED Ediciones, 2015.

WAISELFISZ, Júlio Jacobo. *Mapa da violência 2016*: homicídios por armas de fogo no Brasil. Brasília: Secretaria Nacional de Juventude, 2016. Disponível em: http://www.mapadaviolencia.org.br/pdf2016/Mapa2016_armas_web.pdf. Acesso em: out. 2017.

Unidade III

Movimentos sociais e a práxis midiática:

entre violações e resistências

A práxis comunicativa e as novas engrenagens metabólicas do capital

Rafael Bellan Rodrigues de Souza

Diagnósticos sobre as tecnologias de comunicação

O advento das redes digitais e da mudança paradigmática trazida pelas chamadas TICs (Tecnologias de Comunicação e Informação) têm colocado para os movimentos, grupos, coletivos e agentes sociais um novo território para a ação midiática radical alternativa (DOWNING, 2002). Essa comunicação contra-hegemônica pode ser compreendida como a "[...] a mídia — em geral de pequena escala e sob muitas formas diferentes — que expressa uma visão alternativa às políticas, prioridades e perspectivas hegemônicas" (DOWNING, 2002, p. 21). Orientadas por uma visão debitária da estratégia gramsciana de disputa dos aparelhos privados de hegemonia, muitas organizações de perspectiva transformadora têm atuado nessas esferas, acreditando serem capazes de inverter a direção moral e intelectual vigente e sedimentar suas lutas nas consciências dos internautas — além de organizar os ciberativistas em atividades militantes.

Contudo, a internet, muito distante de ser neutra, torna-se uma plataforma configurada pelo sistema de reprodução sociometabólica do capital (MÉSZÁROS, 2002). Ela centrifuga a negação e a afirmação da ordem, capitaneando em uma economia da atenção as informações disponibilizadas pelos internautas, rentabilizadas no bojo das trocas mercantis fetichizadas (MARX, 2013) do capitalismo *big data* (FUCHS; CHANDLER, 2019). As atividades desenvolvidas em seu interior aderem a um mecanismo de lucratividade de corporações rentáveis, que se ampliam em função do tempo de vida destinado a elas. Para se ter uma ideia, as cinco empresas mais valiosas do mundo são Apple, Amazon, Microsoft, Alphabet (conglomerado Google) e Facebook, todas agentes expressivas e dominantes no setor de tecnologia e informação. A virulência — correta — de militantes de esquerda com o papel dos oligopólios da mídia massiva, incrivelmente, não se manifesta com a mesma verve quando o tema é o Facebook...

Talvez a propensão a priorizar as pautas identitárias e evitar a noção de luta de classes tenha levado o ativismo de muitos movimentos sociais a uma postura de ação em pequena escala, estimulados por uma rejeição aos problemas advindos da contradição capital/trabalho. O problema, como podemos interpretar com o apoio de Harvey (2016), está no fato de que enquanto os movimentam surfam nas redes, uma classe plutocrática cada vez mais poderosa domina o mundo sem ser contestada. E mais, ela se apoia nos "velhos" mecanismos do poder policial e do Estado repressor, que recebe o suporte das principais ferramentas de vigilância digitais disponíveis.

A aceitação de uma visão política que se entrega à estetização da política e à defesa de uma diversidade nada contrária ao individualismo exaltado pelas formas capitalistas enterra a noção de um projeto emancipatório socialista e, com esse silêncio, muitos desses novos movimentos sociais tratam o sistema do capital como o "ar que respiramos", algo naturalizado e impossível de ser modificado. A aceleração patrocinada pelo novo ritmo do circuito do capital também passa por um processo irrefletido, quase sempre enumerado como subproduto da lógica maquínica tecnocêntrica.

"As rotações demoníacas do capital revolucionam sem cessar as condições de sua valorização. Essa vertigem da aceleração comprime o tempo no momento e apaga os lugares na dilatação dos espaços" (BENSAÏD, 2008, p. 25). Na crítica ontológica marxiana, o capital é o agente de uma totalidade que envolve não só a produção econômica, mas também a circulação e a distribuição, e junto a esse complexo, a reprodução social. Assim, a crítica à economia política compreende uma análise do fetichismo e da ideologia que demarcam o horizonte do pensamento social. Nitidamente para analistas críticos, nessa elaboração universalizante das frentes de atuação do capital está uma hegemonia cultural que reforça a desigualdade estruturadora tanto da difusão quanto da criação de tecnologias de informação.

A fetichização em tempos de surgimento de uma economia impulsionada pela tecnologia digital ganha novos contornos, e o fato de que são as trocas mercantis que colocam como arquiteto da rede o modo de produção capitalista não pode sair de cena em uma avaliação do novo território de relações sociais. No campo da política, o que vemos é que o capitalismo comunicativo em vez de levar a mais distribuições equitativas de riqueza e influência, em vez de permitir o surgimento de uma variedade mais rica de modos de vida e práticas de liberdade, leva a maioria dos povos do mundo a ceder ao espetáculo e à resignação política (DEAN, 2005). Uma ideologia tecnoutópica sedimenta-se com a ilusão de um mundo sem classes gestado pela digitalização da vida, algo que busca ocultar a mineração do resíduo em forma de dados que alavanca a lucratividade das grandes empresas do Vale do Silício. "Enquanto a narrativa cultural dominante considerar a tecnologia como a arma dos fracos e dos pobres, e não como a arma apontada aos fracos e pobres, há pouca esperança de que fenômenos como o extrativismo de dados sejam realmente levados em conta" (MOROZOV, 2018, p. 173).

Os algoritmos das redes sociais, por exemplo, concentram poder nas plataformas, visto que elas são agentes privados buscando lucros com a mercantilização de dados e perfis, mapeando comportamentos e escalonando o modelo de participação dos cidadãos. O exercício de poder dessas organizações privadas, que regulam as trocas simbólicas e expressam modelos de conduta, dá-se no controle do tráfego de informações e, sob uma falsa aparência de igualitarismo participativo, gesta uma operação de lucratividade sobre o tempo livre. Essas instituições também têm como característica a execução de atividades interconectadas de exploração do trabalho, em formato de cooperação complexa.

"Elas (plataformas) estabelecem as regras que determinam quem pode participar e sob quais condições; decidem quais tipos de comunicação são permitidas e quais não são [...]" (THOMPSOM, 2018, p. 37). As plataformas digitais atuam como esfera de alto poder de seleção, que não transparece pela sua sofisticada camuflagem, dado que não opera diretamente conteúdos comunicativos, mas permite uma circulação das informações configuradas pelos seus interesses econômicos mais imediatos. Quem controla os algoritmos controla a rede. A automatização do comportamento humano simbolizaria a tecnologia política de cimentação das preferências estranhadas de um público sondado em suas preferências aparentes, o que intensifica uma arquitetura de rede facilitadora de dispositivos de reificação. Como decorrência dessa ação ocorre a cimentação de lógicas capitalistas no ambiente digital.

Essa esfera põe em relevo "[...] um sistema de reificações cuja consequência ideológica é que as pessoas se deixam tomar pelo estranhamento com mais facilidade, sem oferecer tanta resistência, muitas vezes até com entusiasmo [...]" (LUKÁCS, 2013, p. 681). Há uma corrida incessante pelas experiências imediatas, pelo efêmero, pelo descartável, e a aceleração ofertada pela nova dimensão do capitalismo turbinado inverte as relações entre causa e efeito. Em um passe de mágica, é a internet quem criou a globalização, como muitos apologistas acadêmicos, admiradores das redes, insistem em apontar. "A rapidez cria a riqueza e, para completar, a felicidade! Internet, a globalização. A tecnologia rege a orquestra" (BENSAÏD, 2008, p. 27).

Žižek (2005) resgata o legado de Lênin para pensar a política em tempos de cibercultura e racionaliza sobre o ápice do fetichismo e da reificação em um processo de virtualidade, em que símbolos e *bites* expandem a distorção fenomênica dos processos sociais fantasmagóricos, cada vez mais abstratos. Mas, distintamente da elaboração zizekiana, longe de serem imateriais, as trocas simbólicas em território digital enredam a vida produtiva e também incidem na organização de bens materiais. A divisão real/virtual nubla a compreensão de que as tecnologias da mídia transformam-se em técnicas sociais quando inseridas em atividades e disputas sociais, e passam a dinamizar as estruturas econômicas, sociais e políticas (IANNI, 1999). O fato de a realidade aparecer como uma fantasia da subjetividade e, aparentemente, se descolar da materialidade da vida social encobre, via dissociação entranhada entre experiência e consciência, as contradições do sistema sociometabólico do capital em seu regime de exploração e expropriação da classe trabalhadora.

Lukács (2013, p. 748) argumenta que a reificação e o estranhamento "[...] têm hoje um poder que talvez seja maior do que jamais tiveram. Contudo, eles nunca estiveram ideologicamente tão ocos, tão vazios, tão pouco entusiasmadores". O filósofo húngaro aponta que está posta no âmbito social a perspectiva de "[...] um processo de libertação de longo prazo e cheio de contradições e retrocessos" (LUKÁCS, 2013, p. 78). Para ele, não vislumbrar esse processo seria "sinal de cegueira", mas também seria ilusão a confiança imediata no sucesso momentâneo por meio de "happenings" ou, mesmo, de lacrações e *hashtags* bem-sucedidas. A velocidade intensa do tempo dada pelo sistema do capital, que acelera a vida e as percepções, talvez precise mesmo de um freio (BENJAMIN, 1994), e os projetos emancipatórios necessitem parar a catástrofe desse trem, antes que o seu descarrilhamento, convergindo com Mészáros (2002), nos leve à barbárie universal.

Superado o êxtase em torno dos potenciais irrestritos e democratizantes da internet — que muitas vezes se confunde com noções de liberdade próximas de uma racionalidade neoliberal de um novo capitalismo includente, como em Castells (2007) e Anderson, Bell e Shirky (2013) —, percebe-se que as relações de poder e opressão de classe adquirem novas e arrojadas técnicas de vigilância e controle na rede. Distante de uma esfera reticular livre, participativa e igualitária, vislumbra-se que a tecnologia, contraditoriamente, cristaliza a marca de sua composição de classe, cuja (i)racionalidade dirige de forma reificada as trocas simbólicas e o escopo da gestão do trabalho precário e flexível.

> Há uma recusa à argumentação racional, a dissolução das totalidades nas partes, o obscurecimento da universalidade em benefício das origens, das raízes e das propriedades, a estetização despolitizante da política presidem as novas núpcias barbarás da arte e da técnica (BENSAÏD, 2008, p. 84).

As TICs são colaboradoras e organizadoras dessa nova paisagem do metabolismo do capital. A esfera digital é privatizada e disputada pelos atores privilegiados que a utilizam para manter sua dominação. Ela opera como território em que o poderio financeiro, a influência política e os esquemas de fortalecimento do irracionalismo de matiz neofascista encontram eco para ideias já bastante cimentadas no senso comum estranhado.

> Examinando o mundo tecnológico atual, não é difícil chegar a uma conclusão similar: no fundo, estamos diante do nosso próprio aquário digital, repleto de peixes mortos que, milagrosamente, continuam a nadar. E fazem isso apesar dos crescentes indícios de que os sonhos utópicos, que estão por trás da concepção da internet como uma rede intrinsecamente democratizante, solapadora do poder e cosmopolita, há muito perderam seu apelo universal. A aldeia global jamais se materializou — em vez disso, acabamos em um domínio feudal, nitidamente partilhado entre as empresas de tecnologia e os serviços de inteligência (MOROZOV, 2018, p. 14-5).

Esses feudos digitais criam bolhas que se cristalizam e realimentam, de forma estranhada, versões de realidade não necessariamente sustentadas por uma leitura crítica da realidade social. A fragmentação intencional das redes gerou uma intensificação de uma política de afetos fetichizados que se espraiam com facilidade no ambiente das mídias sociais. Com uma gramática interna de produção de conteúdos pautada pela rapidez nas interações e modelada para relações sociais superficiais e dinâmicas narcísicas de cultivo de um ego competitivo descartável, em que curtidas e compartilhamentos elucidam o sucesso da participação nessa esfera virtual, nota-se que a internet reorganiza e reflete expressões cujas matrizes já se davam na vida cotidiana estranhada.

As TICs também se tornaram engrenagens privilegiadas da fábrica do sujeito neoliberal (DARDOT; LAVAL, 2016). Isso porque, ao incentivar o individualismo (cada um e seu dispositivo móvel, com seu perfil único, em *smartphones* utilizados como uma extensão do próprio corpo material), as plataformas digitais levam os sujeitos a se comportarem como um capital em todas as dimensões de sua vida. Sustentados por uma gramática neoliberal de liberdade de trocas mercantis com base no capitalismo financeiro turbinado em rede, todos se tornam entes privados mercantilizando suas vidas, ideias e atividades laborais em esfera reticular. Cada sujeito torna-se o microcosmo do mercado mundial. Em plataformas como o Uber, o que há é a camuflagem da extração de mais-valor na responsabilização individual do homem-empresa (o motorista "vendedor" de serviços de transporte).

As inúmeras atividades digitais não podem ser vistas desconectadas da produção material de mercadorias. Outra forma fetichizada bastante difundida é a ilusão de que o território digital é uma grande rede, uma ágora eletrônica virtual, cuja imaterialidade se dá em um complexo autônomo, composto por uma pseudo-horizontalidade autocomunicante. Não obstante, ao olharmos o trabalho em sua globalidade, surge uma intrincada articulação entre formas distintas de trabalho operacionadas pela ampliada extração de mais-valor em nível mundial.

> Sem a produção de energia, de cabos, de computadores, de celulares e de uma infinidade de produtos materiais, sem o fornecimento das matérias-primas para a produção das mercadorias, sem o lançamento de satélites ao espaço para carregar seus sinais, sem a construção de edifícios onde tudo isso é produzido e vendido, sem a produção e a condução de veículos que viabilizem sua distribuição, sem toda essa infraestrutura material, a internet não poderia ser sequer conectada (ANTUNES, 2018, p. 50).

Mesmo a utilização de um teclado demanda atividade física, de um corpo que se locomove, consome, sua, adoece, lembra Antunes com referência ao trabalho de Ursula Huws. Dessa feita, a tese do fim do trabalho é mais um mito que tenta sustentar uma ideologia de desmaterialização do real, tendo como base aderir à fantasia de uma sociedade planetária pautada na força apenas da informação. Em uma perspectiva crítica ontológica, o trabalho digital e o informacional são particularidades da reprodução do capital em seu processo de valorização incontrolável.

O sistema de metabolismo social do capital possui uma característica totalizante e uma capacidade ambiciosa de trazer para seu centro de atividades expansionistas os polos mais diversos da vida material. Ele subsome o trabalho em seus imperativos de valorização, sendo organicamente mutável em uma processualidade de constante mudança das relações sociais. Mesmo uma técnica que em suas características preestabelecidas poderia ter de fato um horizonte igualitário, como as utopias cibernéticas almejavam, quando se torna parte do sistema centrífugo do capital, essas qualidades são reestruturadas em um movimento delimitador, organizado pela força desse definidor universal e orgânico de modos de vida e reprodução social.

> O capital se apropria dos processos e condições existentes e os transforma em algo perfeitamente ajustado aos requisitos de um modo de produção capitalista. O mesmo vale para as técnicas. Ele se apropria de antigas capacidades de cooperação (como aquelas demonstradas na construção das pirâmides do Egito) e as combina em uma forma organizacional adequada à reprodução de uma classe capitalista que procura colher para si todos os ganhos de produtividade advindos da cooperação e das crescentes economias de escala (HARVEY, 2018, p. 119).

As lutas sociais encontram-se de frente a um problema dos mais relevantes na ação de socialização de visões de mundo alternativas e também de construção de uma consciência de classe capaz de impulsionar sujeitos históricos na construção e nas alternativas concretas à ordem estabelecida. Os estranhamentos potencializados pelas plataformas digitais distanciam-se do controle social e coletivo do uso das mídias para a emancipação, conforme vaticinava Enzensberger (1979), e a internet colabora na reestruturação de um novo "espírito do capitalismo" (ŽIŽEK, 2011), em que, por trás de uma pseudoautonomia dos indivíduos, erguem-se novas estratégias de gerenciamento do mundo do trabalho, além da captura da subjetividade e corrosão do caráter (SENNET, 2009). Isso sem falar na mercantilização de dados e aceleração irrestrita do fluxo de informação. Este último elemento, particularidade de um turbocapitalismo, tem ampliado o senso comum alienado e também dificultado o debate sobre a realidade política e econômica, cada vez mais enevoada por expressões fascistoides de uma direita renovada que se adequou com mais facilidade ao *modus operandi* das TICs.

> A tecnologia digital da atualidade, ficou evidente, não é apenas ciência aplicada, como ainda sustentam as filosofias mais vulgares da tecnologia. Ela é, na verdade, um emaranhado confuso de geopolítica, finança global, consumismo desenfreado e acelerada apropriação corporativa dos nossos relacionamentos mais íntimos (MOROZOV, 2018, p. 7).

O *big data*, esse montante gigantesco de dados examinados automaticamente, proporciona aos gigantes de plataformas como Amazon e Netflix sondar os comportamentos das massas de usuários. Esses agentes econômicos privados podem sabotar a democracia, como o escândalo da Cambridge Analytica e o Facebook podem atestar. As tecnologias têm seguido uma resignada função adaptativa à ordem do capital. Com aparência democrática, de acesso livre e a possibilidade de produção colaborativa, por trás da TICs há uma cumpliciosa relação com o *modus operandi* das classes dominantes.

> As eleições brasileiras de 2018 mostraram o alto custo a ser cobrado de sociedades que, dependentes de plataformas digitais e pouco cientes do poder que elas exercem, relutam em pensar as redes como agentes políticos. O modelo de negócios da Big Tech funciona de tal maneira que deixa de ser relevante se as mensagens disseminadas são verdadeiras ou falsas. Tudo o que importa é se elas viralizam (ou seja,

> se geram números recorde de cliques e curtidas), uma vez que é pela análise de nossos cliques e curtidas, depurados em retratos sintéticos de nossa personalidade, que essas empresas produzem seus enormes lucros. Verdade é o que gera mais visualizações. Sob a ótica das plataformas digitais, as fake news são apenas as notícias mais lucrativas (MOROZOV, 2018, p. 11).

As chamadas "fake news" ganharam um novo ambiente para sua repercussão e se associam a uma ampliação (em progressão geométrica) das irracionalidades. Soma-se a isso a predominante rejeição, nos imaginários sociais, de um conhecimento crítico sobre a realidade social. Esse conjunto de fatores fez com que as plataformas, ao contrário da esperança de ampliar sujeitos comunicantes, se tornassem espaço de repercussão de informações conectadas a um esvaziamento crítico que obstaculariza a militância digital.

Contra-hegemonia em território digital

O papel da comunicação contra-hegemônica no seio dos movimentos sociais e partidos de esquerda, entre outros, historicamente foi a de alterar os mapas cognitivos dos oprimidos no sentido de prepará-los para a transformação social. Isso porque, concordando com Lukács (2013, p. 691): "[...] o modo como a realidade existe na cabeça e no coração dos homens cotidianos é uma das mais importantes bases de determinação imediata também de sua busca prática". Sem esse movimento de eliminação de formas reificadas de prática social, dificilmente se avança nas pautas emancipatórias. A internet e as redes sociais presentes hegemonicamente nos dispositivos móveis têm predominado como arena das batalhas ideológicas, mas, conforme muitos agrupamentos progressistas já perceberam, com vitórias sucessivas da classe dominante. Isso porque, como apresentamos anteriormente, grandes conglomerados privados dominam as malhas do tecido digital, e esse poder no desenho das relações que se dão em sua dinâmica possui um peso ainda a ser avaliado pelo pensamento social.

> Assim, continuo convencida de que o argumento mais forte para o impacto político das novas tecnologias procede precisamente na direção oposta, isto é, na direção da pós-política. Mesmo que as comunicações em rede global forneçam ferramentas e terrenos de luta, elas tornam a mudança política mais difícil — e mais necessária — do que nunca (DEAN, 2005, p. 71).

Evidentemente, há brechas e fissuras nesse sistema digital, mas os concretos obstáculos para a militância social nessa esfera midiática têm atado potencialidades de conscientização das classes subalternas. Os algoritmos são dirigidos por estratégias de fortalecimento do mercado do capital e a comercialização de dados em ambiente *big data* se oculta nas trocas simbólicas dos indivíduos que, atomizados, rendem-se às gramáticas de relações digitais virtuais delimitadas pela maquinaria digital.

"Uma subjetividade política coletiva tem de se aglutinar em torno de conceitos fundamentais sobre a constituição de um motor econômico alternativo [...]" (HARVEY, 2016, p. 247), pois, sem essa compreensão, o capital não pode ser colocado em xeque. Os estudos de internet na perspectiva marxista têm resgatado o debate crítico em torno do papel da internet e das tecnologias da informação para a exploração, a dominação e a opressão. Fuchs (2016) alerta que negligenciar o papel da luta de classes no capitalismo atual conduz a uma agenda reformista incapaz de gerar alternativas a uma internet capitalista. Ele aponta alguns conceitos do campo marxista fundamentais para uma agenda de pesquisa sobre a internet. São eles: 1) dialética; 2) capitalismo; 3) mercadoria/"mercadorização"; 4) mais-valia, exploração, alienação, classes sociais; 5) globalização; 6) ideologia/crítica da ideologia; 7) luta de classes; 8) bens comuns; 9) esfera pública; 10) comunismo; 11) estética.

Com esse debate, traça-se uma cartografia do território digital e abre-se espaço para um debate da tecnologia voltado à construção, com verniz libertário e anticapitalista, de plataformas regidas por outros princípios, que ressaltem o patrimônio do comum (relacionado a uma verdadeira comunicação). Nesse sentido, uma das tarefas dos movimentos sociais emancipatórios seria lutar para novas construções que reelaborem possibilidades distintas de compartilhamento igualitário concreto. Até mesmo porque devemos "[...] dar atenção especial ao modo pelo qual a liberdade de expressão e a liberdade de associação são limitadas por condições desiguais de acesso (dinheiro, educação, idade etc.) e pela dominação de grandes organizações econômicas e políticas" (FUCHS, 2016, p. 84).

A tarefa dos movimentos sociais, que tentam ampliar o escopo de suas bandeiras na internet e nas redes sociais, deve ser refletir radicalmente sobre as reais potencialidades desses meios para avançar uma necessária bandeira anticapitalista, bem como refletir se a melhor estratégia contra o sistema em crise é de fato povoar o terreno do inimigo. Ainda que as comunicações em rede forneçam instrumentos que possam ser usados na luta, elas tornam a mudança política mais necessária do que nunca. "Nesta medida, a política, no sentido de trabalhar para mudar as condições atuais, pode muito bem exigir uma ruptura com as fantasias que nos vinculam ao capitalismo comunicacional" (DEAN, 2005, p. 71, tradução nossa). O capital não se constrói na internet, embora o utilize tanto na produção quanto na reprodução de uma gama de mercadorias. Ações coordenadas podem desmontar essa arquitetura, mas dependem de uma organização com força para organizá-las e sujeitos históricos possíveis de realizá-las.

> A dialética da emancipação não é uma marcha inevitável rumo a um fim garantido: as aspirações e as expectativas populares são variadas, contraditórias, frequentemente divididas entre uma exigência de liberdade e uma demanda de segurança. A função específica da política consiste em articulá-la e conjugá-la por meio de um futuro histórico cujo fim continua incerto (BENSAÏD, 2008, p. 31).

O obstáculo principal dessa ação possível e necessária da política emancipatória é o cenário de crise em que há, como aponta Carcanholo e Baruco (2009), uma ampliação da acumulação do capital via reformas neoliberais apoiada por uma hegemonia pós-modernista na cultura, na estética e nas práticas comportamentais. Essas duas conjugam-se contraditoriamente em território digital. Uma operação de desmercantilização da lógica da internet pode exigir o fenecimento desse complexo em prol de novas formas de relações sociais em dinâmicas próprias. Como advertiu Marx em muitos de seus estudos, os sujeitos dessas transformações são os trabalhadores livremente associados. O desafio seria cultivar, para além da dinâmica paralisante das redes digitais e sua captura do tempo livre, mediações capazes de construir outro projeto societário.

Referências

ANDERSON, C. W.; BELL, Emily; SHIRKY, Clay. Jornalismo pós-industrial: adaptação aos novos tempos. *Revista de Jornalismo ESPM*, p. 30-89, abr./jun. 2013.

ANTUNES, Ricardo. *O privilégio da servidão*: o novo proletariado de serviço na era digital. São Paulo: Boitempo, 2018.

BENJAMIN, Walter. *Magia e técnica*: arte e política: ensaios sobre literatura e história da cultura. São Paulo: Brasiliense, 1994.

BENSAÏD, Daniel. *Os irredutíveis*: teoremas da resistência para o tempo presente. São Paulo: Boitempo, 2008.

CARCANHOLO, Marcelo; BARUCO, Grasiela. Pós-modernismo e neoliberalismo: duas facetas ideológico-políticas de uma pretensa nova era. *Lutas Sociais*, n. 21 e 22, 2009.

CASTELLS, Manuel. *A sociedade em rede*. São Paulo: Paz e Terra, 2007.

DARDOT, Pierre; LAVAL, Christian. *A nova razão do mundo*: ensaio sobre a sociedade neoliberal. São Paulo: Boitempo, 2016.

DEAN, Jodi. Communicative capitalism: circulation and the foreclosure of politics. *Cultural Politics*, v. 1, n. 1, 2005.

DOWNING, John D. H. *Mídia radical*: rebeldia nas comunicações e movimentos sociais. São Paulo: Senac, 2002.

ENZENSBERGER, Hans Magnus. *Elementos para uma teoria dos meios de comunicação*. Rio de Janeiro: Tempo Brasileiro, 1979.

FUCHS, Christian. Em direção a uma problemática marxista de estudos sobre a internet. *Crítica Marxista*, n. 43, p. 67-93, 2016.

FUCHS, Christian; CHANDLER, David. *Digital objects, digital subjects*: interdisciplinary perspectives on capitalism, labour and politics in the age of Big Data. London: University Westminster Press, 2019.

HARVEY, David. *17 contradições e o fim do capitalismo*. São Paulo: Boitempo, 2016.

HARVEY, David. *A loucura da razão econômica*. São Paulo: Boitempo, 2018.

IANNI, Octavio. O príncipe eletrônico. *Perspectivas*, São Paulo, v. 22, p. 11-29, 1999.

LUKÁCS, György. *Para uma ontologia do ser social II*. São Paulo: Boitempo, 2013.

MARX, Karl. *O capital*: crítica da economia política. São Paulo: Boitempo, 2013. Livro I.

MÉSZÁROS, István. *Para além do capital*. São Paulo: Boitempo, 2002.

MOROZOV, Evgeny. *Big tech*: a ascensão dos dados e a morte da política. São Paulo: Ubu, 2018.

SENNET, Richard. *A corrosão do caráter*. Rio de Janeiro: Record, 2009.

THOMPSON, John B. *A interação mediada na era digital*. Revista Matrizes, USP, v. 12, n. 3, set./dez. 2018.

ŽIŽEK, Slavoj. *Às portas da revolução*: escritos de Lenin de 1917. São Paulo: Boitempo, 2005.

ŽIŽEK, Slavoj. *Primeiro como tragédia, depois como farsa*. São Paulo: Boitempo, 2011.

Movimentos sociais, novas mídias e velhas formas de dominação

Franciani Bernardes
Célia Barbosa da Silva Pereira

Em 2010, a Tunísia foi palco de um protesto que simbolizou um marco de acontecimentos[1] iniciados no norte da África e que se alastrou por diversas partes do globo. A repercutida exibição na internet de um vídeo que mostrava a autoimolação do jovem vendedor de frutas e legumes, Mohamed Bouazizi, em protesto contra a apreensão de suas mercadorias, simbolizou uma onda de indignação e revolta nesse e em outros territórios (CARNEIRO, 2012). Sem precedentes revolucionários, ao atear fogo contra o próprio corpo, Bouazizi acendeu a fagulha do movimento que ficou conhecido como Primavera Árabe.

Nesse mesmo período, houve uma sincronia de manifestos surgidos no sul do Mediterrâneo que se espalharam pela Espanha com

1. Na primavera de 2011, eclodiu uma série de revoltas em vários países árabes que provocaram a queda de regimes que estavam há décadas no poder. Em alguns casos, isso aconteceu de forma muito rápida. As primeiras mobilizações ocorreram em Tunes e rapidamente influenciaram outras regiões, como o Egito e a Líbia.

os indignados da *Puerta de Sol*, por Portugal, com Geração à Rasca, e pela Grécia, com a ocupação da Praça Syntagma. Muitos desses protestos foram convocados com o uso intensivo principalmente, das redes sociais da internet, como ocorreu em 2011, por exemplo, com a Primavera Árabe (Tunísia, Egito, Líbia, Iêmen, entre outros), o *Ocuppy Wall Streeat* (EUA), *Los Indignados* (15M, na Espanha e 12M, em Portugal), entre outros (CASTELLS, 2013; GOHN, 2014; HARVEY *et al.*, 2012; BRAGA, 2015).

É consenso entre esses autores — de diferentes correntes teóricas — a análise de que esses protestos deflagraram os danos da crise capitalista atual, em curso desde finais de 2007, que afetam amplos segmentos da população mundial. Como contraponto aos efeitos dessa crise, essa onda chamou a atenção de analistas sociais e políticos devido às características comuns que suas expressões concretas apresentaram em países periféricos e centrais, mobilizando milhares de pessoas: a espontaneidade na origem das manifestações; a recusa de espaços políticos e formas de lutas tradicionais (parlamento, sindicatos, partidos); o perfil jovem dos manifestantes; a horizontalidade na organização; a pluralidade de bandeiras de lutas; a ocupação de espaços públicos e o uso das novas Tecnologias de Informação e Comunicação (TICs). Tais características foram as principais marcas destacadas pelos autores, seja no sentido de valorizar ou de refutar algum desses aspectos (CASTELLS, 2013; GOHN, 2014; HARVEY *et al.*, 2012; BRAGA, 2015). De todo modo, a conjuntura de efervescência movimentalística trouxe para o centro do debate a eclosão de "novos movimentos políticos", "novíssimos movimentos sociais" e "movimentos sociais em rede".

No Brasil, a onda de mobilizações marcadas por esse período iniciou em junho de 2013, na cidade de São Paulo. O aumento da tarifa do transporte público em 20 centavos foi o estopim dos protestos. As manifestações ficaram conhecidas como *Jornadas de Junho* e foram convocadas pelo Movimento Passe Livre (MPL). Os acontecimentos tomaram o noticiário, sendo criminalizados pela mídia hegemônica e passaram, ao contrário, a ter visibilidade positiva nas mídias alternativas e nas redes sociais da internet.

Para Castells (2013), as TICs teriam contribuído para introduzir uma tendência movimentalística: os movimentos sociais em rede, formatando o processo de origem, organização, articulação, comunicação e mobilização, teriam propiciado as condições necessárias para manter a espontaneidade, a autonomia e a horizontalidade frente às tentativas de dominação institucional. Nesse sentido, a internet ultrapassaria o caráter meramente instrumental, expressando uma dimensão supervalorizada para o autor, que chega a afirmar que "[...] a internet fornece a plataforma de comunicação organizacional para traduzir a cultura de liberdade na prática da autonomia" (CASTELLS, 2013, p. 168).

Dessa feita, o objetivo do presente trabalho é mostrar como os movimentos sociais da atualidade têm usado as TICs, especificamente, no que se refere aos processos de mobilização e divulgação de suas ações a fim de verificar se para esses movimentos a rede digital possui um caráter instrumental, tal como outros meios de comunicação, ou se ganha maior destaque ou centralidade, como muitos autores afirmam acontecer com movimentos sociais que surgiram na cena política a partir de 2011.

Além desta primeira parte introdutória, que apresenta as principais análises que apontam para a centralidade da internet nos arranjos movimentalísticos que emergiram a partir de 2011, este capítulo conta com outras três seções. Na primeira, reforçamos as bases teóricas que esclarecem a ideia de que apesar de desenhar um horizonte de emancipação social, a estrutura tecnológica em que se sustenta a grande rede está ancorada, antes de tudo, em uma lógica mercantil de organização. Na segunda seção, analisamos alguns dados colhidos dos quatro movimentos estudados no que diz respeito aos seus processos de organização, mobilização e divulgação; e, na última parte, apresentamos algumas conclusões com problematizações que servem mais para abrir o debate do que para fechá-lo.

Assim como Braga (2015), compreendemos que um dos principais problemas das abordagens apresentadas para a análise do período consiste em uma grande ênfase na dimensão política dos protestos, sem se aprofundar na dialética social existente entre a forma assumida pela luta política e a estrutura de classes. Na visão do autor, tais análises comprometem a compreensão dos desdobramentos atuais e acabam não chegando à essência do fenômeno por apresentar certa unilateralidade na abordagem dos protestos.

De fato, a rede de computadores foi importante para a repercussão dessas ações no espaço público, conferindo-lhes maior visibilidade e alcance. No entanto, apesar do papel da internet no alcance da opinião pública, o que impulsionou tais movimentos no território árabe foi a forte repressão sofrida por seus habitantes, que já enfrentavam décadas de ditadura.[2] Nas demais localidades, o gérmen causador das revoltas foi a crise social, econômica e financeira que imprimiu suas marcas mais pesadas a partir de 2007, período de intensificação da crise capitalista, quando o elevado índice de desemprego contribuiu para o aumento dos níveis de pobreza dessas regiões. Destacamos, além disso, que as substâncias fundantes desses processos foram a ocupação do espaço público e os fluxos mobilizatórios das ruas, não os mecanismos de comunicação apoiados na internet, como muitos autores tendem a demarcar.

Portanto, estamos de acordo com Pereira (2014), ao afirmar que as lutas sociais contemporâneas devem ser analisadas a partir da compreensão de uma sociabilidade moderna resultante de um processo histórico, não somente a partir de suas expressões. Imprescindível identificarmos as determinações dessas expressões na realidade dos sujeitos sociais, compreendendo essas determinações com base nas dinâmicas de acumulação capitalista. As lutas sociais na atualidade, além disso, precisam ser lidas a partir da correspondência com os diferentes projetos societários em disputa, procurando entender o papel que esses projetos cumprem na sociedade capitalista.

---

2. Na virada de 2010, uma série de protestos contra ditaduras que já duravam décadas eclodiu em diversos países árabes. A Praça Tahrir, maior praça pública no centro de Cairo, tornou-se um símbolo mundialmente conhecido por se transformar em um espaço de clamor por democracia.

Na análise de Alves (2012), no entanto, esses movimentos anteriormente citados não incorporaram pautas de emancipação social a partir de uma clareza político-ideológica. Expressaram, em vez disso, uma variedade de reivindicações com base em uma consciência social crítica que rejeita o *status quo*. E, apesar de efetuarem uma crítica radical do capitalismo como projeto societário, não são lidos como anticapitalistas, pois apesar de manifestarem "[...] com indignação moral as misérias do sistema sociometabólico do capital não identificam suas causalidades histórico-estruturais" (ALVES, 2012, p. 36). Ainda assim, para o autor, é possível identificar nesses movimentos diversos espectros de ativistas anticapitalistas. Decerto, para derrubar ou pautar governos, refundar ou enterrar partidos, fortalecer ou destacar lideranças, faz-se necessária densidade histórica suficiente como forma de emancipação social.

Na literatura, prevalece uma equação aparentemente inquestionável de que a tecnologia aliada a uma perspectiva democratizante resultará em um modelo de sociedade participativa e interativa. No entanto, ao contrário disso, em nossa pesquisa empírica, observa-se que para que haja um bom resultado nas ações dos coletivos e dos fóruns analisados, o livre debate precisa acontecer nos fóruns urbanos da realidade, de forma presencial. Sem contar que a maior parte dos debates que acontecem via internet está voltada a pessoas que compartilham do mesmo posicionamento político-ideológico. E como disse Davis (2012), isso significa a mesma coisa que ensinar a missa ao vigário.

Diante dessa problemática, a questão que levantamos neste trabalho é a mesma que Mattelart e Mattelart (2004) pontuaram há 16 anos em *Pensar as mídias*, que é a seguinte: "Quem irá produzir o que e como? Com base nessa questão, uma das críticas que sustentamos aqui é de que a "sociedade da informação", apesar de aparentar a distribuição mais igualitária dos recursos tecnológicos de forma a contribuir para o fortalecimento da esfera pública, aberta, independente e não comercial, essencialmente é caracterizada pela lógica mercadológica, pelo monopólio dos meios de comunicação, inclusive da internet, pelo acesso privatizado e controlado, o que enfraquece o exercício da participação. Portanto, trata-se também de pensar que as massas, e no caso que aqui nos interessa os movimentos sociais, se apropriam de ferramentas também usadas como instrumentos de controle social e de acumulação do capital (BOLAÑO, 2016).

Portanto, diante do exposto, o objetivo principal da nossa pesquisa[3] é analisar a apropriação das novas TICs pelos coletivos e fóruns, objetos de estudo deste trabalho, a saber: Coletivo Femenina,[4] Assédio Coletivo,[5] Levante Popular da Juventude[6] e Fórum Estadual da Juventude Negra do Espírito Santo (Fejunes),[7] e verificar como esses usos têm impactado nos processos de participação e organização desses movimentos.[8] A partir dessa análise, pretendemos compreen-

---

3. Este trabalho é financiado pelo Programa Nacional de Pós-doutorado da CAPES. Apresenta resultados da pesquisa "Movimentos sociais em redes digitais e novas formas de ativismo", vinculada ao Núcleo de Estudos em Movimentos e Práticas Sociais da Universidade Federal do Espírito Santo (NEMPS/UFES). O estudo foi cadastrado na Plataforma Brasil, aprovado no Comitê de Ética em Pesquisa da Universidade Federal do Espírito Santo, com número de registro CAAE 51794715.1.0000.5542. Por se tratar de pesquisa envolvendo seres humanos e em respeito à Resolução 510/2016 do Conselho Nacional de Saúde, que trata do enquadramento dos trabalhos científicos aos procedimentos éticos em pesquisa, este estudo foi cadastrado no Comitê de Ética em Pesquisa da Universidade Federal do Espírito Santo. Tendo em vista os procedimentos éticos adotados, todas as quatro entrevistas, assim como o grupo focal, foram realizadas mediante assinatura do Termo de Consentimento Livre e Esclarecido (TCLE).

4. Movimento de mulheres que lutam como forma de combater qualquer tipo de violência contra a mulher, contra homofobia, machismo, racismo, entre outros.

5. O Assédio Coletivo é um grupo de produtores e articuladores culturais. As ações do Assédio Coletivo objetivam fortalecer o cenário cultural do Espírito Santo por meio da valorização da arte autoral e da ação de coletivos, produtores, artistas e agentes culturais do estado.

6. O Levante Popular da Juventude é uma organização de jovens militantes, voltada para a luta de massas, em busca da transformação da sociedade. Atua junto aos movimentos da Via Campesina e movimentos urbanos, como o Movimento dos Trabalhadores Desempregados (MTD), com a intenção de construir a organização popular em comunidades, vilas, escolas, assentamentos e acampamentos do Brasil.

7. O Fórum tem como objetivo organizar a Juventude Negra do estado do Espírito Santo numa perspectiva autônoma, afrocentrada, quilombola, militante, protagonista, democrática, combativa e de resistência, na luta antirracista, contra qualquer forma de opressão e pela emancipação do povo negro.

8. Os coletivos e fóruns têm abrangência estadual e nacional e são organizados na cidade de Vitória, no estado do Espírito Santo (ES).

der, especificamente, como se dão os processos de mobilização e divulgação desses movimentos, suas ações, a fim de verificar se para esses movimentos a internet possui um caráter instrumental, tal como os meios de comunicação tradicionais, ou se ganha maior destaque ou centralidade, como muitos autores afirmaram acontecer na cena política a partir de 2011.

De caráter exploratório, os procedimentos metodológicos adotados neste trabalho são a entrevista em profundidade, o grupo focal e a análise de conteúdo. As entrevistas e o grupo focal foram realizados entre os meses de julho de 2016 e março de 2017. Em uma fase posterior, entre janeiro de 2017 e janeiro de 2019, realizamos uma análise de conteúdo com base nas informações publicadas nas redes sociais digitais usadas pelos coletivos e fóruns estudados.

Internet e o mito da democracia

Em meados dos anos 1990, quando Manuel Castells escreve *A sociedade em rede*, as formas de comunicação mediadas por computadores (CMC) ainda estavam em uma fase incipiente, sobretudo em termos de apropriação social. O desenvolvimento da internet resultou da interação entre a ciência, a pesquisa universitária, os programas de pesquisa militar e a contracultura radial libertária (UGARTE, 2007). O objetivo dos movimentos libertários era gerar um instrumento que permitisse a liberação e a autonomia do Estado. Nesse sentido, sua funcionalidade se desenvolveu a partir de uma arquitetura aberta e de livre acesso. Tais possibilidades estavam disponíveis aos pesquisadores interessados em realizar melhorias nesse sistema (UGARTE, 2007). No entanto, da mesma forma, o surgimento e a expansão da internet também estiveram imbricados em um projeto de expansão tecnológica e de inovações dos anos 1960, em decorrência da crise estrutural do capital. Faziam parte desses avanços as TICs, as telecomunicações e as indústrias criativas, de forma a garantir a hegemonia industrial dos EUA (BOLAÑO, 2016). Nos anos 1990, as novas necessidades de expansão do capitalismo monopolista — em seu regime de acumulação flexível — também conduziram à privatização da internet (FIGUEIREDO, 2017). A consolidação da grande rede, portanto, é inerente a um sistema de legitimação que irá se adequar à nova estrutura do capital.

Dessa forma, a grande rede se instaura, primeiramente, nos países de economias mais ricas e de áreas urbanas centrais e mais desenvolvidas. Além disso, as novas ferramentas tecnológicas ficaram por um longo tempo sob o domínio dos mais instruídos e dos mais ricos (CASTELLS, 2000). Há 20 anos, o autor catalão argumentava: "[...] a CMC ainda excluirá a maior parte da humanidade por um longo tempo" (CASTELLS, 2000, p. 382).

O uso dos meios de comunicação, convergidos em um único sistema digital, foi integrado, posteriormente, a práticas de outros domínios sociais e institucionais. O aumento da inserção da internet, nas distintas esferas sociais, e a possibilidade de produção e compartilhamento de conteúdo têm possibilitado que imagens assumam novos formatos e ocupem canais amplamente diversificados (HJARVARD, 2008, p. 30). Grande parte das pesquisas sobre mídias digitais nos apresenta os meios de comunicação como indispensáveis a todos os domínios institucionais, tais como a política, a educação, o trabalho etc. (JENKINS, 2009).

Desde o final do século XX, expressões como *Democracia digital* ou *Ciberdemocracia* vêm sendo usadas com maior frequência nos estudos de comunicação política e até mesmo pelos próprios sujeitos sociais, gerando certa expectativa no que diz respeito às práticas políticas e de renovação democrática (FERREIRA, 2010). Essa leitura incita a compreensão de que o uso dessas tecnologias resultaria na democratização dos recursos digitais e na ampla participação política da esfera civil a partir do acesso a tais recursos. As perspectivas mais entusiastas, como vistas anteriormente, conferem às novas TICs qualidades necessárias para sustentar essa condição: acesso universal, liberdade de expressão, participação horizontal, autogestão, comunicação fora das instituições políticas, entre outras. Nesse sentido, a internet é compreendida como o meio por excelência de sustentação dessas qualidades (FERREIRA, 2010).

Com a popularização da internet, ampliam-se os canais de visibilidade antes concedidos apenas pelos donos da mídia e restritos à hierarquização dos processos produtivos das empresas de comunicação. Decerto, esses canais de informação representam uma força latente de comunicação e informação. Diferentemente de tempos anteriores, atualmente podemos inserir nossos próprios temas no debate público. Ampliam-se as possibilidades de expressões alternativas, marginais, autônomas e experimentais de comunicação massiva (DOWNING, 2001). Assim, a grande rede é tida como espaço legítimo de práticas radicais por abrir um canal às vozes que irão intervir no espaço público (FERREIRA; VIZER, 2007). Essas expressões, entendidas por Downing (2001) como "mídia radical",[9] são em sua maioria de pequena escala, não dispõem de grandes fundos, mas possibilitam expressar a partir dos segmentos subordinados da população oposição às estruturas de poder estabelecidos.

Não há que perder de vista, no entanto, que apesar de os novos arranjos comunicacionais cederem lugar à participação popular, em um horizonte de emancipação social, estão ancorados, antes de tudo, em uma lógica mercantil de organização.

De inegável potencial discursivo, os sítios de redes sociais e outros espaços virtuais, em contrapartida, devem ser entendidos como a consolidação de um sistema de legitimação próprio da estrutura capitalista. Algumas tecnologias, como telégrafo e a telefonia, são consequências de necessidades comerciais e militares. Da mesma forma, os interesses políticos e comerciais adjacentes ao uso da internet formam um imenso campo de força que parece blindar a estrutura dos poderes instituídos (RENDO, 2010). Atendendo às necessidades do capital, a tecnologia produz, além do mais, confinamento e exploração do trabalho, privilegiando a extração da mais-valia. No conjunto, trata-se de

9. Definimos "mídia" como toda forma de expressão e comunicação que não apenas aquelas produzidas por intermédio dos meios tradicionais, como rádio, televisão e jornais.

uma máquina de legitimação de um sistema político-econômico que, desde a crise de 1970, busca soluções cada vez mais austeras, cujos rebatimentos atingem diretamente a classe trabalhadora.

Em acordo com o posicionamento de Fuchs (2016, p. 69), compreendemos que "[...] essas novas informações e tecnologias de comunicação são mais bem observadas como terrenos de contestação do que como forças independentes inelutáveis". Mesmo a internet sendo desenhada inicialmente como uma arquitetura livre, as relações de poder encontram-se sustentadas nesses espaços em alicerces inabaláveis. Dessa forma, o desafio sobre o qual precisamos debater vai ao encontro do interrogante levantado por Fuchs (2016, p. 9), que é o seguinte: como elaborar alternativas a uma internet capitalista em uma sociedade capitalista?

Cada vez mais integram ações de comunicação alternativa *on-line* campanhas que ameaçam enfraquecer o exercício da democracia. Um exemplo disso é a propagação em massa de notícias falsas (*fake news*) que inflamou polêmicas em 2016, nos Estados Unidos, durante a campanha que elegeu Donald Trump presidente e, no Brasil, com os sucessivos episódios de instabilidade política, em 2016 e 2017, e durante a campanha que elegeu Jair Bolsonaro presidente, em 2018.

O surgimento da internet e de outras tecnologias não apenas aumenta o impacto das novas formas de visibilidade criadas pela mídia, como também as torna mais complexas (THOMPSON, 2006). Na medida em que a tipografia se desloca para a periferia de nossa cultura e a imagem toma seu lugar central, o valor do discurso público declina (POSTMAN, 2001). A imparcialidade retórica cede lugar à intimidade mediada. A oratória de um discurso eloquente em praça pública foi substituída pela intimidade de um bate-papo transmitido da sala de estar (THOMPSON, 2008). O espetáculo assume padrões estéticos em que a forma torna-se mais relevante que as ideias, e a representação e a aparência tendem a se sobrepor ao debate racional.

Octavio Ianni (1999) faz um debate relevante e afinado com a atualidade das questões sociais, acerca do que viria a ser *O príncipe eletrônico*,[10] entidade definida pelo autor como uma das mais sublimes criaturas da mídia, isto é, da indústria cultural. Tal "milagre da criação", elaborado no simulacro do marketing político, conduzirá a população à crença em uma criatura capaz de nos salvar das condições político-econômicas adversas que se apresentam: a questão social,[11] as carências do povo, as reivindicações de indivíduos e coletividades, grupos e classes sociais (IANNI, 1999).

> Desde que se satanizem maliciosa e impiedosamente os outros, líderes, dirigentes, partidos, sindicatos, movimentos sociais, correntes de opinião, setores sociais e outros, inclusive criminalizando amplos setores da sociedade civil, logo muitos, muitíssimos, multidões, serão induzidos a buscar a salvação. Sim, a metamorfose da crítica em satanização e da satanização em intimidação, medo e aflição, logo provoca a reorganização e o redirecionamento de expectativas e opiniões. Essa pode ser a estrada na qual é tangida a multidão solitária no seio da qual o príncipe eletrônico constrói hegemonias e exerce soberanias (IANNI, 1999, p. 16).

Apesar de todo seu potencial de circulação de dados, "[...] as mídias são ferramentas sociais para produção de atenção" (HJARVARD, 2008, p. 40). A relação de produção, distribuição e consumo das informações respinga diretamente na formação da opinião pública, seja a partir da circulação de informações ancoradas na lógica textual tradicional ou esteticamente concebida. A internet pode ser,

10. O príncipe eletrônico é aquele que irá exercer influência sobre os partidos políticos, sindicatos, movimentos sociais, correntes de opinião, legislativo, executivo e judiciário.

11. "[...] a questão social diz respeito ao conjunto das expressões das desigualdades sociais engendradas na sociedade capitalista madura, impensáveis sem a intermediação do Estado. Tem sua gênese no caráter coletivo da produção, contraposto à apropriação privada da própria atividade humana — o trabalho —, das condições necessárias à sua realização, assim como de seus frutos. É indissociável da emergência do 'trabalhador livre', que depende da venda de sua força de trabalho com [sic] meio de satisfação de suas necessidades vitais. A questão social expressa, portanto, disparidades econômicas, políticas e culturais das classes sociais, mediatizadas por relações de gênero, características étnico-raciais e formações regionais, colocando em causa as relações entre amplos segmentos da sociedade civil e o poder estatal" (IAMAMOTO, 2001, p. 17).

ao mesmo tempo, um espetáculo de mercadorização da informação ou a expressão de resistências. Assim como Bolaño e Cabral (2014), entendemos que esse sistema de comunicação, por mais dialógico e horizontal que possa aparentar, também é usado, e principalmente, para a sustentação de uma lógica mercantil. A despeito das contradições apresentadas, consiste na necessidade da farsa da ideologia burguesa da liberdade de expressão e "da cultura de liberdade na prática da autonomia".[12]

Internet e participação política

> *"Não é a ferramenta que vai mudar o mundo, são as pessoas. Os humanos que vão mudar o mundo, as ferramentas são auxílio, são tecnologia."* (Assédio Coletivo)

As reflexões que apresentamos a seguir resultam das análises de discurso de entrevistas em profundidade, da observação de um grupo focal e da análise de conteúdo das redes sociais dos quatro coletivos e fóruns objetos de estudo desta pesquisa: Coletivo Femenina, Assédio Coletivo, Levante Popular da Juventude e Fórum Estadual da Juventude Negra do Espírito Santo (Fejunes).

São movimentos sociais urbanos, autodenominados autônomos e apartidários, protagonizados por jovens. No contexto de aprofundamento da crise capitalista, suas ações se expressam a partir de algumas tendências consideradas novas por alguns autores como Gohn (2016) e Castells (2013). Esses movimentos negam as formas tradicionais de organização política da democracia representativa, recusam o caráter hierárquico e burocratizado das formas de organização tradicionais. Representam um ciclo de lutas sociais com significados a partir de

---

12. Expressão usada por Manuel Castells em *Redes de indignação e esperança: movimentos sociais na era da internet*, publicado em 2013.

lógicas que se situam como fontes de aprendizagens e produção de saberes, especialmente entre os jovens.

Nossa análise parte de três variáveis centrais, a saber: os principais usos das tecnologias da internet pelos militantes; o alcance de suas ações; e sua percepção sobre as contradições que o uso de tais ferramentas resulta na ação política.

As redes sociais Facebook, MySpace, Instagram, canal no YouTube e também WhatsApp são os espaços de comunicação virtual mais utilizados. Os usos se dão principalmente para divulgar e mobilizar ações que vão acontecer na rua. Os canais de conversa das redes sociais e o WhatsApp são os meios mais usados entre eles, uma comunicação interna e operacional, como definida durante as entrevistas. As mensagens têm relação com as ações que estão desenvolvendo, com solicitação de apoio para determinadas atividades, conselhos e outras trocas. Também realizam parceria com veículos de comunicação — para a divulgação de suas ações —, como o caso do Mídia Ninja e Século Diário.

Também observamos que grande parte das mobilizações promovidas pelos coletivos e fóruns estudados acontece fora dos espaços da internet. A militância se dá concretamente nas praças, nas oficinas promovidas nas comunidades, em espaços de debate como seminários, rodas de conversas e mesmo nas manifestações de rua — sejam elas massivas ou não. Além das redes sociais digitais, outras formas de comunicação tradicional são amplamente usadas pelos militantes, como cartazes, folhetins, pichos, grafite, carros de som e teatro de rua.

> *A rede social existia antes da internet. A rede social é a sua vida. É o que você faz fora do seu aparelho, né? A internet, ela cria essa ilusão que tudo que acontece só acontece lá, né? No virtual. Mas na verdade, o virtual é uma consequência do cotidiano* (Assédio Coletivo).

As principais vantagens atribuídas ao uso da rede foram a rapidez da informação, a possibilidade de circulação de ideias, possibilidade de participação, inclusive, de quem não está presente — seja na realização de ações ou mesmo na construção de um pensamento — e o acesso à informação alternativa, que não a hierarquizada pelo domínio do monopólio midiático. Características que convergem com as análises de Castells (2013) sobre os movimentos sociais em rede.

> *Hoje em dia você consegue ver as ocupações (dos secundaristas), ver o que está acontecendo no país inteiro. Para você saber qual escola precisa de quê, você vai lá e ajuda. Vê o que está sendo feito, que aulas estão tendo... Daí você fica inteirado do que está acontecendo. E as pessoas vão lá e relatam o que está acontecendo. De outra maneira eu não teria como estar por dentro disso* (Coletivo Femenina).

Em contrapartida, a principal limitação observada é fazer com que a informação circule para além dos espaços sociais que já estejam mais articulados politicamente, contradizendo a ideia de que internet democratiza o acesso à informação. Portanto, para aumentar esse alcance atuam na inserção de outros espaços da comunidade, que não os virtuais. Partem da premissa de que, da mesma forma que uma informação é compartilhada nas redes, deve ser igualmente compartilhada face a face, no ponto de ônibus, na fila do supermercado, nas andanças pelas ruas, em espaços em que o acesso à informação seja garantido. Essas ações permitem atingir uma parcela maior de pessoas, além daqueles que têm acesso à internet ou às redes sociais onde tais informações circulam.

Outro fator apontado pelos militantes como limitador da ação política é uma notável hierarquização das relações nos espaços de discussões *on-line*. O que contradiz a ideia de participação e horizontalidade atribuída ao ciberespaço. Sem pretender comparar as discussões *on-line* com os ideais de deliberação, Ferreira (2010) acredita que há uma "apatia política e ausência de debate deliberativo" nesses canais *on-line*, divergindo radicalmente de Castells (2013), uma vez que ele considera o ciberespaço um local que possibilita a democracia deliberativa. Na nossa pesquisa, os participantes informaram de modo unânime que grande parte das mensagens e da *troca* de ideias na rede reflete melhor pontos de vista próprios e, raramente, tem a intenção de uma reflexão crítica com base no confronto dos argumentos. Há uma imposição de pensamento.

> *Uma linha correta a se dizer seria em relação a uma troca de informação, a um compartilhamento e horizontalidade que se deveria ter a partir da internet, mas basta a gente ver qualquer discussão na internet para perceber que democracia raramente está rolando. Há uma disputa de poder incessantemente, cada um tentando impor sua verdade para as outras pessoas* (Fejunes).

A disputa de poder nos espaços virtuais acaba por se tornar uma extensão das disputas dos ambientes presenciais, com o agravante de que no ambiente virtual as pessoas têm a ideia de que podem falar o que quiserem, da maneira que quiserem e quando quiserem, desde espaços privados, sem o compromisso que a atuação presencial em um coletivo implica. O amplo debate, que seria um importante instrumento nas decisões deliberativas, se perde em meio às inúmeras opiniões individuais que, em geral, não levam em consideração o melhor para o coletivo.

Ferreira (2010) acredita que da mesma forma que esses fóruns podem eliminar fatores de diferenças, podem induzir a conformidades. "Se, em acordo com o ideal deliberativo para realizar escolhas políticas informadas entre opções políticas é necessário o acesso a diferentes pontos de vista, que permitam gerenciar a informação e gerenciar a própria posição, a participação em fóruns marcada por forte identidade grupal limitará esse exercício" (FERREIRA, 2010, p. 16).

A rede é considerada um instrumento usado para favorecer a circulação de ideias, com a diferença de possuir um alcance maior, na maioria das vezes. Mas isso nem sempre é garantia. Ao oferecer abertura a outras vozes para que haja essa troca de informação, a democracia e a participação, tomadas desde um ponto de vista idealista, acabam por se firmar em expectativas e não em condições concretas para sua realização.

> *Esse sistema capitalista está tão introjetado socialmente que ele tem se utilizado das redes sociais para isso... Para acabar com a perspectiva de que somos humanos, entendeu? E de que a estrutura social é cultivada culturalmente há muito tempo para o capital. Não é algo que a gente vai se livrar porque a gente está tendo direito, não é? Tendo a oportunidade de falar. Olha eu generalizando de novo, como se todo mundo pudesse falar em rede social ou como se ela fosse uma grande modificadora* (Assédio Coletivo).

Outros entraves apontados à rede foram as limitações técnicas, no que se refere às habilidades de uso das ferramentas, o acesso privado e o controle informativo. Certas ações são planejadas apenas pessoalmente como forma de prevenir qualquer tipo de controle.

> *Acho que a gente ainda tem muitas limitações técnicas mesmo para aproveitar todas as potencialidades. A gente tem essa ilusão de que pode fazer tudo, mas são corporações. A internet é privada, a telecomunicação é privada. A gente contrata empresa para que ela nos forneça o serviço. Acho que se fosse público com certeza seria diferente. O acesso ao serviço proposto. E, acho também que a gente caminha nesse limiar. A gente nunca conheceu a internet como um processo público e possível* (Assédio Coletivo).

> *A probabilidade de vazar informação mesmo com as mensagens pictografadas é muito maior. Nem tudo a gente comunica pelas redes, tem coisas que tem que comunicar só pessoalmente, quando tem que fazer alguma ação direta, coisas que podem ser mais sérias. Tipo, a gente evita falar sobre as ocupações que serão realizadas. É bom sempre evitar vazar essas informações, ou depois podem ser usadas contra a gente, em uma eventual quebra de sigilo, eu acho que é isso* (Levante Popular da Juventude).

Ao contrário do que apresentamos nas experiências da militância, a internet dificilmente é considerada pelos analistas sociais e pelos usuários de forma geral uma ameaça, e sim apenas oportunidade. Nessa ideia de "inclusão", sustenta-se em uma perspectiva de análise, a nosso ver, um tanto problemática. É precisamente aí que a ideologia da comunicação, a partir da suposta igualdade e acesso pela comunicação, preenche sua função de legitimação. Nesse sentido, a maioria dos estudos centrados nesse campo de análise tende a receber a rede como um meio universal, democrático e horizontal, qualidades que atendem aos requisitos básicos sobre a esfera pública democrática, teorizada por Habermas. O uso da internet, porém, não está deslocado da vida real. É uma ferramenta que funciona em um sistema social, cuja funcionalidade está atrelada a fatores historicamente instituídos que irão atender a todos os mecanismos que facilitem a produção, a distribuição e a circulação de mercadorias. Sua regulação, portanto, dependerá cada vez mais das condições impostas pelo capital. Logo, não devemos atribuir à tecnologia a centralidade de mudanças que estão acontecendo nas relações sociais, políticas e culturais.

Apesar das limitações apresentadas pelos participantes desta pesquisa no que se refere ao uso da internet como instrumento de mobilização, os militantes acreditam que essas tecnologias podem ser elementos facilitadores na divulgação de suas narrativas, em construção dos sujeitos coletivos, apesar de não se caracterizarem como principal elemento mobilizador. E assim como tantos outros, esse torna-se mais um espaço de disputa entre distintos projetos societários e, portanto, diferentes interesses de classe.

Referências

ALVES, G. Ocupar Wall Street... e depois? *In*: HARVEY, David *et al*. *Occupy*: movimentos de protestos que tomaram as ruas. São Paulo: Boitempo: Carta Maior, 2012. p. 31-8.

BOLAÑO, C.; CABRAL FILHO, A. V. *O Brasil e o movimento Social Global*: uma análise dos eventos de junho de 2013 em perspectiva histórica. Liinc em Revista, Rio de Janeiro, v. 10, n. 1, p. 10-21, maio 2014.

BOLAÑO, C. Organização em rede, capital e a regulação mercantil do elo social: para a crítica da economia política da internet e da indústria cultural. *Liinc em Revista*, Rio de Janeiro, v. 12, n. 1, p. 6-16, maio 2016.

BRAGA, R. *A pulsão plebeia*: trabalho, precariedade e rebeliões sociais. São Paulo: Palameda, 2015.

CANDÓN MENA, J. Usos de internet para la organización de los movimientos. *In*: CONGRESSO ONLINE DEL OBSERVATORIO PARA LA CIBERSOCIEDAD, 4., 2009, Barcelona. *Anais* [...]. Barcelona, 2009. Disponível em: http://www.cibersociedad.net/congres2009/actes/html/com_usos-de-internetpara-la-organizacion-de-los-movimientos_918.html. Acesso em: 10 sep. 2011.

CARNEIRO, H. S. Rebeliões e ocupações de 2011. *In*: HARVEY, David *et al.* *Occupy*: movimentos de protestos que tomaram as ruas. São Paulo: Boitempo: Carta Maior, 2012. p. 7-14.

CASTELLS, M. Internet e sociedade em rede. *In*: CASTELLS, M. *A sociedade em rede*. São Paulo: Paz e Terra, 2000.

CASTELLS, Manuel. *Redes de indignação e esperança*: movimentos sociais na era da internet. Rio de Janeiro: Zahar, 2013.

DAVIS, M. Chega de chiclete. *In*: HARVEY, David *et al.* *Occupy*: movimentos de protestos que tomaram as ruas. São Paulo: Boitempo: Carta Maior, 2012. p. 39-43.

DOWNING, J. H. D. *Mídia radical*: rebeldia nas comunicações e movimentos sociais. São Paulo: Senac, 2001.

FERREIRA, G. Internet e deliberação. A discussão política em fóruns on-line. *Mídia & Jornalismo*, Lisboa: CIMJ, v. 9, n. 16, p. 99-114, 2010.

FERREIRA, J.; VIZER, E. *Mídia e movimentos sociais*. São Paulo: Paulus, 2007.

FIGUEIREDO, J. C. *Impeachment no Brasil*: o governo Temer e a privatização nas universidades públicas brasileiras. Germinal: Marxismo e Educação em Debate, Salvador, v. 9, n. 3, p. 161-181, 2017.

FUCHS, C. Em direção a uma problemática marxista de estudos sobre a internet. *Crítica Marxista*, n. 43, 2016.

GOHN, M. G. Manifestações de protesto nas ruas no Brasil a partir de junho de 2013: novíssimos sujeitos em cena. *Diálogos Educionais*, Curitiba, v. 47, n. 16, p. 125-46, 2016.

HARVEY, David *et al.* *Occupy*: movimentos de protestos que tomaram as ruas. São Paulo: Boitempo: Carta Maior, 2012.

HJARVARD, Stig. The mediatization of society. A theory of the media as agents of social and cultural change. *Nordicom Review*, v. 29, n. 2, p. 105-34, 2008.

IANNI, O. *O príncipe eletrônico*. São Paulo: Perspectiva, 1999. p. 11-29.

JENKINS, H. *Cultura da convergência*. São Paulo: Aleph, 2009.

LADEVÉZE, L. Entrevista concedida a Franciani Bernardes Frizera. *In*: RAMOS, M. C. *et al*. (org.). *Em defesa da comunicação pública*. Brasília: FAC Livros, 2017. p. 143-8.

MARTEL, F. *Smart*: o que você não sabe sobre a internet. Rio de Janeiro: Civilização Brasileira, 2015.

MATTELART, A.; MATTELART, M. *Pensar as mídias*. São Paulo: Loyola, 2004.

PEREIRA, T. Dahmer. Movimentos urbanos: lutas e desafios contemporâneos. *In*: ABRAMIDES, M. B.; DURIGUETTO, M. L. (org.). *Movimentos sociais e serviço social*. São Paulo: Cortez, 2014. p. 119-35.

POSTMAN, N. *Divertirse hasta morir*. São Paulo: Paulus, 2001.

RENDO, F. As potencialidades da comunicação on-line na construção do espaço público europeu. Limites a um ciberoptimismo excessivo. *Mídia & Jornalismo*, Lisboa: CIMJ, v. 9, n. 16, p. 145-63, 2010.

THOMPSON, J. A nova visibilidade. *Matrizes*, n. 2, 2006.

UGARTE, D. de. *El poder de las redes*: manual ilustrado para personas, colectivos y empresas abocados al ciberactivismo. Barcelona: El Cobre, 2007.

Comunicação e movimentos sociais: disputas por visibilidade na esfera midiática

Daniela Zanetti

A comunicação — seja como instrumento de agregação de pessoas ou de visibilidade pública — sempre foi uma necessidade e um desafio para os movimentos sociais em geral. O advento das mídias digitais no contexto da cibercultura trouxe novas possibilidades de ação comunicacional para esses movimentos.

Contudo, de forma isolada, as mídias digitais nem sempre têm assegurado uma igualdade de acesso à esfera midiática frente a outros grupos de interesse que dispõem de mais capital econômico. Também é fato que houve uma maior fragmentação dos movimentos sociais, pulverizando seus públicos.

Em relação ao Brasil, é fato que, ao longo dos anos 2000, minorias e grupos sociais desfavorecidos passaram a ganhar alguma visibilidade na esfera pública ao se apropriarem dos dispositivos de "autocomunicação de massa"[1] (CASTELLS, 2017), colocando

1. "Conteúdo autogerado, emissão autodirecionada e recepção autosselecionada por muitos que se comunicam com muitos" (CASTELLS, 2017, p. 118).

em evidência questões emergentes, tais como o racismo, a violência contra a mulher, a LGBTfobia, entre outras. Até por uma questão de sobrevivência, tiveram que ocupar esses espaços, concorrendo não apenas com as mídias de massa tradicionais, mas também com uma grande quantidade de conteúdo gerado por empresas e instituições.

Diante dessas e de outras questões, o presente trabalho discorre sobre as atuais configurações do campo da comunicação em relação aos movimentos sociais, trazendo como exemplo o modo de posicionamento do Movimento dos Trabalhadores Rurais Sem Terra (MST) e o Movimento dos Trabalhadores Sem-Teto (MTST) na rede social Instagram como parte das estratégias dessas organizações para dar visibilidade às suas demandas e fortalecer sua identidade junto a um público mais amplo.

Movimentos sociais contemporâneos e a centralidade da comunicação

Considerando alguns aspectos que caracterizam os chamados novos movimentos sociais, temos que: i) os novos atores sociais estariam mais preocupados em assegurar direitos sociais. As lutas dos movimentos giram em torno do combate a discriminações no acesso a bens materiais e simbólicos, usando para tanto a mídia e outras atividades públicas (como protestos e eventos) para mobilizar a opinião pública a seu favor e interferir em políticas de Estado. "Por meio de ações diretas, buscam promover mudanças nos valores dominantes e alterar situações de discriminação, principalmente dentro de instituições da própria sociedade civil" (GOHN, 2007, p. 125); ii) esses novos movimentos demonstram uma pluralidade de ideais e valores, com tendências e orientações pragmáticas que visam ampliar as formas de participação de seus integrantes nos processos de decisão; iii) evidencia-se a emergência de novas dimensões da identidade e são valorizados aspectos pessoais e íntimos da vida humana. No caso da produção audiovisual, as narrativas do cotidiano dos indivíduos, suas questões pessoais, por exemplo, muitas vezes constituem os temas dos vídeos; iv) a organização desses novos movimentos assume uma forma difusa, segmentada e descentralizada, resultado em parte da mudança do eixo das demandas da economia para um patamar mais cultural. Como resultado, os movimentos passaram a atuar mais como redes de troca de informações e cooperação, e os conflitos entre eles são vistos como parte do processo de construção da identidade (GOHN, 2007).

Segundo Gohn (2007, p. 266), algumas das etapas comuns aos novos movimentos sociais são: aglutinação de pessoas em torno de demandas; transformação de demandas em reivindicações; formulação de estratégias, práticas coletivas de assembleias, reuniões, atos públicos etc.; e encaminhamento de reivindicações. Uma fase subsequente no processo de composição dos movimentos sociais está fortemente relacionada ao campo da comunicação e se constitui em práticas de difusão, como produção de jornais, *sites* ou *blogs*, realização de conferências e eventos. Atualmente, muitas organizações e instituições ligadas a movimentos sociais ou representativos de algum segmento social contam com serviços de assessoria de imprensa e profissionais da comunicação, não somente para dar visibilidade às suas ações, reivindicações e ideias, mas também para garantir poder de mobilização, interna e externa. "A forma como se apresentam no espaço público, o discurso que elaboram, as práticas que articulam nos eventos externos criam um imaginário social de unicidade, uma visão de totalidade" (GOHN, 2007, p. 253). A partir do princípio da solidariedade que articula as diferenças, é possível criar (e gerir) uma representação simbólica construída e projetada para o outro — externo ao movimento — que seja coerente, articulada e baseada em propostas que encubram as diferenças internas e se apresentem de forma clara e objetiva. "Para tal é preciso que se observem os códigos político-culturais que eles constroem, pois são estes códigos que sistematizam as demandas e criam sobre elas as representações" (GOHN, 2007, p. 253).

Contudo, no Brasil, com exceção de alguns movimentos mais consolidados (a exemplo do MST), as práticas comunicacionais nesse âmbito normalmente se restringem a um público reduzido, mais direcionado, o que pode dificultar a inserção das questões de interesse desses grupos numa esfera mais ampla do debate público, inviabilizando processos efetivos de mobilização social.

As disputas por espaço na esfera pública são cada vez mais acirradas, pois todo o processo de "negociação" social passa hoje pela comunicação midiática, de forma a gerar debate na esfera pública acerca de interesses, necessidades e posicionamentos dos diferentes atores sociais (GOMES, 2003). Nesse sentido, as mídias tradicionais, de maior alcance e com maior capilaridade em diversas plataformas — e, portanto, pelo seu grande poder de repercussão — acabam por ser determinantes em relação ao tipo de assunto que será posto em agenda na esfera pública (agendamento), bem como em relação aos modos como os temas serão abordados (enquadramento).

Se as redes digitais e as mídias sociais, por um lado, possibilitaram a circulação de uma maior pluralidade de ideias, por outro, também são facilmente apropriadas por grupos de interesse com maior capital econômico. Como os movimentos sociais podem se posicionar frente às demandas de seu próprio público, da sociedade civil, do governo e de outros grupos de interesse? De que ferramentas, canais e estratégias dispõem para se posicionar publicamente e ganhar visibilidade na esfera midiática para mobilizar um público mais amplo?

Os protestos ocorridos na cidade norte-americana de Seattle contra o encontro da Organização Mundial do Comércio (OMC), em 1999, são um marco no que se refere ao uso da internet como um novo território de mobilização anticapitalista. O projeto Indymedia surge nessa ocasião como uma alternativa à cobertura do evento e das manifestações, tendo como plataforma um *site* para publicação livre de material produzido pela imprensa alternativa, jornalistas independentes, ativistas, manifestantes. Em seguida, o projeto se ampliou e Centros de Mídia Independente surgiram em diversos países, dando continuidade à ideia inicial de se construir uma rede descentralizada de troca de conteúdo informativo alternativo ao das grandes corporações midiáticas.

Desde então, diferentes formas de ativismo nas redes digitais se desenvolveram, considerando não apenas o novo caráter dos movimentos sociais contemporâneos (GOHN, 2007) e a heterogeneidade em suas formas constitutivas — por exemplo, o pluralismo organizacional e ideológico e a atuação nos campos cultural e político (SCHERER-WARREN, 2011) —, mas essencialmente as permanentes transformações tecnológicas relativas aos processos comunicacionais, o surgimento de novas plataformas de produção e circulação de múltiplos discursos e narrativas (principalmente no ciberespaço), e a mudança no perfil dos agentes que se apropriam dos dispositivos digitais.

Se na virada dos anos 2000 *sites* de notícias e informações e as trocas de *e-mails* eram uma prioridade para os movimentos sociais, atualmente existem centenas de plataformas e aplicativos — muitas vezes com maior capilaridade — destinados a facilitar as conexões entre os agentes atuantes nesses grupos e organizações e, também, a ampliar a visibilidade de suas ideias e propostas. Destacam-se nesse contexto o Facebook, o Twitter e o YouTube.

O ciberespaço tem sido apontado como central para o movimento feminista contemporâneo, que tem se apropriado das redes sociais para a organização e o engajamento de mulheres, seja em torno de coletivos locais, protestos de rua ou campanhas de conscientização. Segundo Reis (2017), em 2015, diversas iniciativas feministas de mobilização e solidariedade surgiram ou se consolidaram, sobretudo em mídias sociais como Facebook. Ela cita como exemplos os perfis "Indique uma Mina" e "Vamos Juntas?", bem como a Marcha das Margaridas, no campo das lutas populares feministas, e a Marcha das Mulheres Negras. Podemos citar ainda o movimento internacional #8M (dia das mulheres) e os protestos do #EleNão (contra o candidato à presidência Jair Bolsonaro durante o período eleitoral em 2018) como dois importantes eventos associados às lutas feministas recentes. *Hashtags* como #primeiroassédio, #meuamigosecreto, #EstuproNuncaMais e #EstuproNãoÉCulpaDaVítima se tornaram populares e foram essenciais em campanhas de conscientização e de denúncia acerca da violência contra as mulheres (BORTOLON, 2018).

> No caso específico do ativismo de mulheres via internet, as hashtags têm operado algumas das experiências mais bem-sucedidas de mobilização no campo. Assumindo sentidos diversos, elas ora contribuem para fazer pressão junto ao poder público nos processos de tomada de decisões; ora servem para dar visibilidade às causas da militância; ora se traduzem em campanhas de conscientização no campo das relações de gênero; ora ajudam a sistematizar dados que referendem políticas públicas; e, não menos importante, servem para promover encontros, partilhas de experiências e facilitar a solidariedade (REIS, 2017, p. 4).

Os protestos de Junho de 2013 no Brasil também se caracterizam pela forte mobilização ocorrida nas redes sociais, em especial no Facebook, que abrigava diversas comunidades com pautas de luta, agendamento de reuniões e de protestos em várias cidades, além de promoverem a viralização de memes relativos às pautas de reivindicações (SANTOS, 2015). No que se refere a essas manifestações de 2013, já é sabido hoje que muitas das mobilizações e dos atos organizados inicialmente pelo Movimento Passe Livre (MBL), como forma de chamar atenção para questões de transporte público nos grandes centros urbanos, foram posteriormente apropriados por grupos conservadores com fins políticos de desestruturação do governo da então presidente Dilma Rousseff (PT). De todo modo, naquele momento, as "convocações para os atos foram feitas através das redes sociais, e a grande mídia contribuiu para a adesão da população ao noticiar a agenda, os locais e a hora das manifestações" (GOHN, 2014, p. 431-2). Esses tipos de manifestações são compreendidos como uma nova forma de movimento social, que se caracteriza pela participação de uma "maioria de jovens escolarizados, predominância de camadas médias, conexão por e em redes digitais, organização horizontal e de forma autônoma, e crítica às formas tradicionais da política da atualidade" (GOHN, 2014, p. 431).

Com uma visão idealizada acerca do poder das redes sociais, Castells (2013) destaca movimentos internacionais como as revoltas de 2011 na Tunísia e no Egito, o movimento dos Indignados na Espanha e o Occupy Wall Street nos Estados Unidos como tendo sido iniciados nas plataformas digitais *on-line*. Para o autor, o surgimento de um "espaço de comunicação autônoma" se deu a partir de um novo espaço público, em rede, "situado entre os espaços digital e urbano" (CASTELLS, 2013, p. 20), o que permitiria maior autonomia dos agentes. Esses movimentos, surgidos de profundas revoltas populares contra seus governos, teriam alguns aspectos em comum: surgiram na internet o passaram a ocupar o espaço urbano; são conectados em rede de múltiplas formas, inclusive articulando outros movimentos; seriam simultaneamente locais e globais; se originam de maneira espontânea; não são violentos; são virais, autorreflexivos e marcados pela horizontalidade (CASTELLS, 2013).

Todavia, esse "espaço de autonomia" defendido por Castells, conquistado pelos integrantes dos movimentos na interface "dentro" e "fora" das redes digitais, também é atravessado por outros elementos. Trata-se de uma disputa por espaços simbólicos por parte de diferentes atores sociais, com forças desiguais num mesmo campo de ação, e que se tornou ainda mais acirrada em função da atuação cada vez maior de robôs (*bots*), além dos complexos sistemas de algoritmos responsáveis pela gestão das plataformas digitais *on-line* em sua relação com os usuários. É sabido que o domínio dos dados (*big data*) gerados nessas plataformas — bem como seus mecanismos — está restrito a um pequeno conjunto de empresas que dominam setores específicos da economia "nativa" do ciberespaço, em especial Microsoft, Google, Amazon, Apple e Facebook. Sob esse tipo de oligopólio, vivemos num contexto cultural marcado pela "algoritmização" do cotidiano e pela cultura da recomendação e do "ranqueamento".[2]

Além disso, num contexto como o da América Latina, caracterizado pela fragilidade das instituições públicas, grandes corporações e grupos de interesse privados conservadores acabam por se sobressair na esfera pública, em função do acesso privilegiado a grandes grupos

---

2. Pontuação/colocação atribuída a algo ou alguém que o coloca numa escala de classificação. Na internet, refere-se às posições que ocupam *sites*, canais e perfis em redes sociais em função do número de seguidores, compartilhamentos, visualizações etc.

midiáticos e também pelas formas de inserção no contexto das redes sociais digitais, o que favorece a propagação de seus ideais e valores.

Talvez o caso do Movimento dos Atingidos por Barragens (MAB)[3] seja representativo dessa disputa de forças desigual. O movimento, surgido nos anos 1990, traz como lema "Água e energia não são mercadorias", e tem atuado em defesa de grupos sociais e territórios frente aos interesses de grandes corporações multinacionais. Os últimos "crimes-desastres" ambientais ocorridos recentemente no Brasil, em função de uma atuação irresponsável de empresas mineradoras, demonstram o quanto temas relativos à questão do uso do solo e da água por parte de multinacionais normalmente ganham visibilidade midiática somente após a ocorrência de tragédias sociais e ambientais de grandes proporções. Nesses casos, o destaque dado pela mídia se concentra no aspecto emergencial da situação, no drama vivido pelas populações e territórios afetados, bem como nas "respostas" das empresas frente aos danos sociais e ambientais, dando grande visibilidade ao discurso bem articulado das corporações em defesa de seus projetos e soluções. Desse modo, não há espaço para uma reflexão que agregue uma perspectiva histórica do problema e que "enquadre" o tema a partir do horizonte de outros atores sociais que não estejam nas esferas do poder.

MST e MTST no Instagram: informação, identidade e visibilidade

Uma rede social que tem se destacado como espaço de visibilidade tanto para protestos, manifestações ou marchas, campanhas de caráter social e também para movimentos sociais organizados é o Instagram.

Lançado em 2010, o Instagram é uma rede social digital de compartilhamento de fotos e vídeos, e foi adquirido pelo Facebook em 2012.

3. Disponível em: https://www.mabnacional.org.br/. Acesso em: 21 maio 2019.

Atualmente, o Brasil é o segundo país com o maior número de usuários no Instagram — 66 milhões (dados de abril de 2019)[4] —, perdendo apenas para os Estados Unidos em número de pessoas que usam o serviço. Inicialmente, caracterizava-se pela postagem de fotos bem produzidas do cotidiano, marcadas por uma estética quase publicitária. Atualmente, também são compartilhados nessa rede social memes, pôsteres virtuais, trechos de vídeos, imagens que circulam pela mídia e diversos outros tipos de materiais visuais e audiovisuais. Muitas empresas de mídia têm adotado o recurso "Histórias", formato que tem atraído muitos usuários à plataforma, que também se tornou uma fonte de notícias e informação. Hoje, o Instagram é povoado por celebridades da cultura *pop*, mas também por diversas entidades, corporações, empresas, marcas, produtos, figuras políticas e também movimentos sociais organizados, como o Movimento dos Trabalhadores Rurais Sem Terra (MST) e o Movimento dos Trabalhadores Sem-Teto (MTST).

As duas organizações foram escolhidas para este estudo em função dos seguintes critérios: i) caracterizam-se por possuírem um "arranjo institucional que vise sua continuidade temporal" (SCHERER-WARREN, 2014, p. 14), não sendo, portanto, movimentos pontuais e temporários; ii) representam grupos economicamente marginalizados, que reivindicam, entre outras demandas relacionadas aos trabalhadores mais pobres, o direito à ocupação de um território para moradia e/ou trabalho; iii) estão presentes em diversas cidades e estados; e iv) mantêm uma página oficial na internet e perfis em outras redes sociais, como Facebook, Twitter e YouTube. Também possuem objetivos políticos definidos pelos militantes e um projeto de mudança social, política ou cultural. Para tanto, realizam manifestações para suas reivindicações e protestos "para obter visibilidade política na esfera pública" (SCHERER-WARREN, 2014, p. 14). Além disso, são movimentos que atuam efetivamente nos territórios físicos (urbanos ou rurais), não existindo apenas no ciberespaço.

---

4. Dados disponíveis em: https://www.statista.com/statistics/578364/countries-with-most-instagram-users/. Acesso em: 21 maio 2019.

O MST[5] surge ainda nos anos 1980, a partir da organização de trabalhadores rurais em torno da luta pela reforma agrária e por mudanças sociais. Suas principais ações de luta consistem na ocupação de terras não produtivas e na criação de assentamentos rurais. Hoje, o movimento está organizado em 24 estados nas cinco regiões do país. "No total, são cerca de 350 mil famílias que conquistaram a terra por meio da luta e da organização dos trabalhadores rurais".[6] A organização também investe fortemente em projetos educacionais e culturais voltados para o campo, e possui uma estrutura de comunicação institucional própria.

O perfil oficial do MST no Instagram (@movimentosemterra) registra 1.482 publicações e 206 mil seguidores.

As postagens alternam fotos com *banners* virtuais que, em geral, divulgam eventos e atividades da organização em todo o país, como reuniões, encontros, manifestações públicas, atividades culturais, feiras etc., dentro e fora dos assentamentos. Muitas fotos dão destaque aos integrantes do MST em seu cotidiano: crianças nas escolas dos assentamentos; agricultores em momentos de trabalho no campo, cultivando a terra ou mostrando alimentos colhidos, ou em atividades coletivas, marchas, eventos públicos. Também há denúncias de injustiças e crimes cometidos contra o movimento e seus integrantes, bem como *banners* de "propaganda" dos ideais do movimento, trazendo imagens e textos de personalidades históricas ou lideranças revolucionárias, como Karl Marx, Sandino e José Martí. O perfil traz ainda postagens que demonstram engajamento junto a outros coletivos e causas sociais, como o movimento feminista e a causa indígena. No mês de maio de 2019, por exemplo, a organização agregou em seu conteúdo no Instagram a campanha do dia internacional de luta contra a homofobia e as manifestações de rua contra os cortes na educação. Também há postagens diversas que marcam a adesão do MST à campanha Lula Livre e seu posicionamento em relação a temas em pauta na esfera midiática, como a reforma da previdência.

5. Disponível em: http://www.mst.org.br/. Acesso em: 21 maio 2019.

6. Disponível em: http://www.mst.org.br/quem-somos/. Acesso em: 21 maio 2019.

O MTST,[7] fundado nos anos 1990, tem como principal bandeira a luta pela moradia e pela reforma urbana, usando como estratégia a ocupação de edificações abandonadas, principalmente nos grandes centros urbanos. Tem como meta a ideia de "construção de poder popular" a partir da organização autônoma dos trabalhadores. Para tanto, também se alia a outros movimentos de trabalhadores, junto aos quais construiu a Frente Povo Sem Medo. Diversos setores constituem a organização interna do movimento, sendo um deles o de "Comunicação e Simbolismo", que é responsável "pelos canais de divulgação do MTST e pelo fortalecimento de identidades simbólicas próprias".[8]

Uma das principais lideranças dos sem-teto hoje é Guilherme Boulos, ex-candidato à presidência da República nas eleições de 2018 pelo PSOL, que goza de relativa visibilidade pública na mídia e nas redes sociais. Boulos se tornou uma referência quando o tema em pauta é a questão do problema de moradia nas cidades, de maneira que sua imagem possui certo destaque no perfil do MTST nacional no Instagram (@mtstbrasil), que reúne 24,5 mil seguidores e conta até o momento com 388 publicações.

De modo similar ao perfil oficial do MST no Instagram, as postagens do MTST nessa rede social reúnem imagens de seus integrantes em diversas ações promovidas pela organização, como atos públicos e marchas, reuniões e assembleias, aulas, mutirões, atividades culturais, além de registros de atividades cotidianas nas ocupações. Muitos *banners* virtuais divulgam e convocam as pessoas a se engajarem em eventos e demais ações do movimento, como a recente campanha nacional de arrecadação de alimentos Periferia sem Fome. Também são postados vídeos curtos com depoimentos de militantes, representantes e parceiros da organização, de personalidades e políticos sensíveis às causas sociais defendidas pelos sem-teto, e de discursos proferidos em atos públicos. Diversos materiais visuais — com textos e imagens

---

7. Disponível em: https://mtst.org/. Acesso em: 21 maio 2019.

8. Disponível em: https://mtst.org/quem-somos/a-organizacao-do-mtst/. Acesso em: 21 maio 2019.

— aderem às outras campanhas em pauta nas lutas sociais, como Lula Livre, Ditadura Nunca Mais, contra a reforma da previdência, justiça para Marielle, contra o extermínio de moradores de favelas etc. Frases de impacto — "Parem de nos matar", "Periferia sem fome", "Vamos sem medo", entre outras — e *hashtags* — #mariellepresente, #mariellevive, #todospelaeducação, #MenosÓdioMaisMoradia, #MenosÓdio#MaisLivros — compõem muitas dessas postagens, favorecendo a identificação imediata das pautas. Os termos com *hashtags* funcionam como hiperlinks, por isso são indexadores, facilitando a convergência nas redes e agregando mais perfis em torno de um tópico.

Nos perfis do MST e do MTST brevemente descritos, todo o conteúdo produzido fortalece a ideia de coletividade e de solidariedade, tanto entre os participantes dos movimentos, como também entre estes e pessoas e organizações externas que compartilham os mesmos ideias e princípios em relação às lutas sociais em evidência hoje no Brasil. As imagens e os textos reforçam a importância da manutenção dos propósitos e da união de militantes e simpatizantes, demonstrando certa unidade, mesmo diante da emergência de outras pautas de luta. Esse aspecto também fortalece a atuação em rede desses movimentos, criando laços de solidariedade entre organizações já institucionalizadas e movimentos sociais temporários voltados para ações pontuais.

Essa estratégia de comunicação é necessária porque contribui para dar visibilidade aos fatores de identificação que são essenciais num processo de mobilização, pois são responsáveis por promover o início do processo mobilizador e também "por sua manutenção durante todo o tempo, garantindo a afirmação de uma identidade que possa orientar o mesmo e caracterizá-lo"; além disso, esses fatores de identificação estimulam e estabelecem "o início de um processo de mudança de mentalidade nos indivíduos e, consequentemente, com a expansão desse processo, tendem a contribuir também para uma mudança cultural de valores sociais coletivos" (HENRIQUES, 2004, p. 83).

A permanente atualização desses conteúdos nas redes sociais reforça a "marca" dos movimentos, ao mesmo tempo que humaniza seus integrantes, aproximando o público desse cotidiano e favorecendo o engajamento e a adesão de colaboradores. Nos dois casos, a informação gerada a partir desses conteúdos fortalece a construção de uma identidade coletiva, gerando mais capital simbólico para o movimento.

Contudo, uma visibilidade mais ampla das ideias e valores desses grupos para além dos pares e simpatizantes requer um trabalho ainda maior de disseminação dessas mensagens, considerando que os sem-teto e os sem-terra são grupos sociais em geral discriminados por parte da sociedade e da grande mídia, sendo também sub-representados nas instâncias de produção simbólica hegemônicas. Para tanto, é importante investir em ações mais amplas de comunicação, que incluam, por exemplo, parcerias com projetos e coletivos dedicados à comunicação alternativa e ao jornalismo independente, como a Mídia Ninja, a Rede Jornalistas Livres, a Agência Pública e o coletivo AzMina, só para citar alguns. Com ênfase nas questões dos direitos humanos e das lutas identitárias contemporâneas, essas diferentes iniciativas, predominantemente ativas nas redes digitais, investem no estabelecimento de pautas de interesse dos movimentos sociais e dos grupos que se alinham a uma perspectiva democrática de fato, contribuindo para uma maior diversidade de agendas e de enquadramentos na esfera da visibilidade pública.

Em paralelo, outra iniciativa dos movimentos sociais de caráter popular que pode ampliar a visibilidade de seus valores e demandas é formar seus próprios influenciadores e formadores de opinião, "digitais" e também "não digitais", ou seja, que atuem tanto "dentro" como "fora" do ciberespaço (apesar de essa separação hoje já ser considerada superada). Com isso, é possível abarcar duas dimensões distintas dos processos comunicacionais que visam ao engajamento: um dos territórios físicos, com o fortalecimento de redes e associações mais duradouras a partir de ações presenciais; e outra que busca a manutenção de laços mais "fracos" nas redes sociais *on-line*, fundamentais, por exemplo, para a viralização de temas e ideias em escala mais ampla e junto a públicos diversificados.

Dessa forma, objetiva-se sensibilizar, além de agregar, para as causas dos movimentos mais simpatizantes e também os novos formadores de opinião que povoam as redes sociais digitais. Isso porque é preciso considerar que a cada ano cresce o número de usuários de internet (pertencentes a todas as classes sociais), bem como tem se ampliado a prática de compartilhamento de conteúdos por meio de mídias digitais, sendo o aparelho celular o dispositivo mais utilizado para essas atividades no Brasil.[9] E ainda que exista uma considerável parcela da população que não seja de fato muito ativa nas redes sociais digitais, é nesse contexto que se forjam muitas das pautas e temas que irão repercutir na esfera midiática, ganhando maior alcance por meio dos grandes grupos de mídia, o que inclui as redes de TV aberta (dispositivo presente em quase 100% dos domicílios brasileiros). Por isso, tão importante quanto o agendamento de pautas que interessem aos movimentos sociais é o tipo de enquadramento, de abordagem, que se aplica a essas pautas, assunto que pode ser mais aprofundado em trabalhos futuros.

Referências

BORTOLON, Bianca. *#EstuproNãoÉCulpaDaVítima*: as narrativas construídas no Twitter sobre o estupro coletivo cometido no Rio de Janeiro. 2018. Dissertação (Mestrado em Comunicação e Territorialidades) — Centro de Artes, Universidade Federal do Espírito Santo, Vitória, 2018.

CASTELLS, M. *Redes de indignação e esperança*: movimentos sociais na era da internet. Tradução: Carlos Alberto Medeiros. Rio de Janeiro: Zahar, 2013.

CASTELLS, Manuel. *O poder da comunicação*. Rio de Janeiro: Paz e Terra, 2017.

9. Dados da pesquisa TIC Domicílios 2017, do Fórum da Internet no Brasil, de 2018. Disponível em: https://www.cetic.br/media/analises/tic_domicilios_2017_modulo_atividades_culturais.pdf. Acesso em: 18 maio 2019.

GOHN, Maria da Glória. *Teorias dos movimentos sociais*: paradigmas clássicos e contemporâneos. 6. ed. São Paulo: Edições Loyola, 2007.

GOHN, Maria da Glória. A sociedade brasileira em movimento: vozes das ruas e seus ecos políticos e sociais. *Caderno CRH*, Salvador, v. 27, n. 71, p. 431-41, maio/ago. 2014.

GOMES, Wilson. Apontamentos sobre o conceito de esfera pública política. *In*: MAIA, R.; CASTRO, M. C. P. S. (org.). *Mídia, esfera pública e identidades coletivas*. Belo Horizonte: Editora UFMG, 2003.

HENRIQUES, Márcio Simeone (org.). *Comunicação e estratégias de mobilização social*. Belo Horizonte: Autêntica, 2004.

REIS, Josemira S. Feminismo por *hashtags*: as potencialidades e riscos tecidos pela rede. SEMINÁRIO INTERNACIONAL FAZENDO GÊNERO, 11.; WOMENS'S WORLDS CONGRESS, 13., 2017, Florianópolis. *Anais eletrônicos* [...]. Florianópolis, 2017. Disponível em: http://www.en.wwc2017.eventos.dype.com.br/resources/anais/1503731675_ARQUIVO_josemirareis_fazendogenerov2.pdf. Acesso: 21 maio 2019.

SANTOS, Roberto Teixeira dos. *Rede social digital e mobilização social*: o Facebook nas manifestações de junho de 2013. 2015. Dissertação (Mestrado em Comunicação e Territorialidades) — Centro de Artes, Universidade Federal do Espírito Santo, Vitória, 2015.

SCHERER-WARREN, Ilse. *Redes de movimentos sociais*. 5. ed. São Paulo: Loyola, 2011.

SCHERER-WARREN, Ilse. Dos movimentos sociais às manifestações de rua: o ativismo brasileiro no século XXI. *Política & Sociedade*, Florianópolis, v. 13, n. 28, set./dez. 2014.

Ocupas em escolas mineiras em 2016:
experiências de formação política e denúncias de violações de direitos

Luís Antonio Groppo

1. Introdução

O objetivo deste capítulo é analisar dados sobre o evento Seminário Memorial das Ocupações Estudantis, ocorrido em 2017, assim como resultados parciais da pesquisa "Ocupações secundaristas no Brasil em 2015 e 2016", iniciada em março de 2019. Trata-se de ações do Grupo de Estudos sobre a Juventude da Universidade Federal de Alfenas (UNIFAL-MG), coletivo que congrega pesquisa e extensão.

Inicialmente, são descritos o Seminário e a proposta da pesquisa, tratando de seus objetivos, metodologia e resultados esperados. A seguir, apresentam-se alguns dos referenciais teóricos que inspiraram o evento e a pesquisa, como as ideias de E. P. Thompson e J. Rancière sobre experiência e história. Em um terceiro momento, são analisados alguns relatos do Seminário e da pesquisa a respeito do interior de

Minas Gerais, que trazem, de um lado, registros sob a impactante formação política propiciada pela experiência da ocupação, e, por outro, testemunhos sobre violações de direitos das e dos jovens ocupas, perpetradas por instituições e sociedade civil.[1]

Agradeço às e aos jovens integrantes do Grupo de Estudos sobre a Juventude, estudantes de pós-graduação, graduação e ensino médio, assim como colegas docentes e membros da comunidade. Graças aos debates e às provocações criativas, eventos como o Seminário Memorial das Ocupações Estudantis, bem como a pesquisa sobre as e os ocupas, têm sido possíveis. Este capítulo registra um pouco desse processo criativo que, desde 2014, tem trazido tantas alegrias ao coordenador do Grupo, autor deste capítulo.

2. O Seminário e a pesquisa

O Grupo de Estudos sobre a Juventude da UNIFAL-MG estava envolvido na pesquisa "A dimensão educativa das organizações juvenis", sobre os coletivos juvenis atuantes na universidade, quando o movimento das ocupações estudantis chegou à nossa instituição, em outubro de 2016. Buscamos contribuir com a ação coletiva na universidade, que envolveu greves discente, docente e do corpo técnico, além da ocupação do prédio central. O movimento das ocupações vivia seu momento nacional, apesar da posição proeminente do estado do Paraná em número de escolas ocupadas. Ele se opunha, primeiro, à Medida Provisória que viria instaurar a Reforma do Ensino Médio, e, segundo, à PEC 241/55.[2] Foi nesse momento que algumas Instituições

1. Entre as entrevistas citadas, trazemos também algumas feitas por Silveira (2019) para sua dissertação de mestrado, que fazem parte da pesquisa "Ocupações secundaristas no Brasil em 2015 e 2016".

2. Proposta de Emenda à Constituição n. 241/2016 (PEC 241), que, aprovada, alterou as Disposições Constitucionais Transitórias, instituindo um novo Regime Fiscal que "congelou", por 20 anos, os gastos públicos com políticas sociais.

de Educação Superior (IES) públicas também foram ocupadas por seus estudantes.

Em 2017, o Grupo de Estudos considerou importante organizar um evento comemorativo, um ano após a ocupação da universidade e de diversas escolas públicas do Sul de Minas Gerais. Assim, de 6 a 8 de novembro de 2017 aconteceu o Seminário Memorial das Ocupações Estudantis no *campus* central da UNIFAL-MG, em Alfenas. Promoveram-se três mesas-redondas, a primeira, debatendo documentário sobre as ocupações no interior de Minas Gerais produzido pela pesquisadora Cláudia Helena Gonçalves Moura; a segunda, com estudantes secundaristas — as e os "ocupas" — que ocuparam escolas no Sul de Minas Gerais; a terceira, com estudantes da educação superior que ocuparam IES na mesma região. Também aconteceram duas rodas de conversa, em que ocupas da universidade puderam rememorar o acontecimento e avaliar sua importância.

O mais marcante nesse Seminário foi a transmutação da expectativa de uma festa em uma dolorosa imersão em angústias, decepções e denúncias de violações de direitos, especialmente de ocupas de escolas públicas. De certo modo, o Seminário forçou ocupas de IES a recordar o desgaste físico e emocional daqueles dias de intensa e longa participação em uma ação coletiva, enquanto ocupas secundaristas, durante sua Mesa, não conseguiram conter as lágrimas ao denunciar as violações sofridas.

Para o Grupo de Estudos sobre a Juventude, foram necessárias algumas semanas e diversas reuniões para lidarmos com as angústias que foram conosco compartilhadas. Resultou daí o desejo de fazer alguma intervenção na realidade social — afinal, também somos um grupo de extensão universitária — e tivemos uma oportunidade ainda em 2017, outra no início de 2018. Em dezembro de 2017, uma intervenção durante reunião no município-sede da UNIFAL-MG com a presença da secretária estadual de Educação. Em janeiro de 2018, a leitura de uma moção de apoio às e aos estudantes secundaristas do Sul de Minas Gerais, em evento acadêmico com representante da Secretaria Estadual de Educação. Desejávamos que fossem realmente apuradas as denúncias de violações de direitos de adolescentes durante o movimento. Também questionávamos a adesão do estado ao "novo Ensino Médio", justamente com uma experiência em uma escola do interior de Minas onde aconteceram as piores violações denunciadas.[3]

O Grupo de Estudos também considerou importante conhecer o legado das ocupações, em especial para as e os ocupas secundaristas, por isso construiu o projeto de pesquisa "Ocupações secundaristas no Brasil em 2015 e 2016: formação e autoformação política das e dos ocupas". A pesquisa, contemplada com recursos do CNPq (Conselho Nacional de Desenvolvimento Científico e Tecnológico), se iniciou em março de 2019. A pesquisa busca compreender o quanto continua efetivo e geral aquilo que foi constatado no Seminário: o profundo impacto subjetivo causado nas e nos ocupas pelo processo de ocupação e pós-ocupação de suas escolas, que promoveu e/ou dificultou sua formação e autoformação como sujeitos políticos.

Essa pesquisa tem sido realizada por uma equipe nacional de pesquisa, envolvendo 13 Instituições de Educação Superior do país, formada especialmente a partir dos contatos criados durante a organização da coletânea *O movimento das ocupações estudantis no Brasil* (COSTA; GROPPO, 2018). Tem realizado coleta de dados e entrevistas semiestruturadas com ocupas em nove estados do país, ao menos um de cada região: Pará, Ceará, Goiás, Espírito Santo, Rio de Janeiro, Minas Gerais, São Paulo, Paraná e Rio Grande do Sul. Com duração prevista de três anos, pretende, em sua segunda fase, construir materiais e ações de extensão com resultados da pesquisa empírica, especialmente para que atuais estudantes das escolas públicas conheçam o movimento das ocupações.

Do ponto de vista científico, destacam-se três objetivos da pesquisa "Ocupações secundaristas no Brasil em 2015 e 2016": a) compreender os possíveis impactos da participação de sujeitos adolescentes em uma ação coletiva; b) analisar como essa participação afetou suas

3. Relato mais detalhado sobre o Seminário Memorial das Ocupações Estudantis se encontra em Groppo, Rossato e Costa (2019).

trajetórias políticas, escolares e profissionais; c) reconstruir a história das ocupações a partir das memórias das e dos ocupas. Este capítulo irá trazer alguns resultados parciais referentes apenas a esse terceiro objetivo, os quais têm complementado aquilo que o Seminário Memorial das Ocupações Estudantis indicou: as ocupações, de um lado, promoveram intensos e criativos processos de formação política; de outro, certamente no interior de Minas Gerais, geraram reações da sociedade política e da sociedade civil que violaram os direitos dessas e desses adolescentes, incluindo a integridade física e emocional e o direito à livre expressão e à participação política.

3. Experiência e história

Quando propusemos o Seminário Memorial das Ocupações Estudantis, ao construirmos o projeto do evento, refletimos sobre noções como experiência, história e memória. Walter Benjamin (1983) foi uma importante referência, narrador detalhista de projetos emancipatórios, lutas sociais e experimentos artísticos que foram derrotados ou logrados, mas que não mereciam ser esquecidos.

Durante a construção do projeto de pesquisa "Ocupações secundaristas no Brasil em 2015 e 2016" e em nossas primeiras reflexões teóricas, outros historiadores vieram a se tornar ainda mais importantes: E. P. Thompson e J. Rancière. Eles têm permitido dar ainda mais sentido àqueles registros de angústia e dor que conhecemos com o Seminário, tanto quanto compreender os primeiros dados da pesquisa "Ocupações secundaristas no Brasil em 2015 e 2016".

Thompson parte do reconhecimento da atuação de trabalhadoras e trabalhadores, com esforços conscientes, em seu fazer-se histórico como classe. Critica certa leitura da história que avalia os feitos do passado com base em sua suposta antecipação da evolução futura, uma leitura a partir da ótica das ideias vencedoras e dos sujeitos dominantes: "Os becos sem saída, as causas perdidas e os próprios perdedores são esquecidos" (THOMPSON, 1987, p. 13). Assim, em contrapartida, Thompson busca reencontrar o "pobre tecelão de malhas, o meeiro luddita, o tecelão do 'obsoleto tear manual', o artesão 'utópico' e até mesmo o iludido seguidor de Joanna Southcott" (THOMPSON, 1987, p. 13). Não se trata de um olhar de condescendência. Foram esses sujeitos quem realmente viveu esse tempo. São eles que podem nos fazer conhecer melhor o passado e o sentido das lutas sociais: "Suas aspirações eram vividas nos termos de sua própria experiência" (THOMPSON, 1987, p. 13).

Há, em Thompson, uma espécie de redenção das experiências da classe trabalhadora inglesa em seu "fazer-se" histórico, inclusive de suas derrotas e causas perdidas. Com suas derrotas e desencontros, assim como suas vitórias e táticas bem-sucedidas, uma classe se constituiu: "A classe acontece quando alguns homens, como resultado de experiências comuns (herdadas ou partilhadas), sentem e articulam a identidade de seus interesses entre si, e contra outros homens cujos interesses diferem (e geralmente se opõem) aos seus" (THOMPSON, 1987, p. 19).

Outra interessante contribuição de Thompson se encontra em seu texto que relaciona educação e experiência (THOMPSON, 2002). Lá, ele reflete sobre o quanto as experiências dos membros da classe trabalhadora podem vir a enriquecer o próprio processo educativo formal, para além de simplesmente dizer que apenas a escolarização contribui com a formação da classe trabalhadora. Para tanto, afirma que as universidades deveriam se engajar na educação de adultos para ensinar, mas também para aprender. Ele recorda inclusive o discurso de trabalhador naval que, em 1907, exigia o direito do acesso à universidade para todas as pessoas, algo que beneficiaria não apenas a classe trabalhadora, mas também a própria universidade.

Nesse texto, Thompson considera que a educação de pessoas adultas deve reconhecer e valorizar a experiência vivida por seu corpo discente, e afirma: "A experiência modifica, às vezes de modo sutil e às vezes radicalmente, todo o processo educacional" (THOMPSON, 2002, p. 13). Penso que aquilo que o historiador inglês atribui às pessoas adultas que chegam tardiamente à escola também vale, mas em uma diferente perspectiva, a adolescentes, como as e os ocupantes das escolas públicas no Brasil em 2015 e 2016, em boa parte com origem nas classes trabalhadoras. Tais adolescentes trazem experiências prévias e diferenciadas em relação à cultura escolar, peculiares à sua condição etária, bem como à sua condição de classe social. Ainda que sem o mesmo grau de acúmulo da experiência de pessoas adultas, as vivências dessas e desses adolescentes, com uma diferente perspectiva em relação ao tempo e ao espaço social, alimentaram o movimento das ocupações escolares. Tais experiências modificadas pela ação coletiva buscaram alterar radicalmente o processo educacional e propiciaram vivências formativas ímpares.

Alguns trabalhos sobre as ocupações secundaristas também buscaram analisar o movimento a partir da categoria da experiência de Thompson. Destaca-se o artigo de Borges e Silva (2019), que busca demonstrar que as e os adolescentes, estudantes de ensino médio, com origem nas classes populares, trazem às escolas públicas seu próprio conjunto de experiências vividas: as culturas juvenis, uma vida coletiva descrita por Juarez Dayrell como "organização desorganizada" e uma condição adolescente e estudantil que Danilo Martuccelli caracteriza como uma "cidadania pela metade". As experiências vividas por tais adolescentes das classes populares tendem a ser negadas pela instituição escolar, não fazendo parte do currículo, assim como as instituições da democracia representativa as desconsideram como tema de discussão pública.

Nesse sentido, o movimento das ocupações promoveu outra relação entre educação escolar e experiência, principalmente a experiência de estudantes adolescentes, mas também as de outros sujeitos que vieram colaborar com as e os ocupas, como docentes, militantes de entidades estudantis e partidárias, advogadas e advogados de sindicatos, entre outras e outros. Contudo, o movimento viveu um severo processo de deslegitimação, de ameaças e de repressão, que foi mais forte em alguns lugares do que em outros, marcando, entretanto, a vivência das ocupações onde nosso olhar mais se firmou, o Sul de

Minas Gerais. Ocupas tiveram seus direitos humanos ameaçados ou violados, em especial, pela sociedade política, na figura de policiais, governantes, representantes do poder judiciário e membros da burocracia escolar, mas também por parte da sociedade civil, em alguns locais organizada em contramovimentos de desocupação (MEDEIROS; JANUÁRIO; MELO, 2019).

Afirma ainda Thompson (*apud* BORGES; SILVA, 2019, p. 261) que "somente em circunstâncias excepcionais as pessoas realmente vão além de sua experiência local, de seus valores vividos e apresentam um desafio mais amplo". Não é rotineiro que a experiência vivida se torne a experiência modificada que alimenta a ação coletiva. Mas foi isso que ocorreu durante as ocupações estudantis de 2015 e 2016, quando adolescentes modificaram, ou tentaram modificar, o próprio *status* da condição adolescente e estudantil (BORGES; SILVA, 2019). Tornaram-se, em alguns momentos, em alguns lugares, ocupas que carregaram anseios de que direitos sociais não fossem destroçados pelas políticas neoliberais do governo Temer, tanto quanto protagonistas de uma forma educacional muito diferente daquela que era vivida cotidianamente, dando razão a Thompson (2002) quando ele afirmou, como já trouxemos, que a experiência pode modificar de modo radical o processo educacional. Essa foi uma oportunidade histórica e experiência transformada que, em geral, pela violação dos direitos de tais jovens, foi perdida.

Outro autor de grande importância para nossas pesquisas tem sido Jacques Rancière, principalmente, por sua concepção de política como dissenso e o seu conceito de subjetivação política. A política como dissenso promove um abalo na ordem social inigualitária, que se deseja "natural" ou mais racional. Ela é momento raro na história, assim como são parcos e volúveis os processos concomitantes de subjetivação política. São como aqueles momentos excepcionais, quando, segundo Thompson, as pessoas "apresentam um desafio mais amplo".

Contudo, as ideias de Rancière que desejamos trazer agora se referem ao significado da história e à própria história da classe proletária francesa no século XIX. Elas também têm sido importantes para nos atentarmos ao modo como devemos lidar com os registros e os relatos das e dos ocupas sobre sua experiência histórica. Elas têm reforçado ideias de Thompson, em especial para evitar uma postura de superioridade de quem pesquisa sobre as pessoas que são pesquisadas, que costuma tratar o sujeito que faz e se faz na história ora como ser ingênuo, ora como totalmente inconsciente em relação ao sentido histórico de suas ações. Também, não nos parece nada melhor a postura que mistura condescendência e idealização dos movimentos sociais, normalmente com a intenção de destacar dos eventos apenas aquilo que afirma convicções teóricas e até mesmo políticas de quem está pesquisando.

Filósofo e historiador francês, Rancière era discípulo de Louis Althusser, que desenvolveu um marxismo estruturalista de grande impacto nos anos 1960. O movimento estudantil e operário na França de 1968 teria afastado o discípulo do mestre. A ruptura teve motivos teóricos, quando Rancière rechaçou a concepção de ideologia como alienação de seu mestre, assim como a noção estritamente econômica de classe: para o agora ex-discípulo, o movimento de 1968 constitui-se em lutas de classe, nas quais as ideias ou ideologias tiveram papel preponderante. Rancière também se opunha ao elitismo intelectual de Althusser, que afirmava que intelectuais fazem ciência ao descobrir os fundamentos das estruturas, saber que deveriam transmitir às demais pessoais (RANCIÈRE, 2018). De imediato, o ex-discípulo vai tomar partido da "autonomia das revoltas populares que haviam tomado as ruas" (RANCIÈRE, 2014a, p. 124), se aproximando de grupos maoistas no início dos anos 1970.

Logo, porém, Rancière passou a desenvolver um *corpus* teórico original, com base na pressuposição radical da igualdade entre todas as pessoas, em especial graças à pesquisa que deu origem ao livro *A noite dos proletários*, publicado em 1981, depois de dez anos de investigações em arquivos históricos sobre a imprensa operária dos anos 1830 a 1850 (RANCIÈRE, 1988). A obra é uma espécie de acerto de contas com a noção de história criada desde o século XIX, aquela que afirmava ter superado a história da realeza e dos "grandes fatos" em prol da história das "massas" e do cotidiano. Rancière vai considerar que, nessa nova história, seja a marxista, seja a "história das mentalidades", historiadoras e historiadores não tomam os textos e as falas populares como tendo valor em si, mas apenas como indício ou sintoma ou, ainda, ideologia no sentido de falsas ideias. Historiadoras e historiadores presumem falar a verdade por detrás das falas populares, descobrindo os processos e as estruturas (VOIGT, 2018). Segundo Rancière (1988), a história marxista sobre a classe trabalhadora do século XIX trazia subentendida outra forma de rejeitar o que falavam e pensavam mulheres e homens do proletariado: a verdade da revolução estava no modo de vida, no cotidiano e no trabalho dessas pessoas, mas elas mesmas não poderiam conhecê-la. Acaso elas mesmas quisessem fazer a filosofia da emancipação operária, só iriam reproduzir o pensamento ideológico criado pela burguesia para cegá-las.

A noite dos proletários percorre a construção dos sonhos da emancipação operária, nas noites em que se encontram diversas pessoas: proletárias metidas a intelectuais, intelectuais e burguesas empobrecidas e socialistas utópicas (discípulas de Saint-Simon e Cabet). Essas pessoas se encontram em tabernas, casas e ruas, produzem jornais, livros e poemas. Assim, a "cultura proletária" não emanava de maneira inconsciente e espontânea do modo de vida e do trabalho do operariado, mas justamente de sua interrupção, nessas noites roubadas do sono. Também, não emanava de modo "puro", unicamente como expressão de operárias e operários, mas no seu encontro com outros sujeitos, pequeno-burgueses e burgueses empobrecidos que ajudaram a construir discursos para o próprio proletariado, tanto quanto para confrontar o outro, o oponente burguês (RANCIÈRE, 1988).

Esse encontro com operárias e operários, tentando produzir jornais e trocando cartas sobre suas próprias impressões acerca da vida, quando rompem com o cotidiano em sua "normalidade", fez com que Rancière resolvesse um dilema sobre sua posição como intelectual (RANCIÈRE, 2010). Primeiro, quando seguia Althusser, acreditava na concepção do sujeito intelectual como o conhecedor da verdade do sistema, cuja missão era a de instruir a classe trabalhadora. Depois, ao aderir ao maoismo, passou a acreditar que era preciso que o sujeito intelectual se misturasse com as pessoas trabalhadoras, para ser instruído por elas. Ambas as atitudes não teriam dado certo, o que o levou a "investigar a história do movimento operário, para entender os motivos do desencontro contínuo entre os trabalhadores e os intelectuais que os visitavam" (RANCIÈRE, 2010, p. 119). O encontro com as publicações do operariado o levou a descobrir que estas pessoas não viviam apenas imersas em seu trabalho diurno e seu descanso noturno, que eram capazes de serem "expectadoras" de sua própria classe social e falarem sobre si mesmas. Desse modo, o filósofo e historiador francês passa a considerar que elas também eram intelectuais — qualquer pessoa é —, rejeitando a distância entre duas populações (a que trabalha e a que pensa). Passa a defender como corolário uma igualdade ou semelhança entre as pessoas "que deve ser reconhecida e colocada em jogo na própria produção do conhecimento" (RANCIÈRE, 2010, p. 120).

Se Rancière procura superar a desvalorização, pela historiografia, do sujeito operário como sujeito histórico — ingênuo, alienado e inconsciente —, por outro lado, também não defende uma idealização que, no final, também costuma servir para quem pesquisa comprovar ou reforçar convicções prévias. A história idealizada costuma selecionar dados que reiteram determinadas concepções preestabelecidas, minimizando ou ignorando outros, mesmo quando os sujeitos pesquisados reiteradamente confirmam, em suas falas e ações, a sua importância. Em contrapartida, Rancière nos convida a tratar os sujeitos históricos como pessoas em condição de igualdade intelectual e capacidade de ação social e política, como quaisquer outras, incluindo quem faz a pesquisa histórica. Também, a tratar de suas criações como expressões culturais tão válidas quando o texto historiográfico, filosófico e científico.

Desse modo, escrever história passa a significar um reconto de nossa própria aventura intelectual entre os sujeitos históricos — em nosso caso, as e os ocupas — e um convite para quem lê que faça a "sua própria tradução" (RANCIÈRE, 2010, p. 121).

4. Relatos sobre a formação política e violações de direitos

Segundo Gonçalves e Rena (2019), de outubro a dezembro de 2016 foram ocupadas 157 escolas públicas em Minas Gerais. O município com maior número de escolas ocupadas foi Uberlândia, 25 escolas, outro caso do movimento das ocupações em que o interior do estado ou a periferia da capital teve importância fundamental. A capital, Belo Horizonte, teve 24 escolas ocupadas. Poços de Caldas, no Sul de Minas, e Betim, na região metropolitana de Belo Horizonte, ficaram na terceira posição, cada qual com seis escolas ocupadas.

As principais ameaças e violações de direitos, em Minas, foram protagonizadas por sujeitos que também tiveram a mesma atitude em outros estados, durante as ocupações: burocracias escolares e Polícias Militares (MEDEIROS; JANUÁRIO; MELO, 2019). Ainda, acrescentam-se, entre algozes, parte da sociedade civil e das imprensas locais, que incentivaram ações violentas de desocupação de escolas. Tanto nos relatos durante o Seminário, quanto nas entrevistas de ocupas em Minas, vamos encontrar, às vezes lado a lado, registros saudosos acerca da formação política e pessoal propiciada pela luta e registros de angústia, desgaste e medo diante da longa duração do processo e, principalmente, diante das ameaças e das violências sofridas.

Entre os relatos, durante o Seminário Memorial das Ocupações Estudantis, sobre a importância da participação no movimento para a formação política e pessoal das e dos ocupas, encontramos tanto estudantes de IES quanto secundaristas. Uma belíssima sistematização foi apresentada por um estudante de História, durante a Mesa sobre as ocupações de IES no Sul de Minas:

> *[...] Além de ter sido um marco para o movimento estudantil de todo o país, a ocupação também foi um marco para todos aqueles que a construíram individualmente. Para mim em particular, uma espécie de emancipação, no sentido de que a ocupação possibilitou pensar com uma maior bagagem o meu lugar*

> *social dentro da coletividade, saber que as ações espontâneas são necessárias para a luta política, mas que a organização política em coletivos também o é. A própria ocupação é resultado de espontaneísmo e de organização política. [...]. E sim, a ocupação de um espaço público é um espaço de disputas. Disputamos tanto por esse espaço quanto por disputas internas. E tais disputas não implicam em desordem, ao contrário, estimulam o aperfeiçoamento de ideias em conflito, estimulam a autocrítica e o enfrentamento. Estávamos ali para aprender, afinal. Nossos erros e acertos foram parte de um processo de aprendizagem que não cessou.*
>
> *Durante esse enfrentamento, pensamos que o ato de ocupar não deveria se restringir ao fato de estarmos meramente dormindo naquele local, nossa proposta era conhecer e ressignificar aquele espaço. [...]. Nossa ocupação não promoveu a interrupção de aulas, nós transformamos aqueles prédios em espaços de formação política, professores ofereceram aulas abertas nas quais compareceram mesmo pessoas que não estavam ocupando. [...].*
>
> *A questão é que esse movimento produz uma cultura política de participação na universidade* (Estudante independente, graduando em História, durante Mesa sobre as ocupações em IES, 8 nov. 2017).

Registra-se, anteriormente, a importância de estudantes independentes para o movimento das ocupações, não apenas nas escolas públicas, mas também nas IES, mesmo onde os coletivos estudantis ligados a partidos de esquerda eram mais atuantes. Trata dos aprendizados pela luta não apenas como formação política, mas como formação pessoal, como construção e até transformação de si. Trata da formação de uma "comunidade de iguais" (RANCIÈRE, 2014b), ainda que a partir de sujeitos heterogêneos (independentes e militantes) que, apesar de conflitos, mas justamente por causa deles, construiu uma coletividade com autonomia e capacidade de autoformar-se — apresentando uma alternativa de relações educacionais à própria universidade.

As entrevistas com secundaristas têm trazido relatos muito semelhantes, ainda que sistematizados de outras formas, acerca do impacto subjetivo e coletivo das ocupações.

> Eu digo que quem passou pela ocupação, passou por uma experiência que eu não tenho como descrever. Aprendemos muito, todos os dias

havia algo para ser debatido. Tivemos aulas incríveis lá dentro. Havia música, debates, textos, rodas de conversa, e não precisava sempre chegar alguém de fora para fazer isso, nós pegamos o costume de fazer (sozinhos) e criticar além, e isso foi ótimo em todos os aspectos (Gabi, estudante secundarista, *apud* SILVEIRA, 2019, p. 55).

Fazíamos as formações à noite, convidando uma pessoa que soubesse sobre o tema ou que tivesse alguma experiência de vida com relação ao tema. Ela discutia, falava, a gente concordava ou não com ela, e a gente dava nossas opiniões. Mas assim, antes de ocupar, quando a gente foi formular mesmo sobre isso tudo, para decidir se a gente ia ocupar mesmo a escola, nós conversamos sobre tudo. Falamos sobre a PEC, conversamos e estudamos tudo. A Escola sem Partido, por exemplo, foi muito debatida por nós, porque ninguém queria deixar de poder ter opinião. [...] Sim, quando a gente foi formular todo aquele processo na sala ainda, a gente viu que as pessoas não tinham noção do que era a política e de como elas poderiam entrar nesse meio e foi ali onde surgiu um pouco de esperança e entendimento. Com ajuda de outras pessoas, cada um foi colaborando com um tipo de conhecimento, e aí, nesse processo, cada um foi vendo como poderia ajudar e compactuar nisso, dentro desse cenário político. Todos nós ficamos de "cabelos arrepiados" e até hoje estamos, mas todo mundo pode ver que poderia fazer parte daquilo. O cenário político ali no cotidiano da nossa sala de aula parecia que era distante, mas ali (nas ocupações) o aluno viu que poderia fazer alguma coisa, e poderiam participar (Ana, estudante secundarista, entrevistada em 2018, *apud* SILVEIRA, 2019, p. 63).

Acho que o pessoal mesmo que começou a puxar a ocupação, eles me ensinaram muito. Eu era considerado o mais velho da ocupação na escola, quase tudo foi em cima de mim, eles achavam que eu estava puxando todo mundo. Mas esses meninos mais novos conseguiram me mostrar um mundo diferente, eles conseguiram engajar em mim meu lado político. O pessoal do movimento estudantil da universidade também deu muita força, ensinou muita coisa que a gente não sabia (Pedro, estudante secundarista, entrevistado em 2019).

Esses trechos das entrevistas destacam a preocupação das e dos ocupas secundaristas em aprender aquilo que a ação coletiva revelava como necessário, não apenas na preparação da ocupação, mas também durante ela. Buscavam aprender não somente como organizar a ocupação, mas principalmente porque ela estava sendo feita, quais eram as demandas e suas justificativas. Percebem-se a humildade e a autonomia em buscar o que não se sabia ou o que era insuficientemente conhecido, procurando o diálogo com outros sujeitos, em geral, mais velhos — como militantes e ocupas da universidade —, mas também mais novos. Nesse aprendizado coletivo, que também era um coaprendizado com pessoas com maior experiência na ação coletiva, destacam-se o clima de dialogicidade e o desejo de construir sua própria opinião. Enfim, o esboço de outra forma de educação, baseada na participação e na construção contínua da autonomia, que foi capaz inclusive de fazer com que tais estudantes se sentissem realmente como parte da escola.

Contudo, não é possível deixar de trazer algo que também foi central, mesmo que inesperado e até indesejado, mas igualmente importante para entender os possíveis impactos formativos e subjetivos das ocupações: os registros sobre as ameaças e violações sofridas por ocupas durante o movimento, especialmente por secundaristas. Ao lado das angústias e do intenso desgaste físico e mental, bem como a decepção de, no retorno às aulas, verificar que a escola ou IES pouco ou nada se transformara, as ameaças e as violações explicam por que muitas e muitos ocupas pouco falaram entre si sobre a ação coletiva. Houve ocupas que preferiram se calar, recusando o convite para falar na mesa sobre as ocupações secundaristas, durante o Seminário, ou negando a conceder entrevista para a pesquisa.

Durante a segunda roda de conversa, uma ocupa da universidade reconheceu: *"após um ano, não falamos muito das ocupações, agora é que estamos reprocessando. [...] O Memorial é como um momento de renascer"*, contudo, o *"trauma ainda existe, tem gente que não quer conversar ainda sobre o assunto"*.

Já o relato a seguir, de uma estudante secundarista durante o Seminário, sintetiza a decisão de ocupar, mas a oposição enfrentada:

> *Víamos as ocupações em outros estados, e aqui no Sul de Minas estava tudo parado. Se reuniram para debater sobre como as pessoas poderiam saber sobre o que estava acontecendo. A ideia da ocupação, de início, era só para três dias, mas foram 21 dias. De início, a maior dificuldade foram os próprios alunos, mais os do 3º ano do Ensino Médio. Depois, com os pais dos alunos, mais os do Ensino Fundamental. Houve muitas ameaças, a mídia ficou contra. Tinha medo de andar na rua. Mas também tivemos apoio dos pais, abriram a escola para pais e alunos em palestras, e ganharam mais apoio com isso* (Mulher, estudante secundarista, independente, durante Mesa sobre as ocupações secundaristas, 7 nov. 2017).

Os relatos mais dolorosos que colhemos, tanto no Seminário quanto nas entrevistas com ocupas de Minas, foram de uma escola específica do Sul de Minas Gerais. No primeiro dia da ocupação, direção e parte da docência incitaram estudantes do 3º ano do ensino médio a agredir estudantes que davam início à ação, mesmo após terem sido feitas assembleias e diversas reuniões nos dias anteriores. A polícia militar invadiu a escola e agrediu alguns estudantes, enquanto um morador feriu com uma marreta (trazida, a princípio, para arrebentar os cadeados colocados no portão por ocupantes) a mãe de uma ocupa, fraturando sua perna. Um veículo eletrônico da mídia local, em especial, passou a incitar a população contra as ocupações, especialmente contra essa escola, em um bem-sucedido contramovimento que passou a amedrontar as e os ocupas, conforme o relato a seguir reforça:

> *A questão foi a incitação ao ódio que teve contra. Começou com a escola da periferia, em que acharam pinos de cocaína. Começou aqui no município um negócio de incitar o ódio contra os estudantes com aqueles pinos de cocaína, que acharam fora da escola. Para mim, aquilo foi colocado. Depois daquilo, era reportagem atrás de reportagem, tanto que eu lembro que o [nome do jornal] publicou uma foto minha. [...] Aí eu ia lendo aqueles comentários [sobre a reportagem com sua foto], só a galera xingando, acabando com a nossa vida e eu nem tinha falado pra minha mãe que eu ia ocupar, porque eu sabia que não ia deixar. Eu só saía de casa de manhã e vinha pra ocupar a escola, e eu*

> *vendo aqueles comentários, a galera falando, tipo assim: "Ah! É falta de apanhar", "Ah! Vamos pegar na rua", uns trens bizarros assim. E a minha mãe me ligando, falando "O que você está aprontando? O que você está fazendo? Sai daí!". E eu falava, "não vou sair"* (Mulher, estudante secundarista, entrevista, 2019).

As ameaças e as violações de direitos civis e políticos nessa escola suscitaram a ação de outra parte da sociedade civil e política para a apuração dos fatos e punição de responsáveis. O Grupo de Estudos sobre a Juventude recebeu aquela mãe que teve sua perna fraturada que, desolada, nos entregou cópias dos documentos dessa ação e a frustrante resposta das autoridades, arquivando os processos. Isso também nos motivou a tentar fazer as intervenções com a Secretaria Estadual de Educação, narradas no início deste texto. Aliás, a Secretaria tinha escolhido justamente essa escola como uma das "escolas-piloto" para experimentar o que preconiza a nova Lei do Ensino Médio, lei a qual justamente as e os ocupas lutaram — em vão — para que não vingasse, ao lado do rechaço à PEC 142/55 — outra luta perdida. Em nossa segunda intervenção, em um evento acadêmico na capital mineira, Mayara Rossato leu uma moção de apoio às e aos secundaristas, que ela escreveu com o autor deste capítulo.

> [...] divulgamos essa Moção de Apoio aos secundaristas do Sul de Minas Gerais, que durante o movimento de ocupação de suas escolas, no final de 2016, tiveram seus direitos humanos violados por meio de ações coercitivas em forma de assédio moral, agressão física e psicológica e ataques da mídia local, com notícias falsas que minaram e deturparam a imagem das ocupações frente à cidade.
>
> [...] Desejamos reforçar o que já comunicamos, [...] para que haja um retorno sobre os processos que correm em relação às responsabilidades dos gestores do Estado para com essa violação sofrida por secundaristas que exerciam seu legítimo direito à manifestação política.
>
> Manifestamos que esta negligência constitui-se também uma irresponsabilidade pedagógica, considerando que os estudantes vitimados não

> tiveram quaisquer respostas à violação de seus direitos e continuaram sofrendo no cotidiano com as retaliações e ameaças daqueles que deveriam ter o papel de educadores.
>
> Manifestamos enfim nosso estranhamento diante da adesão de um governo popular à reforma do ensino médio promulgada de modo ilegítimo, como medida provisória, por um governo federal que é fruto de golpe institucional. Reforma contra a qual os secundas se mobilizaram por meio das ocupações.
>
> Adesão manifesta justamente na escola onde mais ocorreram violências contra os secundas, onde está sendo implementado um experimento de escola dita integral preconizada pela reforma do governo federal e ilegítimo.
>
> Essa adesão significa o completo descarte de riquíssimas experiências educacionais e políticas cultivadas no cotidiano das ocupações, cujo exercício de auto-organização e a riqueza das atividades formativas realizaram, aqui e agora, a utopia de uma outra escola realmente democrática e significativa às e aos jovens (Moção de apoio do Grupo de Estudos sobre a Juventude da UNIFAL-MG a estudantes secundaristas de Minas Gerais, lida durante o II Simpósio Aproximações com o Mundo Juvenil, na FAJE [Faculdade Jesuíta de Filosofia e Teologia], em Belo Horizonte/MG, em 25 jan. de 2018).

A moção de apoio era também a nossa forma de traduzir o que aprendemos junto às e aos ocupas secundaristas sobre por que e como lutar, assim como sobre por que e como aprender e ensinar. Diante dela, assim como de tantas outras tentativas das e dos ocupas para que suas vozes fossem realmente ouvidas, concluímos que é realmente grande a dificuldade de as instituições políticas e educacionais, assim como de parte importante da sociedade civil, compreenderem a relevância da assunção de adolescentes como sujeitos políticos e a sua luta pelos direitos sociais. O que podemos fazer, ao menos por enquanto, é não deixar que essas vozes e essas lutas caiam no esquecimento. Tanto, ou talvez até mais do que as lutas vencedoras e as demandas conquistadas, as lutas e as causas derrotadas indicam o caminho a ser seguido pelos desejos emancipatórios.

Referências

BENJAMIN, Walter. Sobre alguns temas em Baudelaire. *In*: BENJAMIN, Habermas, Horkheimer e Adorno. São Paulo: Abril Cultural, 1983. p. 29-56. (Coleção Os pensadores).

BORGES, Scarlett Giovana; SILVA, Rodrigo Manoel Dias da. Condição adolescente e socialização política nas ocupações secundaristas em Caxias do Sul, RS. *Práxis Educativa*, v. 14, n. 3, p. 1-17, 2019.

COSTA, Adriana Alves Fernandes; GROPPO, Luís Antonio (org.). *O movimento de ocupações estudantis no Brasil*. São Carlos: Pedro & João, 2018. p. 263-292.

GONÇALVES, C. P. B.; RENA, L. C. C. B. O movimento de ocupação das escolas em Minas Gerais: formação política através da ação coletiva. *In*: MEDEIROS. Jonas; JANUÁRIO, Adriano; MELO, Rúrion (org.). *Ocupar e resistir*: movimento de ocupações de escolas pelo Brasil (2015-2016). São Paulo: Editora 34, 2019. cap. 9, p. 222-243.

GROPPO, Luís Antonio; ROSSATO, Mayara Hellen Lemes; COSTA, Mayra Cristina. Extensão, pesquisa e engajamento: aprendizado de lutas e dores no Seminário Memorial das Ocupações Estudantis. *Revista Conexão UEPG*, Ponta Grossa, v. 15, n. 1, p. 59-68, 2019. Disponível em: www.revistas2.uepg.br/index.php/conexao/article/download/12518/209209210492. Acesso em: 10 maio 2019.

MEDEIROS, Jonas; JANUÁRIO, Adriano; MELO, Rúrion. Introdução. *In*: MEDEIROS, Jonas; JANUÁRIO, Adriano; MELO, Rúrion (org.). *Ocupar e resistir*: movimento de ocupações de escolas pelo Brasil (2015-2016). São Paulo: Editora 34, 2019. p. 19-36.

RANCIÈRE, Jacques. *A noite dos proletários*: arquivos do sonho operário. São Paulo: Companhia das Letras, 1988.

RANCIÈRE, Jacques. O espectador emancipado. *Urdimento*. v. 1, n. 15, p. 107-122, 2010.

RANCIÈRE, Jacques. *O ódio à democracia*. São Paulo: Boitempo, 2014a.

RANCIÈRE, Jacques. *Nas margens do político*. Lisboa: KKYM, 2014b.

RANCIÈRE, Jacques. "A política é imaginação." Entrevista com Jacques Rancière. *Revista IHU [on-line]*, São Leopoldo: Instituto Humanitas Unisinos, 27 jul. 2018. Disponível em: http://www.ihu.unisinos.br/78-noticias/581209-a-politica-e-imaginacao-entrevista-com-jacques-ranciere. Acesso em: 30 jul. 2018.

SILVEIRA, Isabella Batista. *"Lute como uma menina"*: gênero e processos de formação na experiência das ocupações secundaristas. 2019. 107 f. Dissertação (Mestrado em Educação) — Universidade Federal de Alfenas, Alfenas.

THOMPSON, E. P. *A formação da classe operária inglesa*. 4. ed. Rio de Janeiro: Paz e Terra, 1987. v. 1: A árvore da liberdade.

THOMPSON, E. P. Educação e experiência. *In*: THOMPSON, E. P. *Os românticos*: a Inglaterra na era revolucionária, Rio de Janeiro: Civilização Brasileira, 2002, p. 11-48.

VOIGT, André F. Jacques Rancière e a história: uma introdução. *Cadernos de História*, Belo Horizonte, v. 19, n. 30, p. 211-234, 2018.

A luta da rede nacional de pessoas vivendo com HIV/Aids (RNP+) contra a precarização do SUS*

Ana Targina Rodrigues Ferraz
Ericles França Ribeiro de Souza

No interior do modelo democrático representativo, na perspectiva neoliberal, a participação popular constitui uma ferramenta de gestão, um recurso para aumentar a eficiência das políticas, descentralizando, diminuindo as burocracias, mas na direção de fomentar formas de colaboração entre Estado e sociedade civil ou transferir responsabilidades do Estado para a sociedade (para as organizações sociais, para empresas privadas e instituições filantrópicas, por exemplo). Nessa perspectiva de participação, os conselhos são tomados como instâncias de colaboração e legitimação de propostas e projetos formulados pelo Executivo, com conexões e participações nem sempre claras, esvaziando o seu poder e fortalecendo um modelo elitista e restritivo de participação democrática. O que resulta numa combinação entre

* Rede Nacional de Pessoas vivendo com HIV/Aids.

democracia participativa e democracia representativa, em que esta última, a democracia representativa, subordina a democracia participativa impondo suas regras e dinâmica de funcionamento (a ampla liberdade de decisão dos representantes, a ausência de intercâmbio entre representantes e representados, entre outras características).

Os conselhos, então, têm apresentado uma baixa capacidade de inovar e efetivamente democratizar o processo de formulação e fiscalização das políticas públicas a partir da participação das organizações da sociedade civil, sugerindo uma participação mais reativa, colaboracionista e pouco crítica.

Os muitos estudos de caso realizados em todo o Brasil, acerca das experiências dos conselhos municipais e estaduais de saúde, têm sinalizado que o funcionamento dos conselhos, e mesmo de outras instâncias e experiências de participação, apresenta uma tendência à contenção e ao disciplinamento das expressões de divergências, conflitos e demandas, reduzindo, portanto, sua capacidade de efetivamente alterar o processo de formulação das políticas públicas e sociais.

É necessário avaliar quais esforços movimentos sociais, sindicatos e demais organizações da sociedade civil estão empreendendo na ocupação desses espaços. Para tanto, é importante considerar os principais desafios que hoje o funcionamento dos conselhos e das demais instâncias de participação social tem colocado para gestores e organizações da sociedade civil.

Considerando que os mecanismos de participação do Sistema Único de Saúde (SUS) compõem há mais tempo o que temos chamado de sistema nacional de participação (SANTOS JUNIOR; RIBEIRO; AZEVEDO, 2004), pesquisamos quais são as tendências mais recentes na constituição dos movimentos sociais (redes, coletivos e fóruns como modelos de organização e mobilização dos movimentos sociais e que se caracterizam pela ausência de hierarquias, pela diversidade organizacional, pela informalidade e pela maior fluidez na comunicação e nas mobilizações com o uso das novas tecnologias e plataformas de informação e comunicação) (GOHN, 2013; SUBIRATS, 2011) e seus impactos sobre o processo de participação nos conselhos gestores da política de saúde.

Interessa-nos verificar como os conselhos gestores da política de saúde, cuja dinâmica de funcionamento tem sido muito similar à dos parlamentos, caracterizada pelo descolamento entre representantes e representados, pela burocratização e pela discussão de temas pouco relevantes para a resolução dos problemas de saúde da população, têm sido capazes de mudar e absorver as demandas por participação direta dos mais recentes movimentos sociais organizados em redes, coletivos e fóruns (BRAVO; CORREIA, 2012).

Nesse sentido, as muitas organizações que fazem parte do movimento LGBT[1] (Lésbicas, *Gays*, Bissexuais, Travestis, Transgêneros, Transexuais, Intersexuais e *Queers*) constituem um espaço importante para a observação desse processo na medida em que, simultaneamente, tanto inovam na comunicação e mobilização de seus militantes e na sensibilização da sociedade para suas pautas, quanto não deixam de ocupar os espaços institucionais de participação do SUS. Por isso a escolha de uma organização do movimento (a RNP+ no Espírito Santo), que se organiza em rede, ocupa os conselhos municipais de saúde e tem realizado enfrentamentos contra as contrarreformas regressivas da política de saúde, pode ilustrar o desenvolvimento de diferentes tendências dos movimentos sociais e das experiências de participação democrática.

O contexto em que surge a RNP+

A epidemia da SIDA (Síndrome da Imunodeficiência Adquirida, também conhecida por sua sigla em inglês Aids[2]) no Brasil tem sido historicamente atravessada por diversos elementos sociais e culturais que dificultam seu enfrentamento. Desde seu surgimento, na década de 1980, até sua expansão em todo o território nacional e em todas as classes

1. Usaremos a sigla LGBT neste trabalho por ser a sigla usada pela RNP+ no momento da pesquisa. Sabemos que dentro do movimento esta é uma questão em debate.

2. A partir de agora usaremos a sigla em inglês, cujo uso foi consagrado desde os anos 1990.

sociais na década de 1990, a epidemia da Aids expressava não apenas um problema de saúde pública, mas também as contradições mais gerais de uma sociedade hegemonicamente conservadora (MARQUES, 2002).

Esse elemento é relevante para compreendermos de que modo a política de enfrentamento ao HIV/Aids dentro da política de saúde se constitui no Brasil, seus rumos e o papel dos movimentos sociais em sua construção e desenvolvimento. Tal compreensão é particularmente importante, porque a RNP+ é um movimento auto-organizado por pessoas que vivem com o HIV/Aids e que tanto em suas vidas particulares quanto como sujeitos coletivos sofrem com a resistência conservadora ao debate e ao estudo dos temas relativos ao gênero, à diversidade sexual e a tudo o que afeta a população LGBT.

Observamos como os traços elitistas e conservadores de nossa cultura estimularam uma abordagem negativa do aparecimento da infecção pelo HIV. Na época em que foram notificados os primeiros casos da doença no país, esse conservadorismo social dificultou até mesmo a produção científica acerca do tema. O assunto, que requer estudos em diversos campos da ciência (biologia, medicina, enfermagem, sociologia, antropologia, serviço social, saúde coletiva e outros) para que possa ser compreendido em suas diferentes dimensões, foi subjetivado e transformado em tabu na medida em que julgamentos moralistas em torno da doença atribuíam suas causas ao comportamento sexual ("liberal" e "promíscuo") da comunidade LGBT. Os impactos negativos também afetaram os debates sobre liberdade sexual promovidos pelo movimento LGBT, que nesse momento enfrentou uma forte resistência social conservadora em decorrência do estigma envolvendo a doença que passou a ser chamada de "câncer *gay*" (CARVALHO; PAES, 2011).

Simultaneamente ao crescimento da epidemia de Aids no país, a partir do final da década de 1980 ocorrem mudanças profundas na política de atenção à saúde e também nas relações entre Estado e sociedade civil, que podemos identificar de forma concreta na implementação do Sistema Único de Saúde (SUS) e dos Conselhos Gestores da Política de Saúde (na União, estados e municípios). Tais mudanças apontavam para o incremento das possibilidades de participação popular por parte dos movimentos sociais que, representados nos conselhos gestores da política de saúde, passam a dispor de ferramentas institucionalizadas de controle social das ações do Estado (BRAVO; MENEZES, 2012).

Essas mudanças nas relações políticas e sociais nos instigaram a perguntar como exatamente os movimentos sociais vinculados à população LGBT, após o extenso período de repressão e contenção vivido durante a ditadura militar (1964-1985), poderiam se organizar para o enfrentamento do conservadorismo moral em torno do HIV e, ao mesmo tempo, para participar da construção de uma política pública de saúde, de caráter universal e de qualidade?

Setores mais progressistas da sociedade brasileira articularam, desde os anos 1970, um amplo movimento pela reforma da política de saúde no país (o movimento pela reforma sanitária) envolvendo usuários, trabalhadores dos serviços de saúde e estudiosos e apontando para mudanças em três direções: a da politização da saúde, rompendo com o racionalismo, o burocratismo e o tecnicismo; a mudança da norma constitucional para que esta incorporasse a saúde como um direito; e a alteração da estrutura institucional dos fundamentos e das práticas institucionais (SOARES, 2012).

Porém, por mais otimistas que os militantes do movimento pela reforma sanitária pudessem ser quanto aos resultados das articulações entre sociedade civil e Estado e das mudanças processadas na política de saúde a partir da Constituição de 1988 e da Lei Orgânica da Saúde (Lei n. 8.080 e Lei n. 8.142), a reforma sanitária brasileira encontrou seus limites na crise (econômica, social e política) do capital, que se desenvolve desde os anos 1970, e nas respostas (de cunho neoliberal) dadas pela burguesia a ela (a mundialização financeira, a reestruturação produtiva, a flexibilização da produção e dos contratos de trabalho, a redução dos gastos sociais do Estado). O movimento de contrarreforma da política de saúde possui como principal característica a transformação dos serviços de saúde em importantes nichos para investimentos e lucros. O subfinanciamento estatal da política, a compra de serviços do setor privado e a expansão da chamada rede complementar (clínicas, hospitais e serviços privados de saúde) tornam-se medidas fundamentais para a expansão do capital no setor (SOARES, 2012).

Nesse contexto, de contrarreforma da política de saúde impulsionada pelo avanço do neoliberalismo no país, surge a Rede Nacional de Pessoas Vivendo com HIV/Aids (RNP+), o primeiro movimento auto-organizado de pessoas vivendo com HIV/Aids (PVHA), com o objetivo de propor, acompanhar e fiscalizar políticas públicas para a população soropositiva. Esse movimento se articula em 1995 a partir do 5º Encontro Nacional de Pessoas Vivendo com HIV/Aids, organizado pelo "Grupo Pela Vidda" (entidade privada sem fins lucrativos com o objetivo de promover ações em prol de pessoas vivendo com HIV/Aids[3]) do Rio de Janeiro. Porém apenas no ano seguinte (1996), durante o Encontro Nacional de ONGs/AIDS, um grupo de pessoas vivendo com HIV/AIDS deu consistência à rede ao estabelecer seus objetivos e aprovar uma carta de princípios (RNP+, 2010).

A RNP+ surge e se expande em contexto de crise capitalista e de crescimento, por outro lado, de resistências populares a respostas da burguesia à crise, especialmente após a grande crise de 2008. Nesse sentido, as formas de enfrentamento à contrarreforma da política de saúde, as articulações com outros sujeitos políticos e a ocupação dos espaços de controle social da política pela RNP+ revelam alguns dos traços dos movimentos sociais que emergiram em meio à crise e de suas relações com a institucionalidade democrática.

A configuração da RNP+ no Brasil e no Espírito Santo

A RNP+ Brasil se expande desde 1995 e está presente jurídica ou informalmente em todos os estados do país. Nesses 25 anos em que a RNP+ se expandiu por todo o território nacional, ela tem seguido

3. Para mais informações, ver Grupo Pela Vidda (2009).

um modelo organizacional que combina, simultaneamente, a representação e as relações mais horizontalizadas (menos hierárquicas e sem lideranças formais).

A RNP+ se organiza no Espírito Santo em 2004, a partir do incentivo de membros da Rede da região Sudeste. Os núcleos da Rede se concentram na região metropolitana da Grande Vitória (reúne oito municípios e a capital do estado) e contam com a participação de pessoas vivendo com HIV/Aids, familiares e trabalhadores dos serviços de saúde. O fato de se concentrar na região metropolitana não significa que a Rede não se organize nos municípios do interior. Durante as reuniões estaduais, observamos uma alta participação de representantes dos municípios de Linhares, Anchieta, Nova Venécia, Marataízes e Cachoeiro de Itapemirim.

Em Vitória, a RNP+ se organiza como pessoa jurídica (Associação Capixaba de Pessoas Vivendo e Convivendo com HIV/Aids), constituindo uma estratégia local para que o movimento pudesse obter o CNPJ e adentrar legalmente os espaços dos conselhos de defesa de direitos. Desde sua constituição no estado, a RNP+ participa de espaços políticos (com destaque para os conselhos municipais de saúde) para fiscalizar e propor políticas voltadas às pessoas vivendo com HIV/Aids (PVHA).

Em todos os estados em que a RNP+ se organiza, juridicamente ou não, ela estabelece uma forma de lidar com as demais organizações da sociedade civil e com organizações do Estado. Os participantes da rede elegem entre eles um representante e um vice-representante estadual. Essas pessoas são responsáveis por representar o movimento junto a outros movimentos sociais, organizações públicas ou outros espaços políticos. Esses representantes também são responsáveis pela organização das reuniões da Rede e pelos encontros do movimento (encontros para discutir temáticas de interesse dos participantes) e por sua expansão para outros municípios.

A preocupação com a expansão da rede é particularmente importante. Para a realização desse processo, o representante estadual delega a uma pessoa, que os militantes chamam de Ponto Focal, no município (que de acordo com os critérios de elegibilidade deve ser um morador do município, soropositivo e frequentar as reuniões municipais ou encontros estaduais da RNP+), algumas tarefas: organizar reuniões municipais entre as PVHA da região, com o caráter de acolhimento; realizar um levantamento das demandas apresentadas pelas PVHA no município e discuti-las nas reuniões; apresentar para as PVHA do município a RNP+, seus objetivos gerais e forma de organização. Após dois anos da delegação do Ponto Focal, as PVHA podem eleger, por meio de votação em reunião formal, um representante que, a partir desse momento, possui legitimidade para representar a RNP+ em reuniões dos conselhos gestores de políticas públicas, outros órgãos públicos, movimentos sociais ou eventos.

A formação de novas lideranças, entretanto, tem encontrado algumas dificuldades no estado do Espírito Santo, principalmente porque ocupar esse lugar pressupõe a exposição sorológica. Considerando o estigma negativo que ser portador de HIV ainda possui, esse passo se torna um grande desafio para alguns membros. Essas dificuldades parecem ser ainda maiores para os jovens e para os participantes que professam uma religião.

Visando combater essa dificuldade, as reuniões da RNP+ nos municípios da Grande Vitória possuem cinco principais características: o acolhimento de pessoas recentemente diagnosticadas ou que não conheciam a RNP+; a divulgação de informações relacionadas à vida da pessoa infectada pelo HIV (realizada a partir do compartilhamento da vivência pessoal de um membro que vive com HIV há mais tempo ou da apresentação do tema por um convidado trabalhador da área da saúde); explicitação do protocolo de atendimento à pessoa soropositiva nas unidades de saúde ou centros de aconselhamento e testagem; explicação sobre direitos e deveres da pessoa que vive com HIV/Aids, bem como do código de ética e conduta da RNP+; fomento do debate político qualificado a respeito das pautas específicas e mais gerais da RNP+. Tais atividades buscam estabelecer um ambiente de acolhimento e aceitação para que seus membros possam trabalhar a questão da exposição sorológica.

Observamos que esse trabalho influencia a percepção de alguns membros sobre o papel da RNP+. Uma parcela dos membros, durante as reuniões da Rede e nas entrevistas, demonstrou possuir pouco entendimento sobre o que é um movimento social. Notamos posições muito distintas sobre quais deveriam ser os objetivos da RNP+. Nesse sentido, há dificuldades na base do movimento em compreender a distinção entre o trabalho de ajuda mútua, quase filantrópico, desenvolvido pela rede e o trabalho político, ambos importantes nas mobilizações realizadas pela RNP+. Isso pode ser explicado pela grande diversidade social dos participantes da RNP+. Nos debates realizados nas reuniões, essas diferenças se explicitaram. Foram observados desde posicionamentos baseados em princípios religiosos (somos todos irmãos, iguais, devemos nos ajudar) até posicionamentos mais favoráveis às ações diretas e mais firmes de enfrentamento aos preconceitos e às insuficiências dos serviços públicos de saúde.

Em 2017, foi possível observar algumas mudanças na militância da RNP+. O movimento social organizou nesse ano uma mobilização em frente à Secretaria de Saúde do município de Vitória. Nos cartazes levados pelos participantes, liam-se: "Estamos sem exame de carga viral" e "SOS... políticas públicas de Aids no Brasil". Também foi realizado um abaixo-assinado com o objetivo de melhorar a atenção à política de HIV/Aids do município. A decisão por usar outras estratégias de mobilização acontece em meio a uma notável precarização dos serviços destinados aos portadores do HIV/Aids no estado. Atualmente, a política de HIV/Aids no Espírito Santo apresenta os seguintes problemas: falta e racionamento de medicações; falta do exame de carga viral (exame que mede a quantidade de vírus HIV por gota de sangue); falta do exame de CD4 (exame que possibilita avaliar a situação imunológica do paciente); falta de profissionais especializados na área de infectologia; enorme hiato entre as datas das consultas (foi notada uma diferença de seis meses entre uma consulta e outra para membros que estão com a carga viral indetectável) e o corte no PAM (Planejamento Anual de Metas do estado) das verbas destinadas ao custeio de ações de informação e prevenção à infecção pelo HIV (os encontros estaduais realizados pela RNP+ eram custeados por essa verba).

A atual situação pressionou a RNP+ a buscar diferentes estratégias de enfrentamento e também de participação na construção da política de HIV/Aids. O atual trabalho de informação realizado pela RNP+ junto à ACARD (Associação Capixaba de Redução de Danos) expressa essa busca. O projeto desenvolvido pela ACARD aborda pessoas em áreas consideradas de risco (pontos de encontro de usuários de drogas injetáveis e de profissionais do sexo), realiza o teste rápido de HIV e, se o resultado do teste for positivo, encaminha a pessoa à rede de serviços dos municípios e do estado. O projeto da RNP+ (junto à ACARD) consiste em abordar pessoas que vivem com HIV/Aids no Hospital das Clínicas, CTA (Centro de Testagem e Aconselhamento) de Vitória e no hospital da Santa Casa de Misericórdia. A RNP+ é apresentada, as pessoas são convidadas a participar das reuniões e acolhidas ao receberem o diagnóstico. A RNP+ também se preocupa com a adesão ao tratamento. A Rede entra em contato com as pessoas que demonstraram dificuldades na adesão ao tratamento e realiza intervenções para que elas retornem.

Nesses processos, percebemos a desresponsabilização do Estado com os serviços da política de HIV/Aids e uma certa filantropização das ações da RNP+, substituindo os serviços da rede de saúde no acolhimento e no acompanhamento das pessoas em tratamento.

Essa mudança na configuração do movimento social, que passa a executar ações de responsabilidade do Estado, tem sido um traço característico de alguns movimentos sociais desde o final dos anos 1990. Em face do fechamento do Estado às demandas dos movimentos sociais por sua suposta incapacidade em prover de forma eficiente as políticas sociais e por sua falência financeira, ressurgiram propostas e ações de ajuda mútua, bem como uma perspectiva colaboracionista, calcada no ideário neoliberal para responder à pobreza, à doença e ao desemprego, da relação entre movimento e Estado.

Na RNP+, observamos a combinação de características consideradas típicas dos movimentos sociais que surgiram na esteira da grande crise capitalista de 2008 (maior informalidade, organização horizontalizada e sem lideranças formais, fluidez, fragmentação) (GOHN, 2018) e outras dos movimentos sociais dos anos 1990, em que a institucionalização tanto por meio da formalização do movimento como ONG (Organização não Governamental) ou como OSCIP (Organização Social de Interesse Público) (MONTAÑO, 2007), quanto pela ocupação de espaços institucionais de decisão (os conselhos gestores de políticas públicas) e execução de serviços do Estado foi relevante.

Não há, portanto, nada que seja absolutamente novo nesse processo, uma vez que as ações de ajuda mútua também foram importantes na organização dos trabalhadores nos primórdios do capitalismo. Ou seja, esse movimento social apresenta traços em que tendências autonomistas, vinculadas à perspectiva de que a própria sociedade deve promover respostas aos seus problemas, convivem com a crítica ao processo de precarização e sucateamento das políticas sociais estatais. Ele parece condensar tanto a busca pela renovação dos modelos de organização e ação política dos movimentos sociais da segunda década do século XXI, quanto características dos chamados movimentos sociais tradicionais do século XX (GOHN, 2018).

Montaño (2007) apresenta em sua obra *Terceiro setor e questão social* uma preocupação com o enfraquecimento dos movimentos sociais e com a relação entre esse fenômeno e o processo de fortalecimento e legitimação de ONGs, instituições filantrópicas e assistencialistas como interlocutoras da sociedade junto ao Estado. Segundo o autor, esse movimento se deve graças à precarização da vida cotidiana na sociedade capitalista, principalmente em face da intensificação do neoliberalismo que, no Brasil, assim como em todos os países da periferia do capitalismo mundial, produz resultados cada vez mais catastróficos para a população trabalhadora (aumento do desemprego, precarização das relações de trabalho, aumento da informalidade, precarização dos serviços públicos).

A partir dessa reflexão, compreendemos o atual momento em que a RNP+ se encontra. Entender as especificidades desse movimento é de extrema importância para pensar seus limites e seus avanços.

Organizar um movimento social de pessoas que vivem com HIV/ Aids indica ter de lidar com uma série de questões práticas que envolvem a vida desses sujeitos em decorrência de sua condição sorológica. Nesse sentido, observamos que a luta da RNP+ contra a precarização do SUS é uma luta política, cujo principal eixo é o próprio direito à vida.

Essa especificidade pressiona a RNP+ a prestar serviços de responsabilidade do Estado, como apresentar os métodos de proteção contra as ISTs (Infecções Sexualmente Transmissíveis) ou as melhores formas de adesão ao tratamento. Lidar com as questões pragmáticas é o que confere a esse movimento social legitimidade junto a sua base. Assim, o debate político sobre questões estruturais envolvendo a política de saúde, como o seu contínuo subfinanciamento, é secundarizado.

As lideranças do movimento social demonstram compreender qual é o papel da RNP+ como sujeito coletivo, porém as demandas levantadas pelos demais membros do movimento dificultam um processo mais intenso de mobilização para a luta em defesa do SUS. Os limites postos por lutar por uma política pública de saúde e, ao mesmo tempo, prestar serviços em caráter quase filantrópico não se referem apenas ao esgotamento físico e político de seus membros. Prestar serviços em substituição ao Estado na atual conjuntura é reafirmar sua inoperância, a necessidade de seu enxugamento e a responsabilização dos próprios sujeitos da sociedade civil pela solução de seus problemas, fortalecendo o ideário neoliberal.

Entretanto, o aprofundamento da precarização dos serviços de saúde, nos últimos dois anos, teve um efeito transformador sobre as formas de militância desse movimento social. Pressionou a RNP+ a usar formas mais combativas de enfrentamento desse processo, se compararmos com uma militância que priorizava a ocupação de espaços institucionais e o diálogo com os agentes do Estado nos primórdios do movimento. Esse processo pode ser considerado um relativo avanço na direção de fortalecer as manifestações públicas de suas demandas, mesmo considerando o medo da exposição sorológica de parte de sua militância.

Por fim, compreendemos que a RNP+ realiza uma luta específica que apenas aparentemente se situa em uma dimensão extraeconômica da vida na sociedade capitalista. Não ter clareza, quanto às implicações econômicas e políticas, das necessidades e demandas das pessoas que vivem com HIV/Aids tem dificultado a articulação com outros sujeitos coletivos, a escolha por formas de mobilização e manifestação, de caráter direto e massivo, e o avançar para além das pautas mais imediatas de seus membros. Porém, a RNP+ tem mostrado resistência como movimento social. Suas reuniões mensais acontecem com regularidade e sua forte articulação com alguns conselhos municipais de saúde tem possibilitado conquistas específicas, como a cirurgia de lipodistrofia no Hospital das Clínicas[4] para pessoas que vivem com HIV/Aids, o passe livre para pessoas soropositivas moradoras do município de Vitória e verbas estaduais para a realização dos encontros estaduais da RNP+. Tais conquistas fortalecem o movimento e em um contexto de maior precarização da política de saúde, em função da aprovação da EC 95 (Emenda Constitucional que estabelece um teto para os gastos do Estado por 20 anos), sua unidade e capacidade de mobilizar seus membros poderão ser importantes trunfos dentro do quadro de desmanche acelerado do SUS.

Referências

BRAVO, Maria Inês Souza; CORREIA, Maria Valéria Costa. Desafios do controle social na atualidade. *Serviço Social & Sociedade*, São Paulo, n. 109, p. 126-50, jan./mar. 2012.

BRAVO, M. I. S.; MENEZES, J. S. B. de. Participação social e controle social na saúde: a criação dos Conselhos de Gestão Participativa no Rio de Janeiro. *In*: BRAVO, M. I. S.; MENEZES, J. S. B. de (org.). *Saúde, serviço social, movimentos sociais e conselhos*. São Paulo: Cortez, 2012. p. 273-93.

4. Hospital Universitário Cassiano Antônio de Moraes (HUCAM), vinculado à Universidade Federal do Espírito Santo.

CARVALHO, S. M.; PAES, G. O. A influência da estigmatização social em pessoas vivendo com HIV/Aids. *Cadernos Saúde Coletiva*, v. 19, n. 2, p. 157-63, 2011.

GOHN, Maria da Glória. *Sociologia dos movimentos sociais*. São Paulo: Cortez, 2013. v. 47, 127 p. (Coleção Questões da Nossa Época).

GOHN, Maria da Glória. Jovens na política na atualidade: uma nova cultura de participação. *Cadernos CRH*, v. 31, n. 82, p. 117-33, jan./abr. 2018.

GRUPPO PELA VIDDA. Rio de Janeiro, 2009. Disponível em: http://www.pelavidda.org.br. Acesso em: 1. set. 2017.

MARQUES MCC. Saúde e poder: a emergência política da Aids/HIV no Brasil. *Hist Cienc Saude Manguinhos*, v. 9, (Suppl.0), p. 41-65, 2002. http://dx.doi.org/10.1590/s0104-59702002000400003. Acesso em: 2 set. 2017.

MONTAÑO, C. *Terceiro setor e questão social*: crítica ao padrão emergente de intervenção social. 4. ed. São Paulo: Cortez, 2007. 288 p.

REDE NACIONAL DE PESSOAS VIVENDO COM HIV/AIDS (BRASIL). Nossa história. 2010. Disponível em: http://www.rnpvha.org.br/nossa-historia.html. Acesso em: 1. set. 2017.

SANTOS JUNIOR, Orlando Alves dos; RIBEIRO, Luiz César de Queiroz; AZEVEDO, Sérgio. *Governança democrática e poder local*: a experiência dos conselhos municipais no Brasil. Rio de Janeiro: Revan: FASE, 2004. 286 p.

SOARES, R. C. A racionalidade da contrarreforma na política de saúde e o serviço social. *In*: BRAVO, M. I. S.; MENEZES, J. S. B. de (org.). *Saúde, serviço social, movimentos sociais e conselhos.* São Paulo: Cortez, 2012. p. 85-108.

SUBIRATS, Joan. *Otra sociedade, ¿Otra política?*: de "no nos representan" a la democracia de lo común. Barcelona: Icaria: Asaco, 2011. 103 p.

Sobre os(as) Autores(as)

Aline Faé Stocco Doutora em Política Social pela Universidade Federal do Espírito Santo (UFES). Professora adjunta da Faculdade Interdisciplinar em Humanidades da Universidade Federal do Vale do Jequitinhonha e Mucuri (UFVJM). Professora permanente do Programa de Pós-graduação em Ciências Humanas da UFVJM.

E-mail: aline.stocco@ufvjm.edu.br

Aline Fardin Pandolfi Doutora em Política Social pela Universidade Federal do Espírito Santo (UFES). Professora adjunta do Departamento de Serviço Social da UFES.

E-mail: ali_pandolfi@yahoo.com.br

Ana Targina Rodrigues Ferraz Doutora em Ciências Sociais pela Universidade Estadual de Campinas (Unicamp), professora do Departamento de Serviço Social da Universidade Federal do Espírito Santo (UFES) e do Programa de Pós-graduação em Política Social (UFES). Integrante do Núcleo de Estudos em Movimentos e Práticas Sociais (Nemps/UFES), vinculado ao Departamento de Serviço Social e ao Programa de Pós-graduação em Política Social da UFES.

E-mail: anatarginaferraz@gmail.com

Camilla dos Santos Nogueira Doutora em Política Social pela Universidade Federal do Espírito Santo (UFES). Atualmente, é economista da equipe técnica de acompanhamento das ações socioeconômicas de recuperação da Bacia do Rio Doce, porção capixaba, alocada na Secretaria Estadual de Trabalho, Assistência e Desenvolvimento Social do Espírito Santo.

E-mail: camilladossantosnogueira@gmail.com

Célia Barbosa da Silva Pereira Doutora em Política Social pela Universidade Federal do Espírito Santo (UFES). Pesquisadora do Núcleo de Estudos em Movimentos e Práticas Sociais da UFES (Nemps/UFES).

E-mail: celiabsp@gmail.com

Daniela Zanetti Doutora em Comunicação e Cultura Contemporâneas pela Universidade Federal da Bahia (UFBA). Professora do Departamento de Comunicação Social da Universidade Federal do Espírito Santo (UFES) e coordenadora do grupo de pesquisa Cultura Audiovisual e Tecnologia (CAT).

E-mail: daniela.zanetti@gmail.com

Ericles França Ribeiro de Souza Bolsista de Iniciação Científica da pesquisa "Tendências contemporâneas da participação popular: o controle social no sistema único de saúde". Estudante de graduação em Serviço Social da Universidade Federal do Espírito Santo (UFES).

E-mail: ericles.franca@hotmail.com

Franciani Bernardes Doutora em Ciências da Comunicação pela *Universidad San Pablo-CEU* (Madri/Espanha) e pós-doutoranda (bolsista PNPD/CAPES) do Programa de Pós-Graduação em Política Social da Universidade Federal do Espírito Santo (UFES). Pesquisadora do Observatório da Mídia e do Núcleo de Estudos em Movimentos e Práticas Sociais, ambos da UFES.

E-mail: franbernardess@gmail.com

Giovane Antonio Scherer Doutor em Serviço Social pela Pontifícia Universidade Católica do Rio Grande do Sul (PUCRS). Professor do Departamento de Serviço Social e do Programa de Pós-graduação em Política Social e Serviço Social da Universidade Federal do Rio Grande do Sul (UFRGS). Pesquisador, nível 2, do Conselho Nacional de Desenvolvimento Científico e Tecnológico (CNPq). Coordenador do Grupo de Estudos em Juventudes e Políticas Públicas (GEJUP).

E-mail: giovane.scherer@ufrgs.br

Jeane Andréia Ferraz Silva Doutora em Serviço Social pela Universidade do Estado do Rio de Janeiro (UERJ). Professora do Departamento de Serviço Social e do Programa de Pós-graduação em Política Social da Universidade Federal do Espírito Santo (UFES). É vice-coordenadora do Grupo de Estudos Fundamentos da Teoria Social Crítica, Serviço Social e Política Social (INTERFACES/UFES).

E-mail: jeaneandreiaferraz@gmail.com

Lívia de Cássia Godoi Moraes Doutora em Sociologia pela Universidade Estadual de Campinas (Unicamp). Professora do Departamento de Ciências Sociais da Universidade Federal do Espírito Santo (UFES) e do Programa de Pós-graduação em Política Social da UFES. Coordena o Grupo de Pesquisa Trabalho e Práxis, registrado no diretório do CNPq.

E-mail: liviamoraes@outlook.com

Luís Antonio Groppo Doutor em Ciências Sociais pela Universidade Estadual de Campinas (Unicamp). Professor da Universidade Federal de Alfenas/Minas Gerais (UNIFAL-MG). Pesquisador do CNPq.

E-mail: luis.groppo@unifal-mg.edu.br

Maria Lúcia T. Garcia Doutora em Psicologia Social pela Universidade de São Paulo (USP). Professora titular do Departamento de Serviço Social e coordenadora do Programa de Pós-graduação em Política Social da Universidade Federal do Espírito Santo (UFES). Pesquisadora, nível 2, do Conselho Nacional de Desenvolvimento Científico e Tecnológico (CNPq).

E-mail: lucia-garcia@uol.com.br

Maria Ozanira da Silva e Silva Doutora em Serviço Social pela Pontifícia Universidade Católica de São Paulo. Professora do Programa de Pós-graduação em Políticas Públicas da Universidade Federal do Maranhão; coordenadora do Grupo de Avaliação e Estudo da Pobreza e de Políticas Direcionadas à Pobreza (GAEPP, disponível em: www.gaepp.ufma.br), da mesma universidade, e pesquisadora, nível IA, do Conselho Nacional de Desenvolvimento Científico e Tecnológico (CNPq).

E-mail: maria.ozanira@gmail.com

Naara de Lima Campos Mestre em Política Social pela Universidade Federal do Espírito Santo (UFES) e doutoranda (bolsista CAPES) em Política Social pela mesma universidade. Integrante do Grupo de Pesquisa Dinheiro e Capital (UFES).

E-mail: naaracampos@yahoo.com.br

Paulo Nakatani Doutor em Economia pela Université de Picardie (Amiens/França) e pós-doutorado pela Université Paris XIII. Professor do Departamento de Economia e do Programa de Pós-graduação em Política Social da Universidade Federal do Espírito Santo (UFES).

E-mail: paulonakatani@gmail.com

POTYARA AMAZONEIDA P. PEREIRA Doutora em Sociologia pela Universidade de Brasília e pós-doutora em Política Social pela Universidade de Manchester/Grã-Bretanha. Professora do Programa de Pós-Graduação em Política Social da UnB e pesquisadora do NEPPOS/CEAM/UnB e também do CNPq (nível 1A). Atualmente é pesquisadora da Universidade de Brasília, liderando o Grupo de Estudos Político-sociais — POLITIZA.

E-mail: potyamaz@gmail.com

RAFAEL BELLAN RODRIGUES DE SOUZA Doutor em Ciências Sociais pela Universidade Estadual Paulista (UNESP). Professor do Departamento de Comunicação e do Programa de Pós-graduação em Comunicação e Territorialidades da Universidade Federal do Espírito Santo (UFES). Pesquisador do Observatório da Mídia (UFES), do Grupo de Pesquisa Trabalho e Práxis (UFES) e do Centro de Pesquisa em Comunicação e Trabalho (CPCT/USP).

E-mail: rafaelbellan@yahoo.com.br

RAQUEL CAVALCANTE SOARES Doutora em Serviço Social pela Universidade Federal de Pernambuco (UFPE). Professora-associada do Departamento de Serviço Social da UFPE (DSS/UFPE). Integrante do Núcleo de Estudos e Pesquisas em Políticas Sociais e Direitos Sociais (NEPPS-UFPE) e do Grupo Gestão Democrática na Saúde e Serviço Social da Universidade do Estado do Rio de Janeiro (UERJ).

E-mail: quelcsoares@gmail.com

RODRIGO EMMANUEL SANTANA BORGES Doutor em Economia Internacional e Desenvolvimento pela Universidade Complutense de Madrid. Bolsista FAPES/CAPES (Edital PROFIX) de pós-doutorado no Programa de Pós-graduação em Política Social (PPGPS) da Universidade Federal do Espírito Santo (UFES).

E-mail: rodrigo@borges.net.br

GRÁFICA PAYM
Tel. [11] 4392-3344
paym@graficapaym.com.br